永州市地方志丛书

永州市国税志

（1992—2018）

永州市国家税务局　编

方志出版社
Publishing House of Local Records

图书在版编目（CIP）数据

永州市国税志：1992—2018/永州市国家税务局编．—北京：方志出版社，2020.9

ISBN 978-7-5144-4409-4

Ⅰ.①永… Ⅱ.①永… Ⅲ.①国家税收—税收管理—概况—永州—1992—2018 Ⅳ.①F812.423

中国版本图书馆CIP数据核字（2020）第210005号

永州市国税志（1992—2018）

编　　者：永州市国家税务局

责任编辑：董　琳

出 版 者：方志出版社

地址　北京市朝阳区潘家园东里9号（国家方志馆4层）

邮编　100021

网址　http：//www.zgfzcb.cn

发　　行：方志出版社图书经销中心

电话（010）67110500

经　　销：各地新华书店

印　　刷：衡阳顺地印务有限公司

开　　本：889×1194　1/16

印　　张：18.25

字　　数：366千

版　　次：2020年9月第1版　2020年9月第1次印刷

印　　数：0001～1000册

ISBN 978-7-5144-4409-4　　定价：300.00元

《永州市国税志》编纂委员会

主　任　曾立春

副主任　朱建河　欧鸿鲲　李　靖　刘小明　文方明

顾　问　邹礼强　曹承斌

委　员（按职务和机构顺序排列）

肖显发　欧阳辉亮　刘祥云　吴春元　邓仁霞

赵文华　周　斌　刘克勤　刘玉铁　邓代志

欧阳长江　许立忠　管金勇　唐星林　郭　林

陈江平　欧阳铁军　唐乙庆　何积峰　张　波

陈水波　李明翠　唐峰鹰　彭志义　何铁军

主　编　欧阳辉亮

编纂委员会工作办公室人员

刘玉铁（主任）　李志敏　张振东　伍卫国

各部门资料提供人员 伍卫国 张振东（办公室） 李志敏（法规） 胡亚林（货劳） 唐慧光（所得税） 阳函（信息中心） 刘雁飞（纳税服务） 王耀华（征管） 邓慧芳（人事） 邹慧芳（老干） 尹维锋（教育） 赵建国（计统） 桂阳明（国际税） 胡晓春（监察） 张金山（服务中心） 陈钰（党办工会） 罗小虎（财务） 蒋鹏（稽查）

编写人员 欧阳辉亮 李志敏

《永州市国税志》审稿人员

高 波

序

盛世修志，志载盛世。处在中华民族伟大复兴的新时代，我们有责任为后人留下系统、翔实的永州国税发展史料。历时近三载的辛勤笔耕，《永州市国税志》即将定稿付梓，这是永州税务发展史上的盛事，可喜可贺！

修志以存史，鉴史明得失。《永州市国税志》续接《零陵地区税务志》，起于1992年零陵地区税务局，止于2018年7月国税地税征管体制改革，重点是永州国税的历史发展情况。1992年至2018年7月，永州税务经历了分税制改革、税务机构分设、企业所得税两税合一、增值税转型和营业税改征增值税、国税地税征管体制改革等重大税制改革，永州国税在党的建设、队伍建设、信息化建设、税收征管、纳税服务、文明创建等方面取得了丰硕成果，积累了丰富经验，为今后税收事业发展提供了有益的借鉴和参考。

税志编纂，工程浩繁。编纂工作中，编纂人员治学严谨，各部门密切配合，确保本志实事求是、严谨朴实、资料翔实、内容丰富。编纂工作得到了市史志办等有关专家的指导帮助和各方热心人士的鼎力支持。在此，一并表示敬意与感谢！

鉴古才知今，继往为开来！借此机会，希望广大税务干部在新时代、新税务征程中，继续团结一心、改革创新，担当作为、再立新功，谱写永州税务更炫丽的新篇章。

永州市国家税务局党组书记、局长 曾立春

2018年7月

凡　例

一、《永州市国税志（1992—2018）》以马克思列宁主义、毛泽东思想、邓小平理论、“三个代表”重要思想、科学发展观和习近平新时代中国特色社会主义思想为指导，坚持党的路线、方针、政策，坚持辩证唯物主义和历史唯物主义的立场、观点和方法记述史实。

二、本志续接《零陵地区税务志》，上限为1992年1月，下限为2018年7月（国税与地税机构合并），记述零陵地区税务局和永州市国家税务局共26年历史阶段的发展情况，主要反映永州市（含前零陵地区）分税制改革前后以及税务机构分设至国税、地税机构合并的国税管理等史实。

三、本志横分门类，纵述历史，采用记述体。卷首设概述、大事记，正文分为9章、42节，文中插补相关图表，附录收录重要文件等。

四、本志内容按详近略远原则，以1994年国税局成立后的情况为重点记述，直至2018年7月国税与地税机构合并。对前后26年中因机关3次变迁办公楼及多次机构人事变动等导致部分资料缺失而无法考证的，以略记或省写。

五、由财政部门管理的税种和1994年起地税部门管理的税种，本志未作记载。

六、正文表中缺失的数字或未作统计的，均以“—”表示。

七、正文中1994年9月27日之前的零陵地区税务局简称“地区税务局”，之后的零陵地区国家税务局简称“地区国税局”；1996年4月撤区建市后的永州市国家税务局简称“市国税局”（其他县、区简称类同）。

八、正文中的插图除署名者外，均为欧阳辉亮拍摄并提供图文资料；请外部人员拍摄以及不便核准拍摄者的图片以“办公室供图”标注。

永州市国家税务局税收征管辖区图

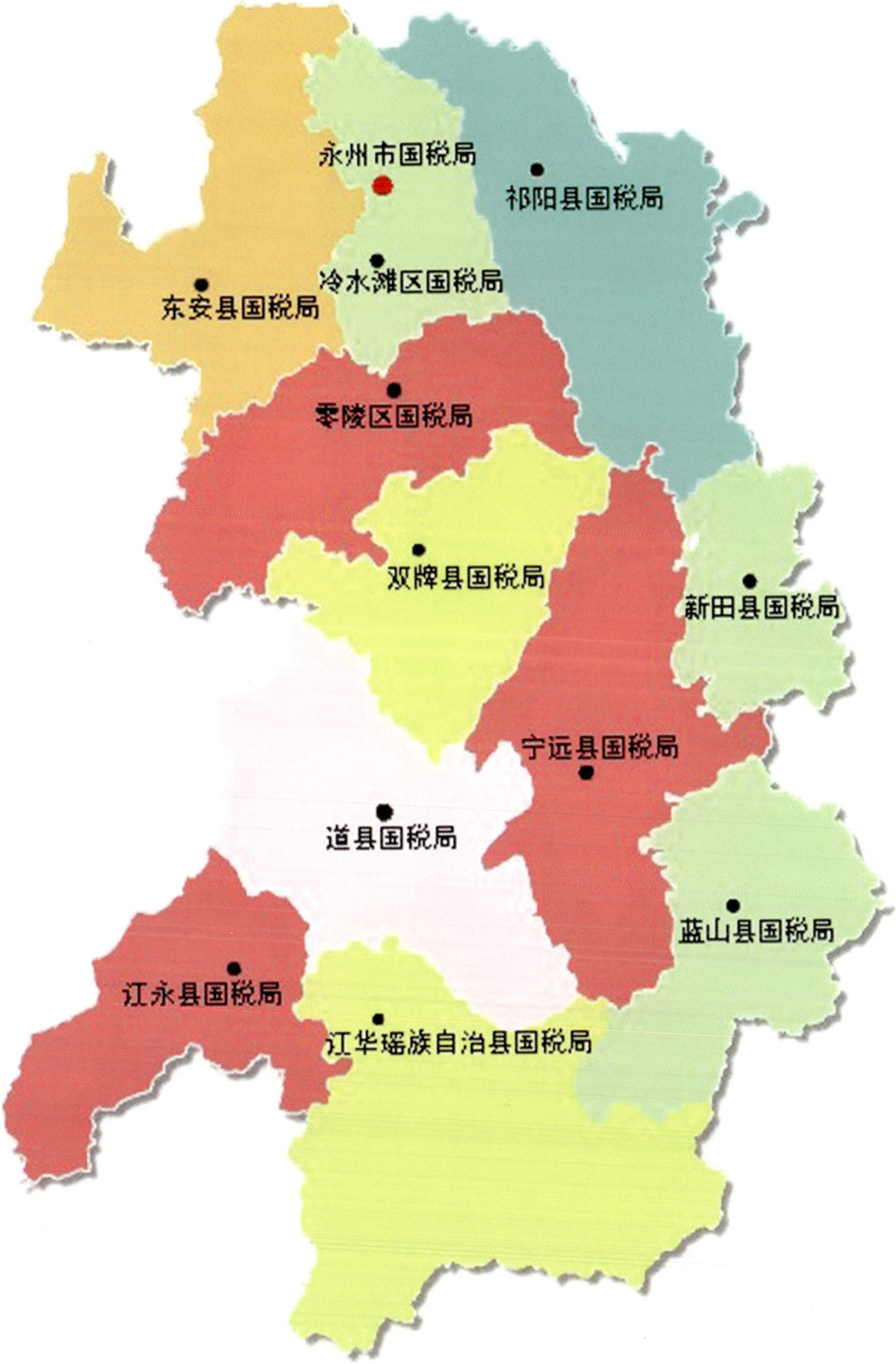

领导关怀

①

②

③

① 2012年6月29日，国家税务总局局长肖捷（右四）等领导集体接见荣获“全国先进基层党组织”的永州市国税局代表肖显发（中） （据国家税务总局办公室传图）

② 1993年1月21日，零陵地委副书记、行署专员颜永盛（左二），常务副专员卞翠屏等到地区税务局走访慰问，听取工作意见 （欧阳辉亮 摄）

③ 1993年11月12日，中共零陵地委扩大会议学习新税制。地委书记邹金鹭（中）、行署专员卞翠屏（右）、人大联工委主任郑邦淳（左）等主要领导集中学习即将全面实施的新税制 （欧阳辉亮 摄）

④ 1994年2月7日，零陵地区税务工作会议召开，地委书记邹金鹭（前左五）、行署常务副专员朱泽民（前左六）等领导到会讲话，并同各县（市）税务局局长等参会人员合影 （欧阳辉亮 摄）

④

①

②

① 1996年10月15日，省国税局党组书记、局长胡金亮（前中）等考察永州市国税局机关建设（欧阳辉亮 摄）

② 2006年12月19日，省国税局党组书记、局长程安亭（左一）在江华县扶贫点走访慰问（办公室供图）

③ 2008年12月2日，省国税局党组书记、局长程安亭（中）等到永州调研视察，市委书记黄天锡（右四）陪同参加问计基层恳谈会（欧阳辉亮 摄）

④ 1994年9月27日，零陵地区税务局分设地区国家税务局和地方税务局。图为机关全体人员与地委、行署领导等合影纪念（办公室供图）

③

④

①

②

③

④

① 2008年10月27日，永州市委书记黄天锡（右二）等到市国税局调研　（办公室供图）

② 2012年11月1日，省国税局党组书记、局长丁永安（前中）一行在零陵区走访调研　（办公室供图）

③ 2014年10月14日，永州市率先在全省试点推行国税、地税、工商登记“三证合一”登记制度改革。图前右二为市委副书记、市长向曙光同市国税局局长傅扬帆（右一）等在市政务服务中心为首家登记企业颁照　（办公室供图）

④ 2017年5月25日，省国税局党组书记、局长刘明权在永州市国税局听取党建创新等工作汇报　（欧阳辉亮 摄）

⑤ 2017年10月13日，永州市国税局组织机关合唱团在参加41个市直单位“喜迎十九大 建设新永州”大合唱比赛中荣获一等奖。图为市委书记李晖（右一）、市长易佳良（左一）给市国税局局长曾立春（右三）等颁奖（欧阳辉亮 摄）

⑤

领导班子

① ②
③
④

① 1993年5月9日，零陵地区税务局党组成员研究工作（左二为局党组书记、局长邹礼强）（欧阳辉亮 摄）

② 1996年6月6日，地改市后的永州市国家税务局挂牌运行。图为市国税局领导班子成员，中为局党组书记、局长曹承斌（欧阳辉亮 摄）

③ 1997年8月，市国税局搬迁到冷水滩区新办公综合楼，局领导班子成员研究工作。右三为局长李顺阳，右二为局党组书记曹承斌（欧阳辉亮 摄）

④ 2004年6月，省国税局调整永州市局主要领导后，市国税局领导班子成员在办公楼前留影（中为局党组书记、局长袁北屏）（办公室供图）

2008年10月9日，市国税局领导班子成员（左四为局党组书记、局长林小平，左五为党组副书记、副局长廖健，左三为党组副书记、副局长肖显发，左六为副局长张紫英，左二为副局长朱建河，左七为纪检组长邹华利，左一为总经济师蒋南毅，右一为总会计师陈洪贵）（欧阳辉亮 摄）

2012年7月，永州市国税局机关党委连续12年被评为全市先进基层党组织。图为市国税局党组成员领奖后合影并研究新的措施（图右四为党组书记、局长傅扬帆）（办公室供图）

2017年11月，永州市国税局党组领导班子成员：党组书记、局长曾立春（左三），副局长朱建河（左四）、欧鸿鲲（左二）、李靖（左五）、刘小明（左一），纪检组长文方明（右一）（欧阳辉亮 摄）

国税文化

①

②

③

④

① 2009年1月20日，市国税局机关迎春联欢晚会，新老领导同台演唱（欧阳辉亮 摄）

② 2009年3月25日，省国税局副局长张社安（左一）等观看永州市国税局机关首届奇石根雕作品展 （欧阳辉亮 摄）

③ 2015年7月30日，全市国税系统“业务大比武”考试竞赛在市委党校举行 （欧阳辉亮 摄）

④ 2017年10月，市国税局机关100人合唱团在41个市直单位“喜迎十九大”合唱比赛中荣获一等奖 （欧阳辉亮 摄）

⑤ 2018年6月，税务机构合并前，永州市国家税务局机关在职人员合影纪念（前排左五为局党组书记、局长曾立春） （欧阳辉亮 摄）

⑤

修志花絮

①

②

③

① 2016年8月，市国税局党组书记、局长曾立春（中）专题听取《永州市国税志》主编、副调研员欧阳辉亮（右三）编修方案汇报

（办公室供图）

② 2018年6月，《永州市国税志》编纂委员会办公室工作人员（中为主编欧阳辉亮，左二为办公室主任刘玉铁，左一为编辑李志敏，左四、五为工作人员张振东、伍卫国）（办公室供图）

③ 2019年10月成稿后，《永州市国税志》编纂委员会组织多层次评审与修改

（办公室供图）

④ 2018年6月，《永州市国税志》编纂委员会成员（前排中为编委会主任曾立春，前左一为主编欧阳辉亮）（办公室供图）

④

目 录

概 述

1992—1993 年分税制改革前，零陵地区税务局所辖的机构、人员与税收征管范围等无大的变革，只是各年税收工作重点略有不同。其中，1992 年突出贯彻落实国务院《关于批转国家税务局关于进一步推进依法治税，加强税收管理的通知》精神，公安、检察、法院分别在税务机关设立公安执勤室、税务检察室、法院执行室等，同时联合工商加强个体、私营经济税收管理。是年 4 月，开展全国第一个“税收宣传月”活动，地区税务局及各县（市）税务局分别与总工会、团委、妇联等联合组织系列税收宣传活动，强化公民税收意识，促进税收管理。当年全区组织完成各项税收 6. 13 亿元，比上年增长 7. 46%。

1993 年 1 月 1 日，《中华人民共和国税收征收管理法》正式实施。全区税务系统以此为契机，积极争取地方党政领导和部门支持，建立健全协税护税机制，进一步完善个体税收征管，对个体私营户实行建账与定额管理相结合、查账征收与双定征收相结合等方式，促进税收大幅增长。全年组织完成各项税收 8. 81 亿元，占年度分配任务的 123. 47%，比上年同期增收 2. 63 亿元，增长 42. 99%。

1994 年，全国进行分税制改革和税务机构改革。自 1 月 1 日起，全面贯彻实施国家税务总局《工商税制改革实施方案》及配套改革措施。改革后的税种由原 32 个（本辖区内 25 个）减并为 18 个。是年 9 月 27 日，按照国家税务总局《关于组建在各地的直属税务机构和地方税务局实施意见的通知》精神和湖南省税务局的批复，原零陵地区税务局分设为零陵地区国家税务局和零陵地区地方税务局（以下分别简称“国税局”“地税局”），其人员、财产等基本按 2/3 到国税、1/3 到地税的比例划分。税务机构分设后，地区国税局下辖永州市、冷水滩市 2 个县级城市国税局和 9 个县国税局（以下简称“县〈市〉国税局”），91 个税务所，全区国税系统共有在职人员 1409 人，其中，干部 917 人、工人 492 人。

1995 年，全区国税系统试行“申报、代理、稽查”三位一体的新征管模式的征管改革，同时开始税收征管信息化建设。地区国税局在冷水滩市国税局率先探索试建“办税服务申报大厅”，5 月 10 日，全省第一家办税服务厅在冷水滩城区挂牌试运行，推行企业“自核自缴”申报纳税，个体户到办税申报大厅直接缴税。地区国税局机关部分职能部门开始配备计算机，通过学习培训，逐步使用计算机产生税收报表和征收管理工作。

1996 年 4 月，因撤区建市，原零陵地区国家税务局改为永州市国家税务局。所属的原县级永州市、冷水滩市国税局分别改为芝山区、冷水滩区国税局，其他 9 县国税机构名称无变化。

1997 年 6 月，市国税局在系统内首次公开招考市局机关工作人员，108 名基层税务干部参加闭卷考试，笔试成绩前 30 名参加统一面试，最终综合得分前 10 名于 8 月 1 日正式调入市局机关工作。是年 8 月 18 日，市国税局机关从芝山区搬迁至冷水滩区河东潇湘路 57 号新国税大院办公，原芝山区中山南路 53 号市局机关大院移交给芝山区国税分局使用和管理。9 月 12—17 日，市国税局机关进行人事制度改革，撤并精简机构，科室由原来的 15 个撤并为 10 个，各科室正副职均采取竞职演讲、竞争上岗，一般人员采取双向选择、自由组合、组织协调的方式定岗。通过改革，原来 7 名正科长降为副科长 2 名，改任主任科员 5 名；2 名副科级干部被提拔为副科长职务。

1998 年，全市国税系统全面推行人事制度改革。2 月 6 日，市国税局组织各县（分）局 200 余名科（所）长、征收分局长以上人员进行综合考试。同日组织公开选拔区县级国税局局长的统一考试。至 2 月底，全市国税系统的人事制度改革全面完成，基层征收分局（税务所）由 71 个撤并为 46 个；通过考试和竞职演讲、无记名投票推荐等方式，公开选拔区县级国税局局长 3 名，选聘副局长、工会主席 38 名，基层征收分局（所）长、科长（主任）等 114 名，产生待岗人员 15 名。

1999 年 11 月 1 日起，贯彻执行国务院《对储蓄存款利息所得征收个人所得税的实施办法》，对储蓄存款利息所得征收个人所得税，由国税机关征收管理。

2000 年，国税文明创建上台阶。2 月 23 日，在全市宣传思想工作大会上，永州市国税系统被市委、市政府授予全市“文明系统”称号。5 月，市国税局被永州市委、市政府授予市级“文明单位”称号。11 月 29 日，市国税局被省委、省政府授予省级“文明单位”称号。

2001 年 5 月 1 日，新《中华人民共和国税收征收管理法》及其实施细则正式实施。全市国税系统从上至下层层培训，采取多种措施广泛宣传，对所有企业单位法人、财务人员及个体户等全部培训辅导。

2002 年 1 月 1 日起，贯彻执行《国务院关于印发所得税收入分享改革方案的通知》和省、市政府制发的所得税收入分享改革方案，实行所得税收入分享体制改革，新办企业的所得税全部由国家税务局负责征收管理。

2004 年 1 月 1 日起，贯彻执行《国务院关于改革现行出口退税机制的决定》，对出口货物应退的增值税，由以前的全部从中央国库退库，改为75%退库中央收入，25%退库地方收入；退库的地方收入先由省财政垫付，年底结算。消费税仍全部由中央退库。

2005年1月1日，按省国税局统一部署，全市国税系统全部启用国家税务总局整合开发的“综合征管软件”，国税征管工作进入高水平信息化应用阶段。同日，市国税局全面接管原由市交通局稽征处代征的车辆购置税征收管理工作。12月31日，永州市国税局被中央文明委命名表彰为“全国精神文明建设工作先进单位”。

2006年4月1日，全市国税系统“个体税收定位定税管理系统”成功上线运行。11个县（区）局经过前2个月的培训、数据采集、审核和录入，实现对个体工商户核定税由计算机系统自动产生，避免关系税、人情税等。4月28日，市国税局率先在全省建立纳税评估专项工作机制。冷水滩、零陵、祁阳3个县（区）国税局组建纳税评估科，试行独立办公，专司纳税评估工作；其他8个县国税局均设立税收分析评估组，挂靠税源管理科承担纳税评估，从而彻底改变基层纳税评估工作难以开展和成效不大等被动状况。

2007年4月28—29日，市国税局召开加强宏观税负分析互动协作专题会议，制定和完善《永州市国家税务局税收分析、纳税评估、税源监控、税务稽查互动协作工作办法》《互动协作长效机制考核办法》《税收分析评估工作考核办法》《增值税一般纳税人超市税收管理办法》《资源综合利用水泥行业税收管理办法》等，全面加强税收互动协作。

2009年为全市国税系统“优化服务年”，围绕“强化管理服务，深化纳税服务”主线，全面开展税源管理和优化服务工作。3月15日至4月20日，组织开展全市国税系统“走百家，问千人”纳税服务专项调查活动。随后制定下发《永州市国家税务局关于“优化纳税服务年”活动的实施工作意见》及《永州国税“优化纳税服务年”主要活动项目实施计划》等，对全市“优化纳税服务年”活动作出具体安排部署。4月30日，印发《永州市国家税务局办税辅导员管理办法（试行）》，明确全市各办税服务厅自5月起统一试行专职办税辅导员工作制度，最大限度地方便纳税人办税。6月11日，在全省率先制定《永州市非居民企业税收管理暂行办法》，促使非居民企业税收管理制度化。6月17日，响应永州市政府加速推进新型工业化领导小组关于开展“企业服务年”活动的号召，由市国税局牵头组织，扎实展开对零陵恒远发电设备有限公司、湖南恒惠有限公司、永州鼎立饲料有限公司、永州市泉辉罐头食品有限公司4家企业的“点对点”服务活动。年终市国税局分别被市委、市政府评为“先进单位”和省委、省政府联合表彰的“全省‘企业服务年’活动优秀服务单位”。

2010年10月28—29日，在零陵区召开全市国税系统中小税收管理经验交流现场会，各县（区）围绕“如何加强中小税收管理”主题展开讨论并进行工作经验交流。2011年10月20日，全市税源专业化管理工作会议在江华县召开，推广江华县国税局作为全省税源专业化管理试点的工作经验。

2012年6月28日，中共中央在北京召开全国创先争优表彰大会，隆重表彰全国创先争优先进基层党组织、优秀共产党员和创先争优活动先进县（市、区、旗）党委，永州市国税局机关党委荣获“全国创先争优先进基层党组织”称号。市国税局党组副书记、副局长、市国税局机关党委书记肖显发作为先进基层党组织代表受邀参加在人民大会堂召开的表彰大会，受到胡锦涛、习近平等党和国家领导人的亲切接见。29日，国家税务总局局长肖捷，副局长解学智、王力，中纪委驻国家税务总局纪检组长冯惠敏，总经济师张志勇等领导，集体接见参加全国创先争优表彰大会的税务系统唯一的单位代表肖显发，并合影座谈。

2013年4月28日，永州市国税局荣获湖南省总工会首次颁发的“湖南省五一劳动奖状”，也是全省国税系统唯一获此殊荣的单位。

2014年，落实高新技术企业、支持残疾人就业、再就业扶持等各项税收优惠政策，共计减免税收1233万元，办理出口免抵退税2.65亿元，抵扣固定资产进项税额9142万元，1900余户小微企业享受免征增值税政策，受惠面达85%。是年，永州市国税局在全省绩效管理考评中基础得分987.97分，排名第一，被评为“湖南省国税系统绩效管理先进单位”。

2015年，推进“金税三期”工程，全面提升办税效率和税收信息化应用水平。8月1日，全市国税系统开始运行“金税三期工程”优化版，办税流程进一步简化，办税效率得到提高。10月1日，在全市范围内试行“同城通办”工作，实现除涉及处罚外的所有涉税业务推行县（区）域通办，部分涉税业务推行市域城区通办。10月8日，“金税三期”税收征管系统正式在全市上线运行。

2016年，永州市全面启动营业税改增值税工作（简称“营改增”）。3月21日，全市“营改增”试点纳税人信息移交启动仪式在市地税局举行。5月1日，市国税局全面推开“营改增”试点零点启动仪式在零陵区国税局办税大厅举行，市、区两级30余名国税人员和部分纳税人代表参加启动仪式。6月1日，市国税局举办全市“营改增”纳税申报培训班，邀请省税务师协会专家团讲师免费为纳税人进行专项培训。

2017年，深入推进国税、地税联合办税。1月4日，市国税局、地税局“一窗一人办税”工作推进会在市国税局召开，致力打造可复制可推广的国地税办税模式新典范。11日，全市国税、地税优化办税服务工作推进会在冷水滩区召开，全面落实“一窗一人办税”服务新模式。2月13日，市国税局、地税局在市国税局召开2017年第一次国地税合作联席会议，研究实施全市实名办税，深化国税、地税合作等工作。是年，全市国税系统组织完成税收收入76.62亿元，其中不含车辆购置税的税收收入70.62亿元，同比增收22.02亿元，增长45.32%，增幅排名全省第5位。同时落实相关税收政策，全年减免各项税收9.7亿元，办理出口退税4.19亿元，同比增长14.5%。在省国税局年度综合考评中，永州市国税局总得分达1001.09分，排名全省14个市（州）局的第二位，连续获得“全省国税系统绩效管理先进单位”。

2018年，全国税务系统进行机构改革。3月13日，国务院机构改革方案提请十三届全国人大一次会议审议，改革国税、地税征管体制，将省级和省级以下国税地税机构合并，具体承担所辖区域内各项税收、非税收入征管等职责，实行以国家税务总局为主与省（区、市）人民政府双重领导的管理体制。6月15日，全国税务系统各省（市、区）国税局、地税局同日统一合并挂牌，新组建的国家税务总局湖南省税务局挂牌成立。6月28日，湖南省税务局联合党委派出党委委员、总会计师方吉杰为组长的督导组进驻永州，指导永州市国税、地税机构合并工作。7月5日，永州市原国家税务局与地方税务局机构合并挂牌，成立国家税务总局永州市税务局。7月20日，永州市所辖11个县（区）国税局、地税局统一合并挂牌，成立新的县（区）税务局。至此，自1994年9月税务机构分设后的原市、县（区）国税局、地税局及其基层分局、税务所等，历经24年运行完成历史使命，国税、地税机构撤并，进入税务管理新时代。

大事记

（1992 年 1 月至 2018 年 7 月）

1992 年

1 月 20 日，零陵地区税务局召开首次部门协税护税联席会议，地委、行署有关部办委及公、检、法、司等地直有关单位负责人共 26 人参加，一致表示要更好地关心和支持税收工作，强化管理促征收。

2 月，地区税务局受到国家税务局、全国总工会、共青团中央、全国妇联的联合表彰，被评为"全国税法宣传教育活动先进集体"。

4 月 1 日，全国第一个"税收宣传月"活动展开。4 月 7 日，零陵地区 1991 年税法宣传活动总结表彰暨 1992 年"税收宣传月"活动动员大会在地区税务局召开，地委、行署有关部委、各县（市）税务局、部分县（市）的总工会、团委、妇联负责人及 5 家企业代表共 50 余人参加大会。地区人大联工委主任谢克平、地区税务局局长邹礼强分别在会上讲话。零陵电视台从 4 月 1 日起开办为期一年的《潇湘税苑》电视新闻专题宣传。4 月 19 日，地区税务局机关与永州市税务局联合组织全省统一的"税法宣传咨询日"活动，永州市城南、城北、河西、电影院四个繁华地段均设点宣传与咨询服务。各县（市）税务局同日开展街头税收宣传咨询活动。

5 月 18 日，全省税务系统税法宣传文艺会演在长沙举行，零陵地区税务局代表队获团体第二名，参赛的 3 个节目全部获奖，其中二等奖 1 个、三等奖 2 个。

8 月 11—13 日，全区税务系统思想政治工作会议在道县召开，11 个县（市）税务局的 60 多名代表参加会议。地区税务局党组书记、局长邹礼强主持会议，局党组成员、副局长张家琳作题为《加强"三基"建设，推进两个文明》工作报告。与会人员参观学习了道县税务局机关及寿雁、城南、祥林铺税务所"三基"建设现场。零陵行署副专员朱泽民等领导看望与会代表并讲话。

11 月 12—15 日，全省税务系统首次内部审计和计算机工作会议在冷水滩市召开，各地（州、市）税务局有关负责同志参加会议。省税务局局长陈本力、零陵地区行署专员颜永盛等领导到会并讲话。

1993 年

3 月 9 日，地区税务局在地直单位纪念毛泽东 100 周年诞辰歌咏比赛中荣获三等奖。

8 月 30 日，零陵地委、行署召开扩大会议专题研究税收工作，地委书记邹金鹭、行署专员卞翠屏分别就税收工作作出指示。

10 月 28 日，湘桂黔三省边区第六届税收协作会议在永州宾馆召开。与会代表参观零陵卷烟厂等，并举行税务协作签字仪式。

11 月 12 日，地委、行署再次召开扩大会议，各部门主要领导听取地区税务局局长邹礼强汇报税收情况及贯彻执行即将实施的新税制工作意见。

1994 年

1 月 1 日，全国统一实施新税制。

1 月 23 日，地区税务局与下辖的永州市税务局在城区联合举办“新税制宣传咨询日”活动。地区税务局局长邹礼强、副局长曹承斌等有关负责人在活动现场解答纳税人的提问，宣讲税法、新税制。

2 月 26—27 日，全区税务工作会议召开。地委书记邹金鹭到会向全体税务干部表示亲切慰问，并作重要讲话。

9 月 27 日，零陵地区税务局机构分设，分别成立零陵地区国家税务局、地方税务局，当日挂牌运行。新成立的地区国家税务局 53 人，局长曹承斌，副局长贺正国、艾春元。中共零陵地委委员、组织部长刘高志受湖南省国税局委托宣读任命文件；地委委员、行署常务副专员朱泽民等领导分别给地区国税局、地税局授牌并参加挂牌仪式。

10 月 27—28 日，零陵地区国税局与地税局联合举办全区税务系统第二届老年门球赛，11 个县（市）和地区局机关老年门球队的 80 余名离退休税务人员参加比赛，新田县队获第一名，道县队获第二名，蓝山县队获第三名。

11 月 17 日，国家税务总局所得税司副司长易运和到零陵地区视察所得税及其他方面的工作。

1995 年

4 月 11 日，地委、行署有关部办委及公、检、法、银行等 16 个地直单位的负责人在地区国税局同堂议税，对进一步加强税法宣传，深化征管改革，推进依法治税等进行研讨，形成协税护税新机制。

5月10日，湖南省首家“纳税申报服务大厅”在冷水滩市国税局城区二所挂牌运行，试行纳税人自行核算、自行申报、自行缴税的“三自申报纳税”模式，打破长期存在的单一“保姆式”税收征管格局。湖南省国税局局长陈谷斌为首个办税服务厅题写牌名。

5月22日，零陵地区国家税务局稽查局挂牌成立，为推进依法治税，强化税收征管发挥积极作用。

1996年

1月3日，国家税务总局《中国税务报》首次评选表彰全国税务系统优秀通讯员，零陵地区国税局办公室副主任阳辉亮被评为1995年度“全国优秀通讯员”。

3月，地区国税局监察科科长曾浩东被国家税务总局评为全国税务纪检监察先进工作者。

4月16日，零陵地区撤区建市后的新永州市国家税务局启用新印章和新文函；6月6日正式挂牌运行。

8月15—17日，省国税局局长胡金亮到永州考察工作，实地察看市国税局机关搬迁冷水滩的新址，听取冷水滩分局税收征管改革等情况汇报，参观零陵卷烟厂和7319工厂等。

11月26—29日，省国税局副局长程安亭率人事处处长谭先仁、票证管理处处长黄辉一行到永州督导组织收入工作，要求广大国税干部顾全大局，努力工作，圆满完成年度税收任务。

1997年

3月18日，永州市国家税务局涉外税务管理分局挂牌成立。省国税局涉外税务分局副局长祝国银等为市国税局涉外税务分局授牌。

3月31日，省国税局任命原道县县长李顺阳为永州市国家税务局局长、党组副书记；原党组书记、局长曹承斌改任市国税局党组书记。4月4日，召开新的领导班子成员任免大会，省国税局局长胡金亮，副局长李立、人教处处长谭先仁及市委组织部长刘高志、常务副市长朱泽民等参加并讲话。

6月20日，市国税局在系统内首次公开招考市局机关工作人员，来自各基层单位的108名符合条件的税务干部参加闭卷考试；25日，闭卷笔试的前30名参加市局举行的统一面试。两次考试综合得分前10名经考察后，于8月1日调入市国税局机关工作。

8月18日，市国税局机关从芝山区搬迁至冷水滩区河东潇湘路57号新国税大院办公；原芝山区中山南路53号市局机关大院移交给芝山国税分局使用和管理。

9月12—17日，按照省国税局的统一部署，市国税局机关进行人事制度改革，科室由原来的15个撤并为10个，各科室正副职采取竞职演讲、竞争上岗，一般人员采取双向选择、自由组合、组织协调的方式定岗。通过改革，原7名正科长降为副科长2名，改任主任科员5名；2名副科级干部被提为副科长职务。

10月12—18日，全市国税系统首届男子篮球运动会在市国税局隆重举行。来自11个县（分）局和市局机关的12支篮球代表队参加比赛，芝山国税分局夺得冠军。

12月7—8日，省国税局局长胡金亮在市国税局机关搬迁后首次到永州考察工作，对永州的收入工作、机关搬迁和人事制度改革等给予充分肯定，同时强调各级国税机关要比工作、比地位，树立过紧日子的思想。

1998年

2月7日，全市国税工作会议在冷水滩隆重召开。市委、市政府、市人大、市政协领导均到会看望各县（分）局及其基层征收单位的负责人与先进代表。市委书记邹金鹫要求各级国税机关加强税法宣传，改进工作方法，推进依法治税，确保1998年国税任务圆满完成。市委常委、常务副市长蒋桃生和市人大副主任吕芳村、市政协副主席兼市财政局局长沈根元等分别讲话。

2月，全市国税系统全面推行人事制度改革。2月6日，市国税局组织各县（分）局200余名科（所）、征收分局长以上人员进行综合业务考试；同日，组织公开选拔县局长的统一考试。2月7日，市国税局举行公开选拔县（分）局局长竞职演讲与测评。随后市局派出工作组，分别到各县（分）局组织副局长、工会主席等以上领导职务的公开竞聘。2月23日，11个县（分）局新的领导班子成员全部到任。至2月底，全市国税系统人事制度改革全面完成，基层征收分局（税务所）由原71个撤并为46个，公开选拔县局长3名，选聘副局长、工会主席38名，基层征收分局（所）长、科长（主任）等114名，产生待岗人员15名。

3月28日，全市国税系统征管改革工作会议在新田县召开。同日，集申报、开票、缴税、咨询、电算化为一体的多功能办税服务大厅在新田县国税局隆重开业运行。市政府常务副市长朱泽民、省国税局征管处处长夏戈明、新田县县长杨怀康等领导到会讲话。

8月18日，市国税局机关服务中心（食堂和综合文化大厅）建成启用。市国税局机关搬迁周年及所属稽查局、涉外分局同进机关大院重新挂牌。“金税工程”服务中心成立并揭牌。

10月27日，全市国税系统首届文艺会演在市国税局新落成的文化大厅举行。11个县（分）局的21个参赛节目经过艺术竞夺，二分局的小品《考验》荣获一等奖。省国税局政工处、《湖南税务报》社、永州市委、市政府及有关单位领导观看会演。

11月5—6日，省国税局局长胡金亮、计财处处长黄义新、流转税处处长谢毓慧等到永州考察国税工作。通过对芝山、冷水滩、东安、祁阳等地税收收入和基层建设的考察，胡金亮充分肯定永州国税的工作成绩，对今后的工作及基层建设提出要求。

1999年

1月，全市国税系统展开“四个一”服务活动，明确每名国税人员为地方经济和企业发展“献一条计策、办一件实事、解一个难题、多一份贡献”，市国税局统一督查落实，年底检查验收。

3月中旬，全省国税系统创先争优暨工会工作会议在永州召开，省国税局领导及各市（州）与会人员高度赞扬永州的国税文化建设和机关工作效率。

5月，市国税局被永州市委、市政府授予市级“文明单位”。

8月18日，经省国税局批准，市国税局在凤凰园经济开发区成立国税三分局，加强对开发区所属的84家企业及350余户个体户的税收征管。

8—9月，市国税局按照全省统一部署，集中开展以“讲学习、讲政治、讲正气”为主要内容的党性党风“三讲”教育活动。通过集中学习、自我剖析、民主评议、整改建制等，扎实有效地进行政治思想与党性党风教育，既增强领导班子的凝聚力和战斗力，又使机关上下干部职工受到深刻的教育和促进。省国税局“三讲”教育巡视组在总结时给予充分肯定。

10月26日，道县国税局新办税服务厅开业运行，安装启用国家税务总局新研制的“多媒体税务触摸查询系统”及大型电子显示屏等现代科技设备，在全省居于领先地位。自此，全市12个县（分）局的办税服务厅都实行了电子化管理与规范服务，共配备微机170台，逐步向办公、办税、计算机网络“三位一体，厅室结合，集中监控”的多功能办税与服务新格局迈进。

11 月，市国税局先后组织 6 个调研促收工作组对各县（分）局培财促产点进行逐一检查验收，并在江华县召开“培源促收”调研征文表彰暨研讨会。各县（分）局共确定培财点（项目）26 处（项），年实现新增产值 1.25 亿元，新增税收 738 万元，入库税款 692 万元。县（分）局共推选“献一策”调研征文稿 126 篇，市国税局评选出一、二、三等奖、鼓励奖等 23 篇。省市多家报刊、电视台对永州市国税系统“培源促收”先后专题报道，受到各级党政领导和社会各界的普遍好评。11 月，《湖南日报》连续刊发《为有源头活水来》《姹紫嫣红满园春》等 3 篇专题报道，永州国税文化传向省内外。

8—12 月，永州市委、市政府、市纪委、行风评议办等，联合组织对市国税系统进行长达 3 个多月的行风评议工作。12 月 13 日，在市国税局召开评议大会，一致认为市国税系统在税收征管、机关作风、廉政建设、工作效率等各方面成效显著，社会反映良好，行风建设总体水平较高。同时指出个别地方及个别人员在服务意识、工作方法、执法力度等方面还存在差距。

2000 年

2 月 23 日，在永州市委召开的全市宣传思想工作会议上，永州市国税系统被市委、市政府授予全市“文明系统”称号。

3 月 12 日，按照省国税局统一部署，市国税局机关 55 岁以下工作人员及各县（分）局局长迈进考场，参加全省统一监考的《国税工作人员必读》一书的考试。19 日，由省国税局巡考，市国税局组织监考，分 12 个县（区）考点，对全市 1300 余名国税人员进行《国税工作人员必读》的统一考试。通过这场大规模的学习考试，促使国税人员的素质普遍得以提高。

3 月 23 日，市国税局印发《永州市国家税务局机关工作人员“基层工作月”活动实施方案》，规定年龄男 55 周岁以下、女 50 岁以下，身体健康，能坚持正常工作者，每年都分期分批到各农村征收分局（税务所）跟班学习工作一个月。4 月 4 日，第一批下基层工作的 6 人分赴到南北 6 个县（区）的农村所或征收分局。此后的 5—9 月，每月都有 5 人以上市局工作人员下到基层锻炼。同时每两月从县（分）局抽选 3 人到市国税局对口科室跟班学习，实行机关与基层双向交流。

3 月 30 日至 4 月 2 日，省国税局局长胡金亮到永州调研组织收入、基层建设等情况，先后走访江永、道县等县（分）局，提出基层建设的新观念，并对市局的工作给予充分肯定。

4 月起，市国税局开展“个十百千万”活动（即每人每年参加 1 个学习兴趣小组，读10本书、写10篇心得体会，保证300个小时的政治理论和业务学习时间，在报刊上发表4000字以上的文稿，记5万字的学习笔记），激励全体税务人员自觉学习，勤奋工作。

4月29日，市国税局、永州电视台、永州有线电视台联合在市国税局文化中心举办全市“依法纳税光荣”演讲比赛。来自全市12个县（区）的企事业单位及零陵卷烟厂等14名选手，叙亲身感受，抒为国纳税的情怀，展示纳税人的风采。

6月29日，经中共永州市委直属工委批准，成立市国税局机关党委，下设6个党支部。

9月21日起，市国税局与市摄影家协会等联合在冷水滩城区举办“迎国庆《国税与百姓》摄影作品展”，共展出108幅比赛入选作品，全面展示了国家税收与经济、文化、人民生活等方面的成就及关系。12月28日，省、市摄影家和市委宣传部等有关领导进行评奖，分别评选出“专业组”（社会各界）和“业余组”（全市国税系统）获奖作品各18幅。

9月22—28日，永州市国税系统第二届篮球运动会在市国税局举行。来自12个县（区）国税局和市国税局机关的13支男子球队经过7天的紧张角逐，市国税局二分局代表队荣获冠军，新田县代表队获得亚军；江永、市国税局机关、宁远、双牌队分别获取第三至六名；江华和三分局队获得“体育道德风尚奖”。

9月27日，湖南省“非国有企业税收征管”研讨会在永州市召开。此项课题由永州市国税局牵头组织，来自省国税局和邵阳、怀化、娄底市国税局等20余人，就非国有企业在经济领域的作用、地位以及税收征管的主要问题、原则与促进发展的措施等进行广泛交流和探讨。尔后，综合整理的专题调研分别被省国税局和国家税务总局采用。

截至10月30日，永州市所辖的12个县（区）共297个加油站全部安装新型加油机税控计量器，成为湖南省进度最快、效果最好，全面实现加油机税控管理的市。

11月1日，市国税局办公大楼基础部分进行招标，湖南省地质建设工程集团总公司中标；18日，机关办公大楼桩基础破土动工兴建。

11月29日，永州市国税局被湖南省委、省政府授予省级“文明单位”称号。

2001年

4月1日，市国税局与北京星光艺术团联合在市委大会堂举办“国税与公民”专场文艺演出，宣传《中华人民共和国税收征收管理法》，拉开税收宣传月的帷幕。

是月，先后到各县（区）的主要街道组织“新世纪《国税与百姓》”摄影作品巡回展览及税收宣传活动。

5月1日，新《中华人民共和国税收征收管理法》正式实施。

7月1日，全市“金税工程”正式开通运行。

7月22日，市国税局与桂林市国税局、桂剧团联合在永州市委大会堂举办宣传新修订的税收征管法专场文艺晚会。演出前将5000余册新的税收征管法单行本和1500把印有税收征管法主要内容的精美扇子发送给每一位观众，使新税收征管法家喻户晓。

11月2日，在市直机关举行的“公路杯”男子篮球邀请赛上，市国税局篮球队奋勇拼搏，荣获第一名。

12月1日，市国税局机关办公自动化——“公文处理系统”正式启用运行，自此，机关公文承办与运转都通过电子处理。

12月上旬，市国税局代表队在市总工会组织的“猎豹杯”全市职工计算机知识竞赛中荣获集体第二名。

12月29日，市国税局新办公大楼主体工程落成封顶。

2002年

6月24—30日，负责联系永州工作的省国税局党组成员、总经济师唐开义到永州国税基层调研，先后走访11个县（分）局，行程达1500公里。

9月7日，全市国税、地税系统共2071名税务干部分别在10个考点同场赴考，参加全国税务系统首次执法资格统一考试，成绩合格者发放执法资格合格证书。

2003年

1月2日，市国税局新办公大楼装修竣工完成。

5月1日，全市国税系统在全省率先取消一般纳税人使用手写版增值税专用发票，提前2个月实现总局确定的将防伪税控系统“全面覆盖到所有的一般纳税人、全面覆盖到所有县（区）”的工作目标。

8月5—6日，省国税局副局长张社安率人事、计财、税政、信息等部门负责人到永州，就队伍建设、基本建设、税收管理以及“金税工程”等方面内容进行考察。

8月6日，市国税局召开全市国税系统优化经济环境民主评议动员大会。市政协副主席彭爱华、驻市国税局优化经济环境民主评议组领导张疑斌出席会议并讲话。9 月 24 日，市优化办对市国税局优化经济环境工作进行集中评议。各县（分）局局长和市局机关、稽查局全体人员共 160 余人参加大会。副市长蒋吉秀、市人大副主任吕芳村、市政协副主席彭爱华出席集中评议大会。

9 月 21—25 日，永州市“财税杯”男子篮球赛在冷水滩区举行，市财政、国税、地税 3 家及各县（区）组织的 14 支代表队，经过 51 场角逐，市国税局代表队荣获冠军。

9 月 27 日，市国税局组织全市国税系统 30 名税务干部赴邵阳参加全省国税系统“三项知识”竞赛，取得笔试成绩第三名；10 月 20 日，组织参加全省国税系统“三项知识”抢答赛，综合笔试和抢答赛成绩，荣获团体三等奖。

2004 年

6 月 12 日，省国税局宣布永州市国税局主要领导任免，任命袁北屏（原常德市国税局副局长）为永州市国税局党组书记、局长；免去李顺阳党组书记及局长职务。

9 月 9 日，全市国税系统“综合征管软件”推广应用工作动员大会在市国税局召开。随后突击 100 余天，组织市、县（区）层层培训，重新采集、录入所有纳税户的征管数据资料，按国家税务总局统一的“税收综合征管软件系统”要求，于年底前全部完成网络扩速、数据采集、测试保障等工作突击任务。

2005 年

1 月 1 日，全市国税系统“综合征管软件”按省局统一要求成功上线运行，全面实现省局征管数据监控管理，省、市、县三级税收信息化管理同步。同日，国税发票换版，并实行统一印制编号管理。是日起，永州市车辆购置税交由国税部门直接征收。

4 月，全市国税系统机构人事制度改革基本完成。11 个县（区）局和市局稽查局的内设机构调整到位，原 38 个税务所合并为 14 个征收分局、2 个税务所；全市新提拔县级局班子成员副职 6 名，市局机关正科级领导干部 3 名，市局机关副科级领导干部 4 名，县级局科室（所）正职 22 名，税务分局副职 35 名，科室（所）副职 58 名。

4 月 11 日，永州市税务学会成立。首届市税务学会工作由市国税局牵头，办公地点设在市国税局，兼职人员和学会经费分别由国税、地税局选派与分担。经会员大会讨论和表决，通过《永州市税务学会章程》，选举市国税局副局长肖显发为会长，市地税局总经济师何多珍、市国税局总会计师陈洪贵为副会长，常务理事26人（国税10人，地税12人，外部4人），理事91人。学会理事会每三年换届，分别由市国税、地税局领导轮流担任会长。

6月27日，市国税局机关代表队参加市直工委组织的“党的知识抢答赛”，荣获第一名。

6月28日至7月1日，省国税局副局长陈素娥、财务处处长王黎一行到永州考察市局机关、冷水滩区局、江华、宁远、祁阳县局的基建情况。

8月1日，全市国税系统“三大系统”（即综合征管软件、防伪税控、出口退税系统）整合上线运行，实现税收信息共享。

8月3—23日，市政协副主席谢五龙带队，分4个组对全市国税系统11个县（区）国税局执行政策、办事效率、执法行为、廉洁从政和队伍建设5个方面情况进行评议。

9月1日，全市11个县（区）国税局普遍推行电子（电话语言）申报缴税工作。

8月31日至10月16日，市优化办组织市、县（区）党政群机关、企业事业单位等社会各界人士1.2万人次，对市国税局机关和市局稽查局所属的114名工作人员开展“诚信建设满意不满意单位”和“满意不满意工作人员”评选活动。经综合评议，市国税局被评选为“诚信建设满意单位”。

至12月31日，全市税收征管数据质量连续5个月在全省实现三项指标“零差错”。在省国税局“四大目标”考核中，永州市局数据质量管理工作获一等奖。同日，市国税局机关被中央文明委命名表彰为“全国精神文明建设工作先进单位”。

2006年

1月1日，市国税局开发的“教育储蓄存款利息所得税管理软件”（银行版）在全市各商业银行启用。

3月25日，全市国税系统综合征管软件操作应用全员培训考试在市国税局统一开考。首场考试为冷水滩区国税局人员在市局电脑培训室实行单人单机独立操作完成。随后各县（区）局所有在岗人员（工勤岗位除外）均分批到市国税局经过统一操作考试并发放合格证。

4月1日，全市国税系统个体工商户“定位定税管理系统”成功上线运行。11个县（区）局经过前2个月的培训、数据采集、审核和录入，实现对个体工商户核定税由计算机系统自动产生，避免关系税、人情税等。

4 月 28 日，永州市国税局率先在全省国税系统探索建立纳税评估专项工作机制。冷水滩、零陵、祁阳 3 个区（县）国税局组建完成纳税评估科，试行独立办公、专司纳税评估工作；其他 8 个县局均设立税收分析评估组，挂靠税源管理科专司评估工作。

6 月 28 日，全市国税系统宏观税收分析互动协作暨纳税评估工作现场会在冷水滩区国税局召开。市国税局党组书记、局长袁北屏作《加强税负分析，深化互动协作，全面提升税收精细化管理水平》的工作报告；冷水滩、宁远、江永等县（区）局作典型经验发言。

7 月 18—19 日，省国税局党组成员、纪检组长胡荣桂到蓝山、宁远、道县国税局视察洪涝灾情，并在市国税局听取专题汇报。

8 月 11 日，全市国税系统"综合征管软件"操作应用全员考试圆满完成。历经 5 个月，全市 11 个县（区）局以及市国税局机关、市稽查局共 1283 名在岗工作人员分别参加业务类、稽查类、政工类的全员培训和 38 场考试，颁发合格证 949 份，初级操作证 305 份。

12 月 18—19 日，省国税局党组书记、局长程安亭到永州市国税局和江华、宁远县视察工作。

2007 年

4 月 5 日，永州市人民政府下发《关于坚持依法治税加强税收征管的通知》。随后，全市国税系统统一组织宣传和贯彻落实。

10 月 23 日，粤湘赣三省六市边区第十二届税收征管协作会议在广东韶关召开，永州市国税局局长袁北屏、副局长肖显发率征管、税政等负责人参加。市国税局征管科科长欧阳辉亮代表永州作经验发言。

2008 年

8 月 5 日，市国税局主要领导调整，原任党组书记、局长袁北屏调任常德市国税局局长；林小平（省国税局计统处处长）接任永州市国税局党组书记、局长。

9 月 19 日，赣湘粤三省六市国税局第十三届税收征管协作会议在江西井冈山召开，永州市国税局党组书记、局长林小平率部分科（局）长参会。

10 月 28 日，市委书记黄天锡、市政府副市长唐松成等专程到市国税局听取国税工作情况汇报，支持国税强化管理，应收尽收。

12 月 3 日，省国税局"深入学习实践科学发展观问计基层恳谈会"在永州召开。省国税局党组书记、局长程安亭，永州市委书记黄天锡等到会并讲话。

2009 年

3 月 12 日，市国税局下发《永州市国家税务局纳税人学校教学计划》，并创新培训方式，组织两个教学组，于 3 月 20 日至 4 月 20 日分赴到各县（区），对纳税人进行新政策及征管业务等巡回培训。

3 月 15 日至 4 月 20 日，组织开展全市国税系统“走百家，问千人”纳税服务专项调查活动。先后走访或面对面与纳税人座谈 116 人次，发送问卷调查表 1680 份，回收调查表 1323 份，收集整理纳税人反映的 6 个方面的问题与意见，形成纳税服务专项调查报告。

3 月 23 日至 4 月 10 日，市国税局机关首届奇石、摄影、书画文化艺术作品展在办公楼一楼大堂举行。市局机关文化艺术组和工会等联合举办，布展作品共 200 余幅（件）。省国税局副局长张社安、人事处处长易晓雄等观展后给予高度评价。

4 月 20 日，印发《永州市国家税务局关于“优化纳税服务年”活动的实施工作意见》及《永州国税“优化纳税服务年”主要活动项目实施计划》，对全市“优化纳税服务年”活动作出具体安排部署。同月 30 日，印发《永州市国家税务局办税辅导员管理办法（试行）》，明确全市各办税服务厅自 5 月起统一试行专职办税辅导员工作制度，最大限度地方便纳税人办税。

6 月 11 日，市国税局下发《永州市非居民企业税收管理暂行办法》，使全市非居民企业税收管理走上科学化、制度化之路。此为全省第一个非居民企业税收管理办法，得到省国税局肯定。

6 月 17 日，响应永州市政府加速推进新型工业化领导小组开展“企业服务年”活动的号召，由市国税局牵头，迅速召开第十一工作组联席会议，讨论通过《永州市“企业服务年”活动第十一工作组实施工作方案》，扎实展开对零陵恒远发电设备、湖南恒惠、永州鼎立饲料、永州市泉辉罐头食品有限公司 4 家企业的“点对点”服务活动。

10 月 13—27 日，市国税局组织开展全市首次交叉评估竞赛活动，共选派 12 个评估竞赛组，交叉到各县（区）评估 38 户，合计查增税款 558.58 万元，入库税款和滞纳金 426.43 万元，为检验和提高各地评估质量与水平起到了促进作用。

10 月 20 日，市政府“企业服务年”活动领导小组办公室陈建国副主任等一行 4 人到市国税局督察验收第十一工作组开展“企业服务年”活动情况，充分肯定市国税局卓有成效的工作。年终，市国税局先后被评为永州市委、市政府“先进单位”和省委、省政府联合表彰的“全省企业服务年活动优秀服务单位”。

10 月 28—29 日， 市国税局先后在宁远和东安县组织召开全市中小税收管理经验交流会（流动现场会），11 个县（区）局均以幻灯片解说、图文资料等多种方式将本地近年来税源管理中实用、有效的管理“亮点”进行展示，起到相互学习、促进管理、提高水平的作用。

2010 年

2 月 24 日， 在永州市经济工作会议上，市国税局被表彰为永州市“社会治安综合治理先进单位”、永州市“企业服务年活动先进单位”。

4 月 23 日， 市国税局与地税局联合，市环保局协办，共同举行“税收焕绿湘江源”税收宣传启动仪式，市委常委、常务副市长唐松成讲话，市国税局副局长廖健、市地税局局长谷一飞作出税收促进经济发展的承诺，市政协副主席袁火林出席。同日，市国税、地税局联合举办“税收服务发展”座谈会。

4 月 27 日， 永州市税务学会获“湖南省税务学会先进单位”。

8 月 25 日， 市局党组书记、局长林小平，市局党组副书记、副局长肖显发分别为市局稽查局、第一稽查局、车辆购置税征收管理分局挂牌。

10 月 11—12 日， 省国税局党组书记、局长程安亭，率办公室主任周方平、所得税处处长黄成、教育处处长阳光、人事处副处长黄文龙等到江华扶贫工作点考察并参加绩效考核、创先争优座谈会。市国税局党组成员及各科室负责人等参加。

10 月 19—21 日， 市国税局党组成员、副局长朱建河，党组成员、总经济师李济民带领相关科室负责人到广东省清远市参加第十五届粤赣湘三省边界六市国税协作会议，会议主题为“大力推进专业化管理，防范税收管理风险”。

10 月 22—26 日， 永州市市直机关单位首届气排球赛在市体育中心举办，市国税局代表队荣获第一名。

11 月 24 日， 市国税局召开巡视工作动员大会。省国税局纪检组长胡荣桂为巡视组组长，副巡视员范乐荣、省局巡视办主任浦金城为副组长，对永州市国税局领导班子及其成员执行民主集中制和重大事项决策、作风建设等情况开展巡视检查。

12 月 31 日， 永州市委常委、常务副市长周德睿带领市政府办公室、市财政局等部门负责人到市国税局走访慰问。周德睿对永州国税系统尽职尽责，严格税收执法，加强税源监控，优化纳税服务，创新管理方式和方法，全年入库税款突破 18 亿元，圆满完成省、市政府的年度税收任务给予高度评价。

2011 年

1 月 28 日，永州市优化经济环境办公室对 2010 年度市直优化经济环境和机关效能建设工作重点单位优质服务实效评价结果排序情况进行通报，市国税局在市直 30 个司法、执法机关（部门）中评价得分排名第一，被授予"先进单位"。

2 月 25 日，省委、省政府在长沙召开全省加速推进新型工业化工作会议，期间表彰全省"企业服务年"活动优秀服务单位，永州市国税局荣获"全省'企业服务年'活动优秀服务单位"。

5 月 6—11 日，市国税局在清华大学举办科局级以上领导干部提升领导力培训班，促进提高综合素质和专业素质。市国税局各科室负责人以上领导干部及各县（区）局长等 46 人参加培训。

6 月 1 日，省国税局党组成员、副局长张社安带领人事处有关领导宣布永州市国税局主要负责人任免调整通知，原省国税局征管处处长傅扬帆调任永州市国税局党组书记、局长；免去林小平党组书记、局长职务（调回省局收入核算处任处长）。

9 月 28 日，永州市税务学会第三届会员代表大会暨理事会第一次会议召开。省税务学会会长陈素娥到会并讲话，秘书长李晓梅致贺辞。自本届起，由市国税局单独承办永州市税务学会工作（市地税局因成立地方税收研究会而退出），每届任期四年。市国税局总经济师李济民担任会长。

10 月 18 日，市委、市政府组织召开全市"法治永州"创建暨第七次法制宣传教育工作会议，市国税局被评为"永州市'五五'普法依法治理先进单位"。

10 月 25—28 日，永州市市直机关第二届"气象杯"气排球赛在市体育中心举行，市国税代表队再度荣获冠军。

10 月 26—31 日，国家税务总局"金税三期工程"核心征管软件需求分析外部评审会在永州召开，来自天津、辽宁、山东、江苏、大连、四川、浙江等省市 30 多名国地税领导及扬州税务学院的专家老师和金税三期工程的研发专家参加。永州市政府常务副市长周德睿出席会议并致辞。

11 月 16—17 日，在永州市委党校召开全市国税系统思想政治工作暨干部作风整顿会议。各县（区）局领导班子成员、税务分局局长、稽查局局长、科室负责人，市局机关、市局直属机构全体干部参加会议。省国税局副局长钟油子、教育处处长阳光、永州市政府常务副市长周德睿、市纪委副书记许洋名参会并作重要讲话。北京大学教授艾学蛟应邀作《危机管理和媒体应对》专题讲座。

11 月 22 日，第十六届粤赣湘边区三省六市国税协作会议在江西省赣州市召开。

市国税局党组书记、局长傅扬帆率办公室、人事科等负责人参会，并由傅扬帆作《创新队伍管理　激发干部活力　着力打造廉洁高效的国税工作团队》经验交流发言。

2012 年

2 月 21—23 日，省国税局税源专业化管理试点单位工作会议在永州市召开。省局征管处有关领导和长沙、常德、永州市国税局分管局领导、征管科（处）长及各试点单位局长等参加。会议主要交流各试点单位税源专业化管理试点工作情况及各市局推行税源专业化管理的工作安排。

6 月 3 日，永州市国税局党组被湖南省委“建设学习型党组织”工作领导小组、省委宣传部确定为全省“十佳‘学习型党组织’建设示范点”，成为全省国税系统唯一获此殊荣的单位。

6 月 8 日，国家税务总局所得税司司长任荣发、所得税司综合处副处长戴诗友在省国税局所得税处处长黄成等陪同下，一行四人到永州市就所得税的有关政策进行调研，并对市国税局所得税管理工作进行检查指导后，给予充分肯定。

6 月 28 日，中共中央在北京召开全国创先争优表彰大会，隆重表彰全国创先争优先进基层党组织、优秀共产党员和创先争优活动先进县（市、区、旗）党委。永州市国税局机关党委被授予“全国创先争优先进基层党组织”称号。市国税局党组副书记、副局长、市局机关党委书记肖显发作为全国税务系统创先争优先进基层党组织的唯一受邀代表，参加了在人民大会堂召开的表彰大会，受到胡锦涛、习近平等党和国家领导人的亲切接见。6 月 29 日，国家税务总局局长肖捷，副局长解学智、王力，中纪委驻总局纪检组长冯惠敏，总经济师张志勇等领导集体接见受表彰的永州市国税局代表肖显发。肖捷代表总局党组向受到表彰的先进基层党组织代表表示热烈祝贺，并合影后座谈。

7 月 5 日，永州市委副书记、市长魏旋君专程到市国税局调研，先后听取市局党组副书记、副局长肖显发受邀参加在人民大会堂召开的全国创先争优表彰大会的情况介绍和市局党组书记、局长傅扬帆关于国税工作情况的汇报，并观看《书香岁月——永州国税工作纪实》专题纪录片等。魏旋君市长对市国税局取得的荣誉表示祝贺，对国税工作给予充分肯定。市政府副秘书长吴剑林等陪同视察。

7 月 17 日，市国税局举行“永州市国税系统规范税务行政处罚裁量权基准制度”听证会，就重大行政决策举行首次公开听证。永州市内的注册税务师、律师、企业纳税户代表、个体纳税户代表、基层税务执法人员等 21 人参加听证。市人大、市政协、市纪委、市政府法制办等领导受邀列席听证会。永州电视台、《永州日报》、红网等新闻媒体进行全程报道。

10月31日至11月1日，省国税局党组书记、局长丁永安，省局党组成员、纪检组长李斯成等一行，在永州市国税局党组书记、局长傅扬帆等陪同下，先后到祁阳、冷水滩、零陵和永州市局机关走访调研，亲切看望慰问基层国税干部职工，详细了解征管服务一线工作人员的工作生活等情况。

11月6日，由中共永州市直属机关工作委员会、永州市体育局、永州市国税局、市地税局主办，永州移动公司协办的市直机关“税务杯”气排球比赛圆满落幕。市直31个单位通过小组循环赛、决赛，市国税局气排球队荣获第一名（三连冠）。

12月20日，全市诚信纳税人授牌表彰大会在市国税局召开。会议表彰了全市2010—2011年度“纳税信用等级A类企业”。常务副市长周德睿和市经信委主任周新辉等参会并授牌。

2013年

2月25日，永州市委、市政府对全市2012年度“四深入两结对一测评”作风建设活动和优化经济环境、机关效能建设工作进行表彰，市国税局在全市司法、执法类机关（单位）测评中排名第一，被评为“2012年度全市‘四深入’作风建设活动和优化经济环境、机关效能建设工作先进单位”。

4月28日，湖南省总工会在省委礼堂召开全省表彰大会，授予永州市国税局“湖南省五一劳动奖状”称号，这是全省国税系统唯一获此殊荣的单位。同日，授予永州市国税局系统工会主任欧阳辉亮“湖南省优秀工会工作者”称号，其代表市国税局参会领奖。

6月4日，永州市委书记陈文浩到市国税局视察工作。

6月6日，全市“营改增”（即营业税改征增值税）扩大试点工作会议在冷水滩召开。市国税局党组书记、局长傅扬帆讲话，副局长蒋南毅传达全省营改增工作动员布置会议精神，对全市营改增工作进行全面安排部署。8月1日，全市营改增试点工作正式启动。

7月23—24日，省国税局党组成员、副局长钟油子，省国税局大企业和国际税务管理处处长傅兰等一行到永州市调研督导检查营改增、国税机关职能转变和全系统安全生产等情况。

8月7—9日，全市国税系统“廉洁从税”廉政文化作品展在市国税局办公楼一楼大堂开展。市纪委及市文联、书法协会、摄影协会专业人士等应邀参加作品选评，共评选出优秀书画作品25幅、摄影作品25幅、征文24篇、短信61条。

10月22日，全省税务学会、科研工作暨“税收保障机制”课题研讨会在永州市南华大酒店召开。省税务学会和各市（州）税务学会会长、秘书长、论文作者及湖南税专科研处负责人等参会。

11月4—8日，永州市市直机关“烟草杯”气排球赛在市体育中心举行，市国税局荣获第一名。

12月10日，永州市四届人大常委会召开第十六次会议，听取市人大常委会工作审议调查组对市国税局工作审议整改情况的审议发言，并对市国税局工作审议整改情况进行测评。

2014年

2月20日，市国税局召开全市国税系统党的群众路线教育实践活动动员大会。3月11—19日，市国税局党的群众路线教育实践活动4个督导组深入基层走访调研，听取意见，先后共收集整理意见和建议120余条。

7月2日，湖南省国税系统践行党的群众路线先进事迹巡回报告会在永州南华大酒店三楼举行，全省国税系统5名先进个人及本市国税系统2名先进个人作先进事迹报告。

7月22—27日，省国税局派出审计组对永州市国税局党组书记、局长傅扬帆任职期间履行经济责任的情况进行审计。同时，对永州市国税局财务管理情况进行审计。

10月8日，人力资源和社会保障部、国家税务总局联合表彰全国税务系统先进集体和先进工作者（人社部发〔2014〕10号文），市国税局局长傅扬帆获得“全国税务系统先进工作者”荣誉称号。

10月15日，省档案局和省国税局办公室对永州市国税局创建“省特级档案室”进行初审。11月21日，市国税局机关综合档案室顺利通过湖南省档案局组织的湖南省档案工作规范化管理“省特级”评估验收。

11月25日，市国税局在永州市委党校组织全市系统《税收知识读本》竞赛考试，共165人参加。宁远、新田、双牌、祁阳、江华5个县国税局荣获“优秀学习型单位”，奉勇军等6人荣获“优秀学习尖子”，曾晓东等48人荣获“优秀学习干部”。

12月27日，中央电视台《新闻直播间》报道《永州：提速出口退税，服务外贸企业发展》，对永州市国税局出口退税改革经验进行了推介。

2014 年，全市国税系统落实高新技术企业、支持残疾人就业、再就业扶持等各项优惠政策，共计减免税收 1233 万元，办理出口免抵退税 2.65 亿元，抵扣固定资产进项税额 9142 万元，1900 余户小微企业享受免征增值税政策，受惠面达 85%。是年，市国税局在全省绩效管理考评中基础得分 987.97 分、排名第一，总分 1045.86 分、排名第二，年终被评为“2014 年湖南省国税系统绩效管理先进单位”。

2015 年

2 月 25 日，在永州市委、市政府召开的全市 2014 年度综合表彰大会上，市国税局共获得绩效评估优秀单位、社会管理综合治理先进单位、党建工作优秀单位、优化经济环境和机关效能建设工作考核、三项优先工作综合考核等多项先进单位荣誉，其中绩效评估、社会综合治理考核、党建工作排名第一。

3 月 22—28 日，组织全市国税系统正科级以上领导干部共 51 人，在上海交通大学参加“永州市国税局领导干部综合能力提升研修班”学习培训。

4 月 20 日，国家税务总局党组书记、局长王军在《中国税务报》4 月 15 日发表的《永州国税：打造有执行力的团队》上作出批示，要求总局和湖南组织推介永州国税执行力建设工作经验。21 日，湖南省国税局党组书记、局长丁永安在国家税务总局印发的批示上批示在全省国税系统推广。5 月 4 日，傅扬帆局长应邀到国家税务总局汇报执行力建设工作，执行力建设经验在全国得以推介。

7 月 9 日，全市首届纳税人学校讲课比赛在市国税局举行，参赛选手精心制作并演示《小微企业税收优惠政策》《新办纳税人入门知识》等 11 个教学课件。宁远县国税局张媛媛荣获一等奖，江华县李飞燕、江永县何薇荣获二等奖，蓝山县何伟、冷水滩区国税局何瑶婷荣获三等奖。

7 月 30 日，市国税局在市委党校举行“岗位大练兵 业务大比武”竞赛活动，全市国税系统 98 人参加现场统一考试，宁远、双牌和祁阳县国税局荣获“优胜单位奖”，邓海平等 17 人荣获“岗位业务能手”。

8 月 1 日，全市国税系统开始试运行“金税三期工程”优化版，办税流程进一步简化，办税效率得到提高。

9 月 21 日，永州市税务学会第四届代表大会在市国税局召开，会议听取并审议通过税务学会第三届理事会工作报告，选举产生永州市税务学会第四届理事会人员，市国税局调研员肖显发当选会长，调研员蒋南毅、副调研员欧阳辉亮当选副会长。湖南省税务学会会长陈素娥到会并讲话。

10月8日，“金税三期”税收征管系统在全市上线运行。

10月14—16日，全市国税系统第四届老年人门球赛在冷水滩区举办，共13支代表队参赛。市国税局机关一队荣获一等奖，新田、江永代表队获得二等奖，冷水滩、祁阳、双牌代表队获三等奖，蓝山、宁远、东安、江华代表队获体育道德风尚奖，道县、市局机关二队、零陵代表队获优秀组织奖。

10月21—23日，全市国税系统第三届气排球友谊赛在市体育中心举行，省国税局系统工会主任、副巡视员王发旺、省局机关工会主席罗先茂、副调研员李春晓出席开幕式。市国税局机关、双牌、宁远县国税局队分别荣获冠、亚、季军。

12月15日，永州市国税局主要负责人任免大会召开，原市国税局党组书记、局长傅扬帆提任河南省国税局党组成员、总会计师；曾立春（原省局机关党办主任）接任永州市国税局党组书记、局长。省国税局党组成员、副局长皮本固等到会宣布并讲话。

2016年

2月23日，永州市2015年度工作综合表彰大会在市委礼堂召开，市国税局被市委、市政府表彰为“2015年度绩效考核优秀单位”。

5月1日，永州市国税局全面推开“营改增”试点零点启动仪式在零陵区国税局办税大厅举行，市、区两级30多名国税干部和部分纳税人代表参加启动仪式。

5月24—25日，省国税局党组成员、纪检组长农朝月与省国税局副巡视员、监察室主任易晓雄率工作组到永州督导“营改增”试点工作开展情况。农朝月高度肯定永州的营改增工作，认为组织领导有力、工作思路清晰、措施得力、扎实有效，并提出了工作建议。

6月1日，永州市国税局举办全市国税系统“营改增”纳税申报培训班，邀请省税务师协会的专家团讲师免费为纳税人进行专题培训。全市国税系统90余名业务骨干参加主会场的集中培训，1000余名纳税人在各县（区）国税局的纳税人学校参加视频培训。

6月21—23日，省国税局党组书记、局长丁永安带领相关业务处室负责人，深入永州调研“营改增”工作。市国税局党组书记、局长曾立春，党组成员、副局长李靖、刘小明及相关科室负责人陪同调研。

7月15日，市委书记陈文浩等在市委五楼常委会议室专题听取市国税局、市地税局工作情况汇报，市国税局领导班子成员出席。

8月25日，全市国税系统“岗位大练兵、业务大比武”竞赛在市国税局举行，共232人参加竞赛。宁远县国税局荣获一等奖，双牌县、冷水滩区国税局获二等奖；东安、江华县国税局获得三等奖；伍余等21人纳入“素质提升‘115’工程——岗位能手项目”人员名单。

9月19—30日，湖南省国税局第三巡视组进驻永州市国税局，从党的领导和党的建设、党风廉政建设和反腐败、落实中央八项规定精神以及作风建设等方面开展常规巡视。

10月15—16日，永州市国税系统第四届气排球友谊赛在市体育中心举行。省国税局系统工会主任、副巡视员王发旺，省国税局机关工会主席罗先茂、副调研员李春晓等出席开幕式。经过激烈角逐，宁远、零陵、冷水滩队分获一、二、三名。

11月9日，永州市国税局召开增强共产党员、公务员、税务人员的“三员”身份意识，深入“两学一做”学习教育动员大会，激发全市国税系统“三员”的责任感和使命感，更好地服务大局、服务基层、服务纳税人。

12月12日，省国税局党组成员、总经济师孙险峰到永州开展重点工作督导调研，向全体干部职工宣讲中共十八届六中全会和省第十一次党代会精神，认真听取2016年重点工作落实情况和2017年工作思路的汇报，与市国税局领导班子成员进行廉政谈话，并深入基层调研工作。

2016年，全市国税稽查系统共查结各类案件242起，入库各项收入6529万元，综合处罚率3%，收入同比增加107%。是年，全市国税系统组织税收收入53.84亿元，其中不含车辆购置税的税收收入49.17亿元，同比增收15.84亿元，增长47.54%，增幅排名全省第二（剔除“营改增”因素，增幅排名全省第一）。

2017年

1月4日，市国税局、市地税局“一窗一人办税”工作推进会在市国税局召开。11日，全市税务系统优化办税服务工作推进会在冷水滩南华大酒店召开，积极探索国地税联合办税，推动纳税服务工作再上新台阶。

2月9日，中共永州市委经济工作会议暨“六大战役”动员大会在市委礼堂召开。市国税局荣获“2016年度全市绩效评估先进单位”和社会管理综合治理先进单位等9项荣誉表彰。

2月13日，市国税局、市地税局在市国税局召开2017年第一次国地税合作联席会议，就如何推进全市实名办税等工作进行研讨，并对下一步国地税合作工作进行安排。

5月25—26日，省国税局党组书记、局长刘明权一行到永州国税调研工作，先后到市国税局机关、江华、江永县国税局及办税服务厅等调研座谈，深入熙可食品有限公司、九恒数码有限公司、展承创意文化用品有限公司、江永特色农副食品有限公司等企业走访。其间，与市、县国税局及税务分局等税务干部座谈，听取各单位的工作汇报和对省局工作的意见建议，详细了解深化国税地税征管体制改革、国地税合作以及税收政策落实等情况，并看望慰问基层一线人员。

5 月 31 日至 6 月 2 日，湖南省税务学会“加强基层税务机关及离退休干部队伍党建工作”课题座谈会在永州召开，国家税务局总局离退休干部办公室综合处处长张林海，湖南省税务学会会长陈素娥，省国税局离退休干部党总支书记高凤荣，湖南省税务学会秘书长、法规处处长黄文龙和海南省国税局副局长蒋焕民以及来自江苏省无锡市，湖南省衡阳、常德、郴州、娄底、怀化市等单位的人员进行了研讨和参观交流。

8 月 3 日，全市国税系统“培育好家风　传承好家训　弘扬好学风”表彰大会在市国税局举行。永州市关心下一代工作委员会副主任、市人大原副主任李续荣，永州市纪委宣传部部长宾柱元和市国税局党组书记、局长曾立春等出席表彰会并讲话。

8 月 25 日，市国税局组建“爱莲战队”参加由永州市纪委、市广播电视台联袂打造、全国首档莲文化为主题的党风廉政建设知识大型电视竞赛节目“爱莲战队”综合比赛，经初赛、复赛和决赛，市国税局最终夺得亚军。市委副书记、市长易佳良，市委副书记、政法委书记张严等为市国税局战队颁奖。

9 月 2 日，全市国税系统组织开展全员税收业务知识考试，近 1000 名国税人员分别在 11 个考场参加闭卷考试。

9 月 22 日，市国税局举办全市国税系统“培育好家风　传承好家训”主题演讲比赛，来自全市 11 个县（区）局及市局直属机构的 21 名选手参加比赛。经过激烈角逐，冷水滩区局的邓巧宁荣获一等奖，另有 7 名选手分获二、三等奖。

10 月 13 日，“喜迎十九大　建设新永州”市直机关大合唱决赛在永州大礼堂举行，市国税局组织近 100 人合唱团以《精忠报国》《智取威虎山》两首曲目精彩合唱，夺得大合唱比赛一等奖。市委书记、市人大主任李晖颁发奖牌并合影。

2017 年，全市国税系统组织完成税收收入 76.62 亿元，其中，不含车辆购置税的税收收入 70.62 亿元，同比增收 22.02 亿元，增长 45.32%，增幅排名全省第 5 位。同时落实相关税收政策，全年共减免各项税收 9.7 亿元，办理出口退税 4.19 亿元，同比增长 14.5%。年底，在省国税局年度综合考评中，永州市国税局总得分达 1001.09 分，排名全省 14 个市（州）局的第二位，连续获得“全省国税系统绩效管理先进单位”。

2018 年（至 7 月国税、地税机构合并）

2 月 7 日，全市国税工作会议、国税系统全面从严治党工作会议、绩效管理工作会议在市局三会同开。永州市委书记李晖高度重视，会前作出书面批示，肯定国税工作成绩，勉励全市国税人员激发新活力，提升新质效，推进国税事业高质量发展。

4 月 2 日，永州市国税局、地税局与永州经济技术开发区联合举行 2018 年税收宣传月（税法进校园进园区）活动启动仪式暨办税事项“最多跑一次”清单发布会，同时拉开了全国第 27 个“税收宣传月”的序幕。

5 月 17 日，永州市委办、市政府办联合发出《关于 2017 年度全市优化经济发展环境测评结果的通报》，市国税局在 2017 年度全市司法执法类机关单位考评中再度获得第一名，被授予“全市优化经济发展环境先进单位”。同时被市委、市政府授予“绩效考核优秀单位”“社会综合治理工作先进单位”“普法依法治理工作先进单位”“平安单位”“全市发展开放型经济优质服务单位”等。

6 月 15 日，全国税务系统率先进行机构改革，各省（市、区）国税局、地税局同日统一合并挂牌，新组建的国家税务总局湖南省税务局挂牌成立。6 月 28 日，新成立的湖南省税务局联合党委即派出省局党委委员、总会计师方吉杰为组长的督导组进驻永州，指导永州市国税、地税机构合并工作。

7 月 5 日，永州市原国家税务局与地方税务局机构合并挂牌，成立“国家税务总局永州市税务局”（全国统一时间、统一名称）。湖南省税务局总会计师方吉杰、永州市政府副市长欧阳元初等领导及原市国税、地税局机关人员、各县（区）局局长等 200 余人参加机构合并挂牌仪式。

7 月 20 日，永州市所辖 11 个县（区）国税局、地税局统一合并挂牌，成立新的县（区）税务局（全国统一时间和名称）。至此，自 1994 年 9 月税务机构分设的市、县（区）国税局、地税局及其基层分局、税务所等，历经 24 年运行完成历史使命，原机构自然消失。

第一章　税制管理

1992—1993年，零陵地区沿用“利改税”后的工商税制结构，实行多税种、多环节征收的复合税制，全区在征的税种25种（全国在征税种32种）。1994年1月1日，按照国务院《关于实行分税制财政管理体制的决定》，零陵地区全面实行“分税制”，随后不断调整和完善新税制。2014年6月1日，永州市实行营业税改征增值税。

第一节　分税制改革

1994年1月1日，根据国务院确定全国分税制改革的原则和主要内容，零陵地区统一实施分税制改革。即按照中央与地方政府的事权划分，合理确定地、市（县）财政的支出范围；根据事权与财权相结合的原则，税种统一分为中央税、地方税和中央地方共享税，并分设国税和地税两套税务机构分别征管。其中国税部门负责征收中央税和共享税，地税部门负责征收地方税。

一、分税制的税收级次划分

（一）中央固定收入

包括关税、消费税、增值税（中央75%）、中央企业所得税、非银行金融企业所得税，铁道、银行总行、保险总公司等部门集中缴纳的收入（包括营业税、所得税、利润和城市维护建设税），中央企业上缴利润等。

（二）地方固定收入

包括营业税（不含银行总行、铁道、保险总公司的营业税）、地方企业所得税、地方企业上交利润、个人所得税、城镇土地使用税、固定资产投资方向调节税、城市维护建设税（不含银行总行、铁道、保险总公司集中缴纳的部分）、房产税、车船使用税、印花税、屠宰税、农牧业税、耕地占用税、契税、遗产或赠予税、房地产增值税、国有土地有偿使用收入等。

（三）中央与地方共享收入

包括增值税、资源税、证券交易税。增值税上划中央75%，地方分享25%；资源税按不同的资源品种划分陆地资源税作为地方收入，海洋石油资源税作为中央收入；证券交易税中央和地方各分享50%。

二、税种改革

1994年1月1日，零陵地区本着“统一税法，公平税负，简化税制，合理分权，理顺分配关系，保障财政收入，建立符合社会主义市场经济要求的税制体系”的指导思想，按全国工商税制改革内容进行全面性、结构性的改革调整。

（一）增值税

分税制实施后，零陵地区以实行规范化的增值税为核心，新流转税制由增值税、消费税、营业税组成，在工业生产领域和批发零售商业普遍征收增值税，对特定消费品征收消费税，对不实行增值税的劳务和销售不动产征收营业税。取消原有的产品税、特别消费税和工商统一税等。

（二）企业所得税

全区统一内资企业所得税，采用33%的比例税率，规范企业所得税税前列支项目和标准，取消原来分别设置的国营企业所得税、国营企业调节税、集体企业所得税和私营企业所得税。同时，对区内国营企业不再执行企业承包上缴所得税的包干制；取消向国营企业征收国家能源交通重点建设基金和国家预算调节基金。

（三）个人所得税

各县（市）把原个人所得税、个人收入调节税、城乡个体工商业户所得税统一为个人所得税，分不同所得项目分别采用超额累进税率和比例税率，规定不同的扣除标准。

（四）其他税种开征

按照国务院和省政府等规定，零陵地区分步撤并和开征其他税种，扩大资源税征收范围。先后将盐税并入资源税，实行分产品从量定额计算征税的办法；开征土地增值税，用于调节房地产交易中的过高利润，采用四级超率累进税率；分步开征证券交易税、遗产或赠予税；调整城乡维护建设税、土地使用税，取消集市交易税、牲畜交易税、烧油特别税、奖金税和工资调节税，下放屠宰税给地方（后取消征收）。

全区改革之后的税种由原32个减少为18个，初步实现税制的简化、规范和高效统一。

三、新税制的完善

1993年11月12日，中共零陵地委扩大会议集中学习新税制。图为地区税务局局长邹礼强（右一）介绍新税制

新税制自1994年实施后，零陵地区各级国税机关按国家统一税收政策与改革进程，不断进行调整和完善，除巩固和简化税种外，相继陆续进行费改税、取消农业税、营业税改征增值税等重大改革。

2000年10月22日，国务院颁布《中华人民共和国车辆购置税暂行条例》，自2001年1月1日起，永州市辖区统一征收车辆购置税，同时取消车辆购置附加费。2006年3月14日，第十届全国人大第四次会议通过决议，在全国范围内取消农业税。是年4月28日，国务院公布《烟叶税暂行条例》，对烟叶的收购实行20%的比例税率。2007年3月16日，全国人大审议通过《中华人民共和国企业所得税法》，结束企业所得税法律制度对内、外资分立的局面，全市逐步建立起规范、统一、公平、透明的企业所得税法律制度。

2011年11月16日，经国务院批准，财政部、国家税务总局印发《营业税改征增值税试点方案》《交通运输业和部分现代服务业营业税改征增值税试点实施办法》等文件，明确从2012年1月1日起，开展对交通运输业和部分现代服务业营业税改征增值税试点。永州市自2014年1月1日起，开展铁路运输和邮政业“营改增”试点。是年4月30日，财政部、国家税务总局发布《关于将电信业纳入营业税改征增值税试点的通知》，永州市从6月1日起将电信业纳入“营改增”范围。

第二节　增值税管理

根据1993年12月13日国务院发布的《中华人民共和国增值税暂行条例》（以下简称增值税暂行条例）和财政部发布的增值税暂行条例实施细则，自1994年1

月1日起，新的增值税暂行条例施行，零陵地区税务局负责全区增值税的征收管理。

一、税率和征收率

增值税实行价外税，以不含税价为计税依据，基本税率为17%，低税率为13%，出口货物实行零税率。小规模纳税人按照6%的征收率征税。1998年7月1日起，执行国家税务总局调整以后的增值税征收率，对从事商业经营的小规模纳税人的征收率由6%减按4%征收增值税。2000年1月1日起，根据国家税务总局《关于商品混凝土实行简易办法征收增值税问题的通知》，对一般纳税人销售的应税混凝土，按6%的征收率征收增值税。

按照《增值税暂行条例》及《实施细则》规定，个体工商户和其他个人纳税人应纳增值税的销售额未达到规定的增值税起征点的免征增值税，起征点以上的按征收率计征增值税。1994年1月1日至2002年12月31日，永州市个体工商户和其他个人的增值税起征点均按《实施细则》的下限最低标准执行，即销售货物的增值税起征点为月销售额600元，销售应税劳务的起征点为月销售额200元，按次纳税的为每次（日）销售额50元。2003年1月1日，全市调整个体户增值税起征点，销售货物和应税劳务的起征点分别提高到月销售额2000元和1500元，按次纳税的起征点提高到每次（日）销售额200元。2004年7月1日，全市再次调整个体工商户增值税起征点，销售货物和应税劳务的起征点分别提高到月销售额5000元和3000元，按次纳税的仍为每次（日）200元。2012年1月1日，省财政厅根据财政部有关增值税起征点5000至20000元的标准，全省统一调整至上限20000元，即销售货物和应税劳务的起征点均提高到20000元，按次纳的由原次每（日）200元提高到500元。2014年7月1日，永州市辖区内个税体工商户等小规模纳税人的征收率由原4%调减为3%。

2017年7月1日起，根据财政部、国家税务总局《关于简并增值税税率有关政策的通知》，简并增值税税率结构，全市取消13%的增值税税率，对纳税人销售或进口农产品、自来水、天然气、农机、图书、音像制品、电子出版物等23类货物，适用11%的增值税税率。2018年5月1日，将制造业等行业增值税税率由17%降至16%，对交通运输、建筑、基础电信服务等行业及农产品货物的增值税税率从11%降至10%。

二、增值税纳税人管理

1994年，零陵地区国税系统认定管辖的一般纳税人共1564户，占增值税纳税人总户数（包括个体户17024户）的8.41%。其中，对从事货物生产或提供应税劳务年应纳税（以下简称“应税”）销售额100万元以上和从事货物批发或零售年应税销售额180万元以上的，认定为增值税一般纳税人（简称一般纳税人）；上述销售额以下的为小规模纳税人；个人、非企业性单位和不经常发生纳税行为的企业，视同小规模纳税人管理。增值税一般纳税人销售货物取得销售收入，使用增值税专用发票（以下简称“专用发票”），按照应税销售额及其适用税率计算销项税额，以进货取得的专用发票所载明的税额为进项税额，以销项税额抵减进项税额后的余额为应纳税额。小规模纳税人不使用专用发票，进货增值税额也不抵扣，以不含税销售额按征收率征收增值税。

1996年1月1日，贯彻执行《湖南省增值税管理规程》，对一般纳税人由县以上（含县）国家税务局审批认定，并在30日内审核完毕。其中，个体经营者认定为一般纳税人的，需报经省国税局审批。是年7月，全市统一将“初认定”变更为“临时认定”，临时认定的期限为一年。1997年1月1日，根据《湖南省国家税务局增值税一般纳税人分类管理暂行办法》，按照应纳增值税销售收入及应纳增值税税额、会计核算、经营规模、发票管理使用和依法履行纳税义务等情况，全市将一般纳税人划分为A、B、C三个类别管理。1998年1—5月，在对全市1997年度一般纳税人资格年审中，对从事商业经营年应税销售额50万元以下、从事工业生产年应税销售额30万元以下的，一律取消一般纳税人资格，改按小规模纳税人征税。7月1日起，对年应税销售额在180万元以下的小规模商业企业，无论其财务核算是否健全，一律不认定为一般纳税人，8月底，将已认定为一般纳税人的小规模商业企业全部划转为小规模纳税人征收增值税。1999年1—4月，市国税局组织对1998年度一般纳税人进行资格年审，共年审834户，取消102户不合格的一般纳税人资格。2001年7月1日，依照国家税务总局《关于加强商贸企业增值税征收管理有关问题的通知》精神，进一步加强对商贸企业临时一般纳税人的认定管理。对商贸企业申办一般纳税人认定的，由县（区）国税局组成联合调查组调查以后，税政法规科按审批程序和认定标准审核，经县（区）国税局审批后上报市国税局审定。2002年1月，根据国家税务总局《关于加油站一律按照增值税一般纳税人征税的通知》，对从事成品油销售的加油站，无论年应税销售额是否超过180万元，一律按一般纳税人征税。

2003年3月1日，对一般纳税人认定和临时认定工作重新下放到县（区）国税局审批。根据国家税务总局要求在6月底前将所有一般纳税人全部进入防伪税控系统管理的规定，全市对申请认定为一般纳税人的企业，均按要求配备湖南航天信息有限责任公司（以下简称“航天公司”）认可的金税工程设备，并取得航天公司对防伪税控系统操作使用的培训合格证。2004年8月，根据国家税务总局《关于加强新办商贸企业增值税征收管理有关问题的紧急通知》，对于新办商贸企业一般纳税人认定，区别下述两种情况分别进行管理：一是对新办的小型商贸企业，由以前办理税务登记以后按照预计其年销售额认定一般纳税人的办法，改变为自税务登记之日起一年内实际销售额达到180万元，方可申请一般纳税人资格认定，在认定前一律按小规模纳税人管理。新办小型商贸企业认定为一般纳税人以后，实行6个月的纳税辅导期管理，并限量发售专用发票。二是对设有固定经营场所和拥有货物实物的新办商贸零售企业以及注册资金在500万元以上、50人以上的新办大中型商贸企业，其在税务登记时即申请并认定为一般纳税人以后，实行为期6个月的辅导期管理，在辅导期内专用发票发售量每次不超过25份。

2005年以后，不再进行一般纳税人资格年审。

2008年，市国税局积极开展对废旧物资行业、民政福利企业、饲料行业、软件企业等调研，在全面落实相关税收政策的基础上，提出加强征管的建议。2009年，根据《增值税暂行条例实施细则》规定，增值税纳税人在年应税销售额超过规定的小规模纳税人标准的，应向主管税务机关申请一般纳税人资格认定。是年，针对砖瓦灰沙等建材产品税收征管漏洞较多、征管难度大等问题，市国税局先后印发《永州市砖瓦灰沙石增值税管理办法》和《永州市机动车增值税管理办法》，强化对全市建材行业和机动车销售行业的税收征管。截至12月底，全市建材行业入库税收6354万元，比2008年增加1661万元，增长35.39%；机动车销售行业入库税收1360万元，比2008年增加税收600余万元。2010年，市国税局创新商贸企业一般纳税人增值税管理办法，先后在冷水滩区国税局进行试点，从一般纳税人认定、财务核算、发票使用、注销盘点结算等多环节加强商贸企业一般纳税人增值税管理，取得明显成效。是年，仅冷水滩区的商业批发、零售行业共实现增值税9810万元，同比增收增值税1871万元。2011年，全市加强对农产品加工企业生产经营的税收管理，先后下发《以产定耗，切实加强农产品进项税管理的通知》《运用行业税收管理指标，加强农产品加工企业税收管理的通知》等一系列文件与管理措施，促使全市农产品加工行业增加税收近1000万元。2012年，开展税收预警分析，加强税收行业管理。按照“研究一个行业，规范一个行业”的思路，市国税局先后制定下发机动车销售、农产品加工、汽车制造等3个行业税收管理办法，并建立水力发电及汽车零部件制造等重点行业纳税评估模型。其中《水力发电行业评估模型》被省国税局选送到国家税务总局，被评为全国“百佳”行业纳税评估模型。

2013年，全市国税系统扎实推进营业税改征增值税试点工作。市国税局及时下发《关于做好扩大营业税改征增值税试点工作意见的通知》，并召开全市“营改

2013年8月1日，永州市营改增启动仪式在冷水滩国税局启动（龚宏武 摄）

增”扩大试点工作会议，对“营改增”扩大试点工作进行具体部署，制定《永州市国税局扩大营业税改征增值税工作任务分解表》，将整个营改增工作细化成73项具体任务，分项抓好落实。是年，全市共开通“营改增”绿色通道17个，“营改增”咨询专窗11个，“营改增”发票代开窗口11个。通过电视、报刊、广播等多种媒体深入宣传，使纳税人及广大市民及时了解“营改增”工作。全市有631户营业税纳税人改征增值税，8—11月共申报入库增值税款203.31万元，文化事业建设费21.53万元。

2014年1月1日起，铁路运输业、邮政业正式纳入“营改增”试点范围。6月1日起，电信业正式纳入试点范围。是年，全市“营改增”试点行业共入库税款8777万元，90%以上试点纳税人的税负不同程度下降或持平。2015年5月，对全市存量纳税人用户进行集中升级，共有1599户存量应升级纳税人在两月内全部升级完成。9月，下发《永州市国家税务局关于进一步加强交通运输业增值税税收政策管理的意见》，对全市交通运输行业经营、日常管理、发票代开等方面进行规范。

2016年5月3日，永州市委副书记、市长易佳良（前中）在冷水滩区国税局视察营改增工作（办公室供图）

2016年，全市国税系统共接收地税部门移交的“营改增”试点纳税人11459户，经过信息比对审核，确定纳入正常管理的“营改增”纳税人7532户（其中一般纳税人369户，小规模纳税人7163户）。同时，采取分行业集中培训、送教上门、个性辅导、发放资料等方式，对“营改增”纳税户进行全覆盖式培训。全市对地税代征业务员培训 42 期、215 人次；税务干部内部培训 34 期、1511 人次；对重点行业试点纳税人分行业批次培训 47 期、10523 人次。是年，推行增值税发票新系统工作，截至 10 月 31 日，全市共推行增值税发票新系统 3477 户。

至 2017 年年底，全市共有增值税纳税户 57791 户，其中一般纳税人 4643 户，小规模纳税人 53148 户，当年入库增值税共 495473 万元。

第三节 消费税管理

1992 年 4 月 24 日，根据国务院《关于停止实行对彩色电视机专营管理及有关问题的批复》精神，零陵地区从 7 月 1 日起停止征收彩电特别消费税。

1993 年 12 月 13 日，国务院颁布《中华人民共和国消费税暂行条例》（以下简称《消费税暂行条例》），自 1994 年 1 月 1 日开征消费税。新开征的消费税，是对在中国境内从事生产和进口税法规定的应税消费品的单位和个人征收的一种流转税，也是对特定的消费品和消费行为在特定的环节征收的一种间接税。零陵地区征收消费税的消费品包括烟、酒及酒精、化妆品、护肤护发品、贵重首饰及珠宝玉石、鞭炮焰火、汽油、柴油、汽车轮胎、摩托车、小汽车（包括小轿车、越野车、小客车）等 11 种。消费税为价内税，只在应税消费品的生产、委托加工和进口环节缴纳。但从 1995 年 1 月 1 日起，对金银首饰由生产环节征收消费税改为零售环节征收消费税，且消费税税率调整为 5%。新的消费税实行从价定率、从量定额、复合计税等方式征收。

1994 年 1 月 1 日，香皂的消费税税率降为 5%。1998 年 7 月 1 日，对卷烟税率进行调整，甲类卷烟（含进口卷烟）为 50%，乙类卷烟为 40%，丙类卷烟与雪茄烟为 25%。1999 年 1 月 1 日起，护肤护发品（不包括香皂）的消费税税率降为 8%，含铅汽油按 0.28 元/升的税率征收消费税。2001 年 1 月 1 日，对香皂和子午线轮胎免征消费税。5 月 1 日，粮食白酒和薯类白酒的消费税税率由比例税率调整为定额税率和比例税率，定额税率为 0.5 元/斤，粮食白酒比例税率为 25%，薯类白酒比例税率为 15%；啤酒消费税分每吨啤酒出厂价格在 3000 元（含 3000 元，不含增值税）以上的，单位税额为 250 元/吨，3000 元以下的为 220 元/吨。6 月 1 日起，卷烟的消费税税率由比例税率调整为定额税率和比例税率，定额税率为每标准箱 150 元，每标准条调拨价格在 50 元（含 50 元，不含增值税）以上的比例税率为

45%，50元以下的为30%。2004年8月，市国税局组织开展消费税税收政策执行情况大检查，每个县（区）抽查5户消费税纳税人，主要对2003年以来酒类产品、鞭炮、金银首饰等消费税纳税人应缴、已缴、欠缴增值税、消费税等情况进行查核。2006年，国家对消费税政策进行较大规模的调整，突出消费税促进环境保护、节约资源以及合理引导消费的作用。同时新增加高尔夫球及球具、高档手表、实木地板、游艇等税目，增加成品油税目下的5个子目，取消护肤护发品税目，并调整相关税目的税率。

2008—2009年，为抑制汽油、柴油等燃料的消耗，促进节能减排、规范交通税费制度，全市按国家统一规定先提高部分大排量乘用汽车的消费税税率，随后又在取消部分交通规费的同时，大幅度提高成品油的税率，使消费税的税收大幅增长。2009年5月1日，在全市烟草行业开征卷烟批发环节消费税。至12月底，全市共入库卷烟消费税5744万元。2010年，对用作生产乙烯、芳烃等化工产品原料的国产燃料油免征消费税，对用作生产乙烯、芳烃等化工产品原料的进口燃料油返还消费税。2011年10月1日，以发酵酒为酒基，酒精度低于20度（含）的配制酒，按消费税税目税率表“其他酒”10%适用税率征收消费税。

2014年11月29日，将汽油、石脑油、溶剂油和润滑油的消费税单位税额在原单位税额基础上提高0.12元/升；将柴油、航空煤油和燃料油的消费税单位税额在原单位税额基础上提高0.14元/升，并对航空煤油继续暂缓征收消费税。是年12月1日起，取消气缸容量250毫升（不含）以下的小排量摩托车消费税，对气缸容量250毫升和250毫升（不含）以上的摩托车继续分别按3%和10%的税率征收消费税；取消汽车轮胎税目；取消车用含铅汽油消费税，统一按无铅汽油税率征收消费税；取消酒精消费税。

2015年2月1日，将电池、涂料列入消费税征收范围，在生产、委托加工和进口环节征收，适用税率均为4%。5月10日起，将卷烟批发环节从价税税率由5%提高至11%，并按0.005元/支加征从量税。2016年12月1日，对每辆零售价格130万元（不含增值税）以上的乘用车和中轻型商用客车，在零售环节加征消费税，税率为10%。2017年，全市入库消费税69786万元，比上年增收636万元。

第四节 营业税管理

1992—1993年，原零陵地区税务局负责全区营业税的征收管理。原营业税是对从事商业、金融保险、邮政电信、公用事业、出版、娱乐、加工修理业和其他各种服务业的单位、个人等经营业务收入征税，其税目共有 11 个，税率分别设 3%、5%、10%和 15%四档。1993 年 4 月 12 日，营业税税目中的商业零售和“其他饮食业”税率由 3%提高到 5%。是年 8 月，取消营业税“临时经营”税目。

1994 年 1 月 1 日，全区执行国务院修订后的《营业税暂行条例》，对境内所有销售货物和提供加工、修理修配劳务由征收营业税改征增值税，只对服务性行业和销售不动产行为征收营业税。是年 9 月，税务机构分设后，全区营业税主要由地方税务局负责征收管理，零陵地区国税局负责对辖区内港澳台商和外商投资企业以及个体工商户的营业税征收管理。1995 年 1 月 1 日，经地区国税局和地税局协商，全区个体工商户及集贸市场税收中的纯营业税改由地税局征收。1996 年 4 月 1 日起，根据省政府办公厅《关于调整省国家税务局、地方税务局税收征管范围的通知》精神，将以缴纳营业税为主的个体工商户和涉外企业以及港澳台商投资企业纳税人的营业税移交地方税务局征管。1997 年 1 月 1 日，对金融保险业营业税率由 5%提高到 8%，其中提高的 3%部分为中央财政收入，由国税部门征收管理。1998 年 1 月 1 日起，对农村信用社减按 6%的税率计征营业税。2001 年 10 月 1 日起，农村信用社营业税率再减按 5%的税率计征，全部交由地税部门征收。2003 年 1 月 1 日，金融保险业营业税率全面恢复到 5%，全部由地税征管，国税机关停止征收营业税。

1994—2003 年永州市国税系统征收营业税收入统计表

表 1-1 **单位：万元**

年份	1994 年	1995 年	1996 年	1997 年	1998 年
税额	7999	43	2	824	1457
年份	1999 年	2000 年	2001 年	2002 年	2003 年
税额	1452	1687	1307	473	73
10 年合计		15317			

第五节 所得税管理

1994 年 1 月 1 日起，执行国务院颁布的《企业所得税暂行条例》，废止原《国营企业所得税条例》《国营企业调节税征收办法》《集体企业所得税暂行条例》和《私营企业所得税暂行条例》，简并企业所得税税制，规定企业所得税的基本税率为

33%。是年9月，国税、地税机构分设后，零陵地区国税局主要负责中央企业、烟草和地方金融企业所得税管理，其他企业的所得税由地税局管理。辖区内企业所得税由国税机关管理的主要有国有商业银行、石油、电力、证券、烟草和农村信用社等。1994—2001年，全市国税系统共征收内资企业所得税4083万元。

2002年5月，市国税局设立税政二科，主要负责所得税的税收管理，全年征收内资企业所得税549万元。2005年4月，市国税局税政二科更名为所得税管理科。9月15日，市政府召开教育储蓄利息所得免征个人所得税规范化管理协调会，市国税局和市银监局、教育局、金融企业等单位参加。是年，全市征收内资企业所得税突破3200万元。2006年，市国税局开展房地产开发企业所得税专项整治，并开发《教育储蓄存款利息所得税管理软件》（银行版），在全市金融机构安装使用，对个人储蓄所得实现电子软件监控。2007年2月1日，市国税局印发《企业所得税核定征收办法》。9月，组织对全市核定征收情况进行检查并通报，祁阳县国税局等单位落实效果好受到表扬。

2008年10月7日，永州市国税系统《中华人民共和国企业所得税法》知识抢答赛

2008年1月1日，内、外资企业所得税统一实施新的《中华人民共和国企业所得税法》，原《企业所得税暂行条例》及《外商投资企业和外国企业所得税法》同时废止。《中华人民共和国企业所得税法》确定企业所得税基本税率为25%；符合条件的小型微利企业减按20%的税率征收；国家需要重点扶持的高新技术企业减按15%的税率征收企业所得税。是年9月，市国税局抽调全市22名企业所得税骨干汇算清缴年报会审，对全市44户纳税人的汇算清缴年报进行会审，调增应纳税所得额2600万元。10月，组织开展全市所得税法知识竞赛，冷水滩区国税局获单位第一名，江华县国税局刘振源获个人第一名。

2010年7月1日起，对省内跨县（区）分支机构企业实行就地预缴，次年回机构所在地再汇算清缴企业所得税。2011年4月，对纳税人汇算清缴工作实行事中监管，市国税局组织部分县（区）所得税骨干审查纳税人的申报，提高汇算清缴质量，是年共补缴企业所得税892万元。

2013 年，突出所得税专业化管理。以强化对亏损企业申报数据准确性为重点，对连续三年亏损企业（含当年），需同时报送税务师事务所最新鉴证报告，市国税局督办县（区）国税局专项评估，对疑点较大的移交税务稽查。2016 年，加强对股权转让企业所得税的风险管理。市国税局组织专家团队对某汽车空调公司股权转让事项进行重点评估，通过案头分析、税务约谈、外部调查、企业自查等，促使企业申报补缴所得税 126.05 万元，滞纳金 1.81 万元。通过对 5 户企业评估排查，累计入库企业所得税 202 万元，加收滞纳金 2.86 万元。

2017 年，市国税局组织对烟草公司离退休职工工资及福利支出专项核查，查纠税前列支，调增应纳税所得额 4147 万元，入库企业所得税 1037 万元，排减了企业涉税风险。

1994—2017 年永州市国税系统所得税收入统计表

表 1-2　　　　**单位：万元**

年份	内资企业所得税	外资企业所得税	个人所得税
1994	699	2	862
1995	556	31	787
1996	568	11	1276
1997	463	30	1872
1998	214	75	386
1999	558	132	10
2000	465	249	2191
2001	560	234	3726
2002	926	376	4251
2003	1990	1429	4616
2004	3398	1488	5445
2005	3711	521	6188
2006	7749	441	7945
2007	14939	759	8948
2008	内外资企业统一为企业所得税 16697		5707
2009	16058		2374
2010	18832		485
2011	28330		184
2012	42001		70

续表1-2

年份	企业所得税	个人所得税
2013	52693	28
2014	64871	8
2015	82154	1
2016	85230	—
2017	133400	—
合计	582840	57360

第六节　车辆购置税管理

2000 年 10 月 22 日，国务院发布《中华人民共和国车辆购置税暂行条例》（以下简称《车购税暂行条例》），决定从 2001 年 1 月 1 日起开征车辆购置税（简称车购税），以取代车辆购置附加费。永州市国税局负责全市范围内车辆购置税的征收管理，但在原市交通局所属车购费稽征处征收未移交国税部门前，暂由车购费稽征机构代征。自 2005 年 1 月 1 日起，车购税由国税局全面接收征管，市国税局在零陵区（原稽征处内）设立车辆购置税征收管理办公室（后改为办税厅、征收分局），负责车购税日常征管，政策业务等归口市国税局流转税管理科。

永州市车辆购置税征收范围包括境内购置汽车、摩托车、电车、挂车、农用运输车等车辆的单位和个人。其车购税按从价定率办法计算应纳税额，税率为 10%，应纳税额=计税价格×税率。纳税人在向市、县公安机关车辆管理机构办理车辆登记注册前，自行到车购税征管部门缴纳车购税。车购税实行一次征收制度，购置已征车购税的车辆不再征收车购税。纳税人购买自用应税车辆的，自购买之日起 60 日内申报纳税；进口自用应税车辆的，自进口之日起 60 日内申报纳税；自产、受赠、获奖或以其他方式取得并自用应税车辆的，自取得之日起 60 日内申报纳税。

2007 年 7 月，全市成功试运行新版车购税征管软件，优化车购税征管业务流程，将车购税征管系统融入国税大征管系统，提高车购税征管水平。

2009 年 1 月，全市执行国务院批准的对 2009 年 1 月 20 日至 12 月 31 日购置 1. 6 升及以下排量乘用车暂减按 5%的税率征收车购税。是年 12 月 22 日，国务院再次明确对 2010 年 1 月 1 日至 12 月 31 日购置 1. 6 升及以下排量乘用车暂减按 7. 5%

的税率征收车购税。2011 年，市国税局加强与公安交警等部门的配合，通过采取锁死车辆信息、税收稽查、税收协调等方式，强化车购税的检查。是年，共对 57 台未税车辆进行补税罚款处理，补缴车购税 65 万元，加收滞纳金 1. 8 万元。2012 年 1 月 1 日，执行国务院批准的对城市公交企业购置的公共汽电车辆免征车购税。截至 2014 年 11 月底，全市对 9 家城市公交企业购置的 204 台公共汽电车辆免征车购税 356 万元。2015 年，对市城市公交企业购置公共汽电车辆 55 台，免征车购税 194 万元，支持全市公共汽车事业的发展。

自 2017 年 1 月 1 日至 12 月 31 日，对购置 1. 6 升及以下排量的乘用车减按 7. 5%的税率征收车购税。是年，永州市国税系统征收入库车辆购置税 6. 45 亿元，比上年增收 1. 77 亿元，增长 37. 96%。2018 年 1 月 1 日起，恢复按 10%的法定税率征收车辆购置税。是年 1—7 月（截至国税与地税机构合并），全市征收车辆购置税 1. 67 亿元，比上年同期增收 3484 万元，增长 26. 26%。2005 年至 2018 年 7 月，全市国税系统累计征收车辆购置税 35. 94 亿元。

2005—2018 年永州市国税系统车辆购置税入库表

表 1-3 **单位：万元**

年份	完成数	与上年同比	
		增减额	增减（%）
2005	5413	—	—
2006	6735	1322	24. 42
2007	9224	2489	36. 96
2008	10828	1604	17. 39
2009	14890	4062	37. 51
2010	18923	4033	27. 09
2011	20048	1129	5. 97
2012	24784	4736	23. 62
2013	33373	8589	34. 66
2014	39418	6045	18. 11
2015	47774	8355	21. 2
2016	46734	-1040	-2. 18
2017	64472	17738	37. 96
2018 年 1—7 月	16749	3484	26. 26
合计	359365	—	—

永州市国税局车辆购置税管理分局管理机构人员表

表 1-4

机构名称	机构级别	人员姓名
分局长室	正科级	刘克勤（分局长，正科级） 高志刚（副分局长，副科级）
综合组		刘春秋（正科级干部） 周鼎复（副主任科员） 刘萍（大，副科级干部） 谢卫红（科员）
业务组		陈斌（兼，主任科员） 王松林（副科级干部） 刘萍（小，副科级干部） 杨勇（科员）
合计人数		13 人（截至 2018 年 8 月，国税机构人员合并前； 各组人员中第一人为组长）

第七节 出口退（免）税与减免税管理

一、出口退税（免税）管理

1994 年 1 月起，全区执行新税制，同时对出口货物退（免）税办法进一步改进和完善。新修订的《增值税暂行条例》规定纳税人出口货物，税率为零。纳税人出口适应税率为零的货物，向海关办理出口手续后，凭出口报关单等有关凭证，按月向税务机关申报办理出口货物的退税。《消费税暂行条例》第 11 条规定，对纳税人出口应税消费品，免征消费税。2 月 18 日，国家税务总局发布《出口货物退（免）税管理办法》，对出口货物退（免）税的退税范围、税种、税率、计税依据、计算方法、常规管理、清算检查等作较大调整，全区税务系统逐步形成比较完整和规范化的出口货物退（免）税制度。

2005 年 4 月，按照《湖南省国家税务局关于明确各市（州）、县（市、区）国家税务局进出口税收管理工作岗位设置及岗位职责的通知》要求，市国税局对区、县两级出口退税管理的具体工作岗位和岗位职责进行规范。5 月，市国税局转发国家税务总局《出口货物退（免）税管理办法（试行）》，对出口货物退（免）税审核、审批工作设置相应的工作岗位，配备相应的人员，确保人员配备达到监督制约的要求。11 月，全市实行《湖南省出口企业退（免）税评估管理办法》，对全市出口企业进行风险预警管理，对防范出口骗税现象实行程序化、制度化。

2006 年 1 月 1 日，执行《国家税务总局关于出口货物退（免）税实行有关单证备案管理制度（暂行）的通知》，对全市出口企业自营或委托出口属于退（免）增值税或消费税的货物，在申报出口货物退（免）税后15天内，将出口货物相关单证在企业财务部门备案。2007年7月，制定下发《永州市国家税务局出口货物退（免）税管理办法（试行）》。是年12月10—31日，在全市范围内开展出口货物退（免）税单证备案检查工作。

2008年1月1日，全国试运行出口货物税收函调系统（1.0版），采用纸质函件和电子函件并行方式，提高时效和质量。是年，全市共发出核实函件12份，涉及应退税款26万元，接收核实函件24份，涉及税款202万元。2009年12月，全市推广应用出口退税网上预申报系统，进一步提高出口退税服务水平。2010年7月，针对出口退税率数次提高、全国骗取出口退税案件呈多发态势等情况，市国税局召开由130余名出口企业法人代表、财务主管、办税人员参加的防范出口骗税专题会议，就有关出口退税政策及防范出口骗税等作出专项部署。2012年，贯彻落实《财政部 国家税务总局关于出口货物劳务增值税和消费税政策的通知》和《出口货物劳务增值税和消费税管理办法》。12月，全市规范出口货物税收函调管理工作，明确工作责任，防范和打击骗取出口退税。

2013年1月1日，全市执行《湖南省国税系统内部出口货物税收函调工作管理办法》，各县（区）国税局认真核实企业的生产和经营状况，准确按实进行回函，及时处理和回复收到的核实函件。是年，全市共计发出核实函件25份，涉及应退税额171万元，收到核实函件152份，涉及应退税额4082万元。2014年，落实“便民办税春风行动”有关精神，全市国税系统将提高退税审批效率、加快企业资金回流、提升纳税服务作为年度重点工作落实，促使全市出口退税工作实现减负提速。

2015年2月9日，全市出口退税规范管理培训（办公室供图）

2015年3月，将生产企业出口退税审批权限下放至县（区）国税局，进一步提高审批效率，方便纳税人。同时贯彻落实《全国税务机关出口退（免）税管理工作规范（1.0版）》和《出口退（免）税企业分类管理办法》，市、县国税局紧密协作，严格按政策、流程要求操作，确保每一笔出口退税安全及时退到企业，受到地方党政领导和纳税人好评。

2016年，执行《全国税务机关出口退（免）税管理工作规范（1.1版）》，全面提升出口退税服务水平，支持外贸经济发展。2017年，结合省国税局下发的预警信息，对全市出口企业进行风险排查，并与稽查部门联合开展打虚打骗工作，先后共下发出口退税风险预警信息4期、计15户次。截至10月底，查处虚开企业34家和骗税企业1家，查处虚开发票833份，涉及金额7792.77万元，查补税额1249.7万元，加收滞纳金20.8万元，罚款1.31万元。

二、减免税管理

1994年，实施新税制，全区增值税免税项目主要有：农业生产者销售的农业产品；避孕药和用具；古旧图书；直接用于科学研究、科学试验和教学的进口仪器、设备；外国政府、国际组织无偿援助的进口物资和设备；来料加工、来件装配和补偿贸易所需进口的设备；由残疾人组织直接进口供残疾人专用的物品；销售自己使用过的物品。全区国税系统严格执行减免税规定，同时监督和及时纠正地方单位违规制定税收优惠政策与措施。

2001年，国务院及财政部、国家税务总局等陆续出台系列税收优惠政策，关注民生，支持高新技术、环保、民政福利企业等发展。是年，全市国税系统认真贯彻落实惠民政策，通过办理出口退税和减免退税、先征后退等方式，先后为民政福利企业减免增值税209万元，办理出口退税及先征后退等提退税金452万元。2003年，市国税局通过调查核准，落实长丰集团公司猎豹环保车减征30%消费税政策，共减免消费税4642万元。2010年12月15日，经省国税局批复，对祁阳浯溪电站免征企业所得税一年。

2012年，全市落实“转方式，调结构”背景下的各项税收优惠政策，促进企业发展，共减免2011年度企业所得税873万元。落实国务院对城市公交企业购置的公共汽电车辆免征车购税政策，2012年至2014年11月，对全市9家城市公交企业购置的公共汽电车辆免征车购税356万元。2014年，落实国家税务总局关于小微企业免征增值税和营业税的税收优惠政策，通过广泛宣传辅导，规范办税流程，提速纳税服务，对企业享受税收优惠政策做到“零门槛”，先后将减半征税优惠政策从年应纳税额6万元提高到10万元，扩大政策受益面。截至11月底，全市企业总户数为6223家，其中小型微利企业2306家，享受销售额为2万元以下（10月以后为3万元以下）免征增值税优惠政策的有1966家，占整个小微企业户数的85%，减免增值税额47万余元。

2016 年 10 月 13 日，全市金融保险业营改增政策专题培训会召开 （办公室供图）

2015 年 10 月 1 日起，落实国务院对购置 1.6 升及以下排量乘用车减按 5% 的税率征收车购税规定，至年底，全市享受减半征收车购税车辆 8341 台，累计减免税款 3352 万元。用好、用足各项税收优惠政策，支持永州小微企业发展，规范出口退税管理，全年共减免退税 17264 万元，办理出口退免税 34155 万元。

2017 年 5 月，省国税局党组书记、局长刘明权（中）到永州调研，先后在湖南熙可食品有限公司等了解生产情况，研究支持民营企业发展 （办公室供图）

2017 年，积极贯彻落实国务院提出的 6 项减税新政策，市国税局建立领导责任制及“人盯人”“人盯户”等政策落实机制，先后在简并征收率政策方面减税 1100 万元，在三项延长税收优惠政策方面共对 26 家企业减免税额 517 万元，六项减税措施落实年度共减免各项税收 2800 万元。

2001—2017 年永州市国税系统减免税、退税统计表

表 1-5

年份	减免退税（万元）	提退税金（万元）	合计（万元）
2001	209	452	661
2002	869	1403	2272
2003	1487	2820	4307
2004	2833	3951	6784
2005	7804	606	8410

续表1-5

年份	减免退税（万元）	提退税金（万元）	合计（万元）
2006	10764	4837	15601
2007	13944	14483	28427
2008	10432	13345	23777
2009	14356	5470	19826
2010	8190	8327	16517
2011	6833	10808	17641
2012	6226	13046	19272
2013	3155	12078	15233
2014	10473	21438	31911
2015	67210	22847	90057
2016	81590	22212	103802
2017	147668	31263	178931
累计	394043	189386	583429

第二章　征收管理

第一节　征管基础工作

一、税务登记

1992年，零陵地区税务局组织各县（市）税务局换发企事业单位税务登记证。至8月底，应换证的2931户全部换领新证，清查补税49万元。1994年9月，税务机构分设后，零陵地区国税局统一组织对辖区内所有的企业、个体户等重新审核，共核发税务登记证2.33万户，清理出漏管户146户，补税罚款7.5万元。1996年7月，地改市后的永州市国税局组织全市开展换发税务登记证工作，先后共换发税务登记证1.69万户，清理漏管户761户，查补税款39.2万元，罚款0.6万元。2002年9月20日，根据省国税局等要求，对个体加油站变更税务登记时，先办理注销税务登记，再重新换发新税务登记证件。2003年10月起，按省国税局、省地税局联合通知要求，统一税务登记代码编制方法。2004年3月，贯彻落实国家税务总局《税务登记管理办法》，全市严格按照税务登记代码编制方法要求对纳税人进行赋码。对同一户个体工商户在多处设立经营的，由原在居民身份证号码后加“-1”“-2”等标记分别赋码，改为在其居民身份证号码后加“01”“02”等标记进行赋码。同时对所有纳税人按新的编制方法编制税务登记代码。截至2012年6月，全市国税系统税务登记35300户，其中，正常营业户34300户，非正常户1000户。

2015年12月4日，市国税局印发《永州市国家税务局简政放权后加强事中事后税收征管工作实施办法（试行）》，在实行“三证合一、一照一码”登记制度（即将原工商营业登记、国税登记、地税登记证三证合一）改革后，加强对新办纳税人的后续监管和非正常户异地协作管理，同时强化税务登记注销管理，实现日常管户与注销检查相分离，建立纳税人清税申报分类处理机制，遏制短期经营逃避监管等行为。2016年，市国税局每月按期将工作开展情况、问题及改进建议报告省国税局征科处，确保全市“三证合一”登记制度改革平稳运行。是年，累计办理

2006 年 6 月 19 日，市国税局机关人员参加综合征管软件全员培训考试

"三证合一、一照一证"营业执照纳税人 1531 户。

2017 年，贯彻执行国家税务总局《增值税一般纳税人登记管理办法》，统一规范营改增后所有增值税纳税人登记。至年底，全市国税征管的纳税人登记 67836 户，纳入正常管理的 57791 户（含"三证合一"及"两证整合"纳税人 19740 户），其中增值税一般纳税人 4643 户，小规模纳税人 53148 户。

1994—2017 年永州市国税系统征管纳税户表

表 2-1　　　　单位：户

年份	登记户数	年份	登记户数
1994	24879	2006	27361
1995	18962	2007	27336
1996	21929	2008	33766
1997	22356	2009	34103
1998	23198	2010	45413
1999	20156	2011	34194
2000	20718	2012	36775
2001	23299	2013	39292
2002	22317	2014	41947
2003	24523	2015	72297
2004	26293	2016	62737
2005	26989	2017	67836

二、纳税申报

1994 年新税制实施后，逐步建立纳税申报制度。零陵地区从年初开始，凡财务会计制度健全的企业，实行“自行计算核税、自行填开缴款书、自行向银行缴款”，同时向税务机关报送纳税申报表；其他纳税人按照税法规定及税务机关确定的期限，逐步实行申报纳税。

1995年5月10日，冷水滩市国税局城区二税务所率先建起全省第一家“纳税申报大厅”，为城中所有纳税户办理纳税事宜提供方便。各县（市）国税局在送税上门的基础上，普遍推行纳税申报制度。

1996年1月1日，贯彻执行国家税务总局修订后的《增值税一般纳税人纳税申报办法》。纳税人进行增值税纳税申报报送的纳税申报资料，除以前规定报送的增值税纳税申报表及其附报资料、发票领用存月报表以外，增加报送增值税（专用/普通）发票使用明细表和增值税（专用发票/收购凭证/运输发票）抵扣明细表。1997年，市国税局先后出台纳税申报制度等办法。1999年，开始电子申报试点等工作。2001年9月，在全市普遍推行电子申报，市国税局征管科负责电子申报管理工作。2003年，根据国家税务总局重新修订的《增值税一般纳税人纳税申报办法》，增值税一般纳税人均实行电子信息采集，使用防伪税控系统开具增值税专用发票的纳税人在抄、报税成功后进行纳税申报。2004年2月，全市贯彻执行省国税局《关于全面推行增值税纳税申报“一窗一人一机”管理模式的通知》，全面实行“一窗一人一机”纳税申报管理模式。是年7月，在个体工商户中全面推行电话申报、缴税，使个体税收纳税申报与税款征收两个环节简并为一道程序。

2007年10月30日，全市国税系统征管工作会议召开，袁北屏局长（中）讲话 （刘雁飞 摄）

2005年7月，贯彻实施《湖南省国家税务局电子申报缴税系统推广应用工作实施方案》，企业纳税人和个体工商户电子申报与缴税全面结合，使用电子申报缴税系统，在进行纳税申报的同时完成税款缴纳。至2006年1月31日，全市已推广电子申报企业633户，使用598户，使用率为94.5%，申报成功586户，成功率98%；电子缴税450户（不含零申报198户），缴税成功374户，缴税成功率83%；个体户电话语音申报1224户，使用213户，成功206户，成功率96.7%。

2010年，全市推广应用网上办税系统，网上申报纳税户由2009年的3883户增加到4096户。2012年二季度，全市国税系统应申报25129户次，已申报25088户次，按户次申报率为99.84%，纳税申报率接近100%，此后长期呈现较高的申报率。2015年，市国税局印发《永州市国家税务局简政放权后加强事中事后税收征管工作实施办法（试行）》，建立税收管理员初步风险识别制度，强化审批改备案后实质性审核，同时加强征管档案管理，实行“一户式”监管，促使纳税人及时准确、完整地报送纳税申报表及附列资料、财务会计报表等涉税资料，推进纳税申报管理。

2016年，市国税局推广“电子税务局”，按照省国税局推广要求，成立电子税务局推广工作领导小组，细化分解目标任务和工作职责，完善电子税务局的操作岗位及操作规程。11月初，以冷水滩区国税局为试点单位，对电子税务局的35个业务功能模块进行实际业务测试，为确保电子税务局12月1日在全市正式推广运行打下坚实的基础。电子税务局在全市运行后，在发票领购邮寄业务等方面走在全省前列。

2017年10月，贯彻执行国家税务总局《增值税纳税申报比对管理操作规程（试行）》。年底转发总局发布的《中华人民共和国企业所得税年度纳税申报表（A类，2017年版）公告》，自2018年1月起，使用新的企业所得税年度纳税申报表。

三、税款征收

1992年5月，地区税务局全面部署“时间过半，任务过半”的税收突击活动，抽调360余名机关人员到基层一线征收单位，确保组织收入工作顺利进行。1993年，地区税务局明确要求对欠税进行全面清理，限期入库，通过银行扣缴入库加收滞纳金、配合法院依法清收“四款一费”、对欠税企业停办减免税手续等措施，强化欠税清缴。1994年“分税制”实施初期，仍实行传统的税款征收方式，对企业纳税人由管户税收专管员根据企业纳税申报填开税收缴款书，企业财务会计人员在法定期限内持缴款书到银行从存款账户向国库缴税；个体集贸税收由税收专管员上门填开通用完税证，以现金收取税款，在规定期限内将收取的多个纳税人的现金税款填开汇总缴款书缴入国库。

1995年，地区国税局每月对“两税”（即增值税、消费税）在50万元以上的62户重点企业实施跟踪监控，保证重点税源户税款及时入库。经与银行等有关部门协商和行署专员办公会决定，对全区重点企业和欠税大户建立“税款过渡专户”，是年，全区通过税收过渡专户划缴入库的税款达6.9亿余元，占整个税款的81.6%，其中，零陵卷烟厂当年入库的4.55亿元“两税”全部为专户划缴。

1996年，撤地建市后的市国税局对全市年纳“两税”在50万元以上的56户重点企业建立收入台账，按月掌握销售、入库、欠税等情况，适时采取对策，促进税款征收。1998年，全市狠抓欠税清缴，采取目标管理，“以票管税”，限供、监开增值税专用发票，加收滞纳金，银行扣缴，扣押查封物资等征管措施，有效地遏制欠税的增长，全市国税系统累计清缴欠税8500余万元。1999年继续狠抓欠税清缴，对欠税大户实行专人坐厂征收，将回笼货款按确定的比例逐笔扣缴，并派专人坐守各专业银行，及时掌握企业货款回笼情况并划缴税款入库。同时对欠税企业采取发票监管代开、冻结账户、银行扣缴，扣押、拍卖企业领导的小车和其他物资，加收滞纳金、通过法院强制执行等手段追缴欠税。市国税局领导和科室对10户欠税大户实行目标考核，市政府领导深入企业帮助清缴欠税，年内全市国税系统累计清缴欠税7500万元，其中通过税款预储收回新欠3886万元。2000年4月，针对一季度欠税有所抬头的趋势，市国税局在全市开展“滞纳金加收月”活动，通过印发《关于对欠税加收滞纳金的通告》，在电视、报刊等新闻媒体上广泛宣传，至年底，全市新欠税由年初700余万元减到350余万元，并追缴历年陈欠600余万元。

2001年5月，全市国税系统贯彻落实新的《中华人民共和国税收征收管理法》，坚持按率计税、应收尽收，从严控制新欠税。按照市委、市政府要求，对2001年当年的欠税全部收回，对2000年以前的欠税收回50%以上，对不按照税法规定缴纳税款的单位或个人，严格按照新修订的征管法实行加、扣、罚，是年全市累计收缴欠税3000万元，有效促进税收收入稳定增长和良性循环。

2005年，全市国税系统首次实现“零新欠”，在全省14个市（州）国税局中，永州市国税局第一个实现应收尽收、当年无新欠税，并在此后连续10年保持“零新欠”。

2006年起，按新修订的征管法严格实行延期缴纳税款审批制度。4月19日，根据省国税局《关于明确延期缴纳税款审批工作有关问题的通知》，市国税局明确各县（区）国税局税源管理科和综合业务科负责对纳税人报送的延期缴纳税款的各种纸质资料进行严格审核，再在综合征管软件中录入“申请延期缴纳税款”文书，并将审核后的纸质审批材料以特快专递等方式报送至市国税局征管科，市国税局审核后上报省国税局审批。

2010年，加强税收户籍管理和专业化管理。先后组织各县（区）扎实开展漏征漏管户大清查和税收征管质量交叉检查，加强税收预警分析，完善“税收联合分析系统”，及时分税种、分项目和类别对税收征管数据进行分析，针对发现的问题限期整改。是年，市国税局发布各类预警信息8期，整改问题19个，查补入库税款6700万元。同时推进税收行业管理和专业化管理，有效堵塞中小税收漏洞，全年共入库中小

2008年9月26日，市国税局局长林小平（右二）、征管科长欧阳辉亮（右一）等在零陵区调研基层税收征管改革等工作（张文明 摄）

税收12.67亿元，比2009年增长35.42%。

2014年，加强全市建筑工程耗用材料增值税管理，堵塞征管漏洞，减少税款流失。市国税局印发《永州市国家税务局关于贯彻落实〈永州市人民政府办公室关于进一步加强建筑工程耗用材料增值税管理的通知〉的意见》，要求各县（区）国税局摸清辖区内建筑工程项目税源底子，建立征管台账，强化日常巡查，实行跟踪管理，着重抓好工程项目的备案登记和发票查验，对税收缴纳情况等逐户逐项清理，成效明显。

2017年，印发《永州市国家税务局2017年度虚开虚抵税收综合治理整改工作方案》，统一布置虚开虚抵税收综合治理工作。稽查部门根据日常工作发现的线索及协查系统提供的案源，先后对34家企业开展涉及虚开虚抵方面的稽查。货物劳务税部门利用电子底账系统对失控发票进行深入分析，向风险管理部门提供82户失控发票企业名单。是年，市国税局共推送虚开虚抵专项任务116户，完成116户，发现有问题110户，终止6户，移送公安机关2起；查处虚开发票1833份，涉及金额1.08亿元；入库税款1440万元，入库滞纳金36.56万元，罚款1.31万元。

四、发票管理

1992年上半年，地区税务局组织专门力量对原用发票进行清理登记，对新版发票的印制使用等进行宣传辅导与监督。年底，全面完成发票换版印制工作。1993年1月1日，全区统一使用新版发票，旧版发票停用并逐级回收。

1994年1月，地区税务局通过专项培训、统一发票管理办法、交流工作经验、开展专项检查等，促使全区各级税务机关建立专人专库保管，严格领、用、存手续，健全各项规章制度及奖罚措施。联合公、检、法等有关部门，严厉打击伪造、倒卖、盗窃发票的违法犯罪活动。年内完成两次增值税专用发票的换版工作，领发31600本专用发票，保证全区1564户增值税一般纳税人的及时使用；收回旧版空白专用发票21339本，做到了安全无事故。1995年8月1日，全区贯彻执行《湖南省增值税专用发票管理规则》，进一步健全管理制度，调整充实人员，加强库房设施及安全防范，同时狠抓专用发票的稽核检查工作，先后对 1564 户增值税一般纳税人的发票及进项发票进行交叉稽核，及时堵塞发票漏洞。

1996 年 1 月 10 日，全区增值税专用发票防伪税控系统开始运行。年内组织普通发票换版工作，至 12 月 10 日，共印制新版普通发票 12 万余本，保障全市自 1997 年 1 月 1 日启用新版普通发票。1998 年 2 月，组织对全市发票管理交叉检查，确保增值税专用发票的安全。对普通发票的印制和保管重新修订办法，进一步完善发票管理制度。1999 年，按省国税局部署发票清理检查，市国税局成立发票清理检查工作领导小组，组织各县（区）全面清查。全市对增值税一般纳税人和普通发票用票户自查面达 100%；重点检查一般纳税人 806 户，普通发票用票 2872 户，检查面分别为 100%、47. 47%；检查发现有问题的 1981 户，发票违章 20217 份，补税 406 户 208. 89 万元，罚款 1649 户 102. 63 万元。

2001 年 7 月 1 日，全面开通“金税工程”，电脑专用发票用量大增，手开专用发票用量逐渐减少。2002 年，省国税局下发《关于对普通发票印刷单位核发〈发票准印证〉的通知》，批准确定永州市辖的东安县票证印刷厂、道县宏大实业公司为全市普通发票定点印制厂家；原宁远县九嶷印刷包装有限责任公司、祁阳县华光印刷厂被取消印制普通发票资格，自 3 月 1 日起停止普通发票印制。6 月，重点对 1997 年以来的发票在税务局内部的领、发、存等管理情况进行严格检查，收集各时间段发票管理员的发票领、用、存数据及其移交表资料，并结合实物进行清查。对外商投资房地产、服务行业的发票进行专项检查，共清查发票 22000 余份，补票补税 14 万余元。10 月，组织对祁阳、东安、双牌等 10 个县（分）局的发票管理情况进行实地检查。2003 年 6 月，国家税务总局和省国税局先后下发发票打假紧急通知，市国税局共组织 38 个突击检查小组，分别对车站、宾馆、印刷厂、企事业单位以及公共场所等进行突击性的清理检查，共发现 49 户发票违章行为，罚款 5. 6 万元，补税 12 万余元。2004 年 11 月，根据《国家税务总局关于加强和规范税务机关代开普通发票工作的通知》和省国税局《关于对全省普通发票目录进行修改补充的通知》，各县（区）国税局按新的目录对普通发票印制业务进行认真审批与报送。

2005 年 1 月 1 日，全省国税系统发票换版，并实行统一印制编号管理。4 月，根据《国家税务总局关于严格执行统一发票代码和发票号码的通知》等要求，组织全市对发票使用特别是企业自印发票的全面清理。2008 年 4 月 13 日，根据省公安厅、省国税局、省地税局《关于印发全省〈关于开展打击制售假发票和非法代开发票专项整治行动方案〉的通知》，市国税局联合市公安局、市地税局印发全市《关于开展打击制售假发票和非法代开发票专项整治行动方案》。4 月 17 日，下发《永州市国家税务局 2008 年内部发票管理专项检查实施方案》，开展内部发票专项检查。2009 年 1 月起，全市开展发票重点检查。12 月 22 日，下发《永州市国家税务局关于进一步加强和规范普通发票使用管理的通知》，全面规范普通发票的使用管理及内部工作制度等。2011 年 4 月 14 日，按省国税局要求统一全市发票目录。2012 年上半年，清查发票领购使用情况，全市缴验发票共 41091 户次，其中缴验增值税专用发票 8797 户次，缴验普通发票 3164 户次，缴验冠名普通发票 205 户次，缴验其他普通发票 28925 户次。2013 年 4 月，落实《网络发票管理办法》，推广使用网络发票管理系统开具发票。2014 年 9 月 25 日，印发《永州市国税局 2014 年防范和打击虚开虚抵涉税违法行为专项行动实施方案》，开展打击虚开虚抵专项行动。

2015 年 1 月 5 日，印发《永州市国税局关于延续开展防范和打击虚开虚抵涉税违法行为专项行动的通知》，通过专项行动，全市共下发 364 户风险排查任务，组织核查 364 户，排查有问题 46 户，查补税款、滞纳金、罚款共 461.07 万元。2016 年，根据《湖南省国家税务局关于进一步加强普通发票管理的通知》，组织各县（区）国税局按月抽查窗口代开和委托代开发票情况，督促各单位在按季对普通发票管理中存在的风险进行自查，做好票表比对，实现以票控税。3 月，印发《永州市国家税务局 2016 年打击虚开增值税专用发票违法犯罪活动工作方案》，重点打击利用海关完税凭证做进项抵扣进行虚开及虚开“黄金票”和出口骗税等各类涉税违法行为。

2017 年，市国税局在组织各单位按月抽查窗口代开和委托代开发票的同时，开展全市发票保证金清理工作，全面核实发票保证金基本情况，确保数据准确、完整。对具备返还条件的发票保证金，采取社会公告、登报、积极联系纳税人等措施，即时为纳税人办理返还手续；对确实无法返还的发票保证金，按有关规定缴入国库。至 2018 年 7 月税务机构合并，全市国税系统发票管理安全使用，未出现责任问题。

五、税控装置管理

1999 年 12 月，湖南省逐步对加油站的加油机安装税控装置。至 2000 年 10 月 30 日，永州市所辖的 12 个县（区）的 297 个加油站已全部安装新型加油机税控计量器，成为全省进度最快、效果最好、全面实现加油机税控管理的市区。

2002 年，市国税局组织全市 315 个加油站（中国石化 109 个，个体私营加油站 188 个，停业、改建 18 个），共 784 台加油机税控器安装，换整机 404 台，改装税控装置 366 台，未进行税控改装的 14 台，有效加强对加油站的税控管理。2007 年，市国税局根据《国家税务总局、财政部、信息产业部、国家质量监督检验检疫总局关于推广应用税控收款机加强税源监控的通知》和《湖南省人民政府办公厅关于推广应用税控收款机有关问题的通知》等文件精神，对境内从事商业零售、拥有固定经营门面、摊位或其他经营场所，月销售收入达到增值税起征点（5000元以上）的纳税人，按要求购置使用税控收款机。对新开业的商业零售纳税人及虽未达到起征点但需领用发票的，均要求购置使用税控收款机开票。

2008—2012年，全市稳妥推广使用税控收款机，有效加强税收监控。截至2012年6月30日，全市共有4197户纳税人使用税控收款机4256台，其中一般纳税人418户，小规模纳税人3779户，仅税控收款机一般纳税人用户共入库税收1.87亿元，小规模纳税人用户共入库税收2900万元。至2015年，辖区内相关纳税人均按规定要求安装和使用税控收款机。

2016年，市国税局组织对全市所有已发放未注销的税控收款机（包括营改增转换的税控收款机）进行逐户核查，彻底清查辖区内所有税控收款机用户的管理情况，税控收款机后续管理工作得到加强。2017年12月，按照省国税局统一部署，在税控收款机服务器即将停止使用前，市国税局结合省局下发的用户清册细化方案，组织各县（区）国税局加快清理进度，协助纳税人完成各项后续工作，确保税控收款机服务器停用后不影响纳税人正常开票及纳税申报等工作。

第二节 税收征管改革

1992年，推进依法治税，强化税收征管。从年初起，零陵地区税务系统深入贯彻落实国务院《关于批转国家税务局关于进一步推进依法治税，加强税收管理报告的通知》，大力推进依法治税，不断完善税收征管改革。地区税务局和零陵行政公署先后分别给各县（市）政府及部门单位发出文件和明传电报，对贯彻落实国务院67号文件精神，深化税收征管改革提出具体措施与要求。

1993年，全面推行“征、管、查三分离”模式，改进个体税收征管。继1992年在祁阳县征管改革试点和部分县（市）推行征、管、查三分离后，上半年全区普遍在城镇实行征、管、查三分离，农村所实行征管、稽查两分离，并逐步完善工作管理与制约措施，理顺工作关系。

1994年实施分税制，完善国税征管工作。10月13—14日，全区国税系统首次税收征管工作会议在地区国税局召开，明确国税部门的征管范围及税收征管的主要工作任务。1995年，试点探索税务代理和纳税申报。地区国税局选定冷水滩市、祁阳县、新田县分别作为全区征管改革、税务代理和纳税申报的试点县（市），根据国家税务总局等要求印发本区的征管改革实施方案。5月10日，冷水滩市国税局城区二所率先建成全省第一家“纳税申报大厅”。各县（市）普遍推行纳税申报制度。

1996年，创建办税服务厅，推行集中办税服务。撤地建市后的永州市国税局在全面推行纳税申报制度的基础上，积极创造条件，在各县（区）纳税户比较集中的城区创建国税办税服务厅，实行集中办税。至年底，全市共建成办税服务厅（室）13个。1997年，进一步建好办税服务厅，优化窗口配置，稳步推进个体私营经济建账建制工作。上半年在道县、祁阳等县的汽车配件行业先行试点，后在全市全面推开个体经营经济建账建制。至年底，全市建立一类复式账215户，二类账346户，建立粘贴簿848户。

1998年，优化外资企业管理与服务，全面推行涉外税收和县（区）征管改革。对两区外资企业实行分类管理，由市国税局涉外分局直接组织入库。对出口退税管理严格出口退税程序，全年共审核办理出口退税157万元，促进出口企业的发展。3月28日，新田县国税局由原二级管理改为一级管理，县国税局实行直接征收的征管新格局，城乡“一体化”税收征管模式成功运行。5月18—19日，在道县召开全市基层建设暨征管改革现场会，专题部署落实“两个转移”和深化税收征管改革。

1999年，为全市“征管工作规范年”。市、县（区）国税局围绕税收征管模式，深入开展创建模范办税服务厅活动；全面开展发票检查，规范发票管理；积极推进科技兴税，提高工作效率；开展税收宣传，优化纳税环境。是年7月，组织全市国税系统4.20版征管软件业务竞赛，以赛促学，促进国税人员的征管软件应用水平大幅提升。

2000年，为“征管质量效益年”。市国税局印发《二〇〇〇年税收征管改革要点》，全市税收征管逐步向办公、办税、计算机网络“三位一体”、厅室结合、集中监控模式转换。9月27日，湖南省“非国有企业税收征管”研讨会在永州市召开，来自省国税局和邵阳、怀化、娄底市国税局等20余人，就非国有企业的作用、地位以及税收征管的主要问题与促进发展的措施等进行广泛交流和探讨，会后由永州市国税局综合整理的专题调研报告分别被省国税局和国家税务总局采用。

2001年5月1日，全国施行新修订的《中华人民共和国税收征收管理法》，市国税局组织层层培训和广泛宣传，深入贯彻落实新的税收征管制度。7月1日，全市“金税工程”正式开通运行，增值税防伪税控发票开票、认证、交叉稽核、协查

4个子系统全面启用。11月15日，专项部署全市整顿和规范税收秩序，强化税收征管的“五结合、五清查”工作。2002年，市国税局研究出台一系列完善管理、强化征管的措施与办法，先后在全市推行《基层业务机构职责规范》《农村税收“双向委托代征”办法》《超市税收管理办法》《加油站税控管理办法》《征管质量考核办法》《发票实物管理办法》《征管工作考评计分办法》等。其中率先探索实行的“双向委托代征办法”、超市税收管理办法等在全省得以推广，全市的超市税收通过加强管理比上年同期增收180余万元。

2000年9月27日，全省“非国有企业税收征管”研讨会在永州召开

2003年，推行“一窗式”管理模式，全面整合归并县（区）国税局办税服务厅各窗口职能。市国税局通过培训和专门督查辅导，强化全市的“一窗式”管理，促进办税服务质量和工作效率明显提高。2004年5月，贯彻落实《国家税务总局关于开展规范税收征管和税务代理专项检查工作的紧急通知》，市国税局组织征管、计财、纪检监察、注册税务师管理中心等部门，严肃查处各种违法违规行为，规范税收管理。9月8日，按照省国税局统一部署，市国税局成立“综合征管软件”推广应用工作领导小组，随后印发《永州市国家税务局“综合征管软件”推广应用工作实施方案》，并抽选精干人员，分别组成业务组、技术组、保障组等，经过层层动员、培训和3个多月的资料采集、数据录入等突击工作，确保全市于2005年1月1日综合征管软件全面上线运行。

2005年，重抓综合征管软件运行维护与管理。1月6日，市国税局召开“综合征管软件运行管理办公室”（简称“运管办”）成立暨工作会议，明确由市国税局征管科牵头组织，信息中心和各业务科室等落实专人管理维护。6月15—20日，举办全市三大系统应用整合及综合征管软件运行管理培训班。7月起，在各县（区）同步推广“ABC3000电子（电话）申报缴税系统”。9月1日，全市11个县（区）国税局普遍推行电子（电话语言）申报缴税工作。2006年，组织全员培训考试，确保综合征管软件“零差错”运行。3月25日，全市国税系统综合征管软件操作应用全员培训考试在市局统一开考，冷水滩区国税局人员参加首场考试，各类人员

2006 年 4 月 6 日，江华县国税人员统一在市国税局参加综合征管软件全员考试

均在市局电脑培训室单人单机独立操作完成。随后各县（区）国税局所有在岗人员（工勤岗位除外）均分批到市局经过统一操作考试，合格后统一发放合格证上岗。

2009 年，为全市国税系统“优化服务年”，围绕“强化管理服务，深化纳税服务”主线，全面开展税源管理和优化服务工作。3 月，探索建材市场管理办法，完成 2 个创新项目的修改。6 月，完善竹木、砂石等行业管理办法，并先后制定印发《永州市非居民企业税收管理暂行办法》《关于进一步加强税收征管工作若干意见的通知》等，对全市各项征管工作提出具体管理措施与要求。10 月 28—29 日，分别在宁远和东安组织全市中小税收管理经验交流会（流动现场会），11 个县（区）国税局均以幻灯片解说、图文资料等多种方式将本地近年来税源管理中实用、有效的管理“亮点”进行展示，起到相互学习、促进管理、提高水平的作用。12 月 17—18 日，在宁远县召开全市税收征管暨优化纳税服务工作座谈会，总结推广宁远县创新纳税服务质量考评体系，安排部署 2010 年个体工商户定额核定调整等工作。

2010 年 1 月，印发国家税务总局颁发的《纳税人权利与义务的公告》，积极维护纳税人权益。2 月 2 日，印发《永州市国家税务局关于表彰 2009 年度综合征管软件操作能手的决定》，对在 2009 年综合征管软件应用系统管理与应用中，入围全省国税系统操作能手竞赛的 29 人进行表彰。10 月 28 日，印发《永州市国家税务局税源与征管状况监控分析实施办法（试行）》，全市逐步建立健全税源与征管状况监控分析工作机制，加强税收征管基础建设，提高“信息管税”质量和效率。

2011 年，推行税源分级分类管理。重点加强建材、冶炼等 14 个特定行业税收管理，全年共入库税收 7.21 亿元，比 2010 年增长 36.5%。积极推进江华县国税局税源专业化试点，将 59 项非即办涉税事项中的 45 项前置到办税服务大厅即时办结，取消税管员直接管户制。组建市、县两级纳税评估专业团队，强化税负预警分析，加强纳税评估，全年通过运行互动协作机制共入库税款 8760 万元。

2012年，推广“金税工程”三期业务运维测试基地建设。3月14—16日，组织全市业务运维培训。4月，国家税务总局征管和科技发展司等38名专业人员在永州市组织《税务代码集》修订工作，为推动“金税三期”工程标准化建设奠定基础。

2013年6月6日，全市“营改增”（即营业税改征增值税）扩大试点工作会议在冷水滩召开，全面部署“营改增”工作。8月1日起，全市“营改增”试点工作启动，交通运输业和部分现代服务业开展营业税改征增值税。2014年，顺利完成铁路运输、邮政和电信业“营改增”的移交管理，全年“营改增”试点行业共入库税款8777万元。配合市政府牵头组织税务登记证、工商营业执照、组织机构代码证“三证合一”改革试点，10月在全省第一个成功实施“三证合一”证照推广。

2015年，规范税收管理员下户征管。市国税局制定《永州市国家税务局税收管理员下户巡查管理办法（试行）》，建立税收管理员下户巡查工作台账，实行“一事一记录、一月一核查”，对税源管理全过程实行严格管控。推行“痕迹化”管理，做到事前下户有审批，事中巡查有记录，事后管理有措施，不断提高税源管理质效。冷水滩区国税局建立个体税收“团队管理+阳光定税+风险防范”新机制，进一步规范税收征管秩序。是年，做好《全国税收征管规范（1.0版）》推广试行工作，同时完成“金税三期”工程推广相关系统初始化、数据清理、客户端部署、联调测试等工作，确保全市“金税三期”核心征管等应用系统平稳上线。

2016年，探索国税、地税征管合作。1月，与市地税局联合制发《永州市国家税务局 永州市地方税务局〈合作工作规范（2.0版）〉贯彻实施方案》，并召开市国地税合作第一次联席会议，联合确定江华、新田县国税局、地税局作为合作示范单位，率先贯彻落实“合作规范（2.0版）”所列全部合作事项。3月17日，国税、地税合作后的江华县第一办税服务厅、第二办税服务厅正式揭牌成立。9月，全市国地税合作推进现场会在新田县召开，交流介绍新田县国地税合作经验做法，推广“一窗一人一机双系统”国地税通办业务，有力推动国地税合作深化融合。

2017年，进一步推动国地税深度合作，建立健全决策、协调、通报、监督、考核等五项合作工作机制。先后召开5次联系会议，并将日常监督与专项监督相结合，全方位、多举措确保合作全面有序推进。8月，印发《永州市国家税务局转变税收征管方式实施工作方案》，进一步整合税收管理资源，降低税收成本，提高征管质效。2018年7月，全市国税、地税机构合并，新的征管改革实施。

第三节 税收信息化建设

1994年，税务机构分设前，税务部门的信息化建设还处在起步阶段，计算机专业人员及设备不足，地区税务局机关仅有计算机5台，计算机管理人员2名。9月，税务机构分设后，地区国税局机关只有3台计算机，计算机管理人员1名。

1996年4月，撤地建市后的市国税局大力加强税收征管工作信息化建设，着力选调和培养计算机专业人员，不断增添计算机设备与网络，加速信息化建设步伐。7月22日，市国税局成立信息中心（与计财科合署办公），负责全市国税系统计算机管理与配置使用。是年，市国税局开通计算机广域网和远程通信。

1997年8月，由市国税局宣传教育科（长沙税专永州函授站）筹资20万元，购买50台电脑建成市国税局计算机培训室，分期分批组织市局机关和县（区）局人员进行计算机知识培训，加快计算机应用的步伐。1998年2月，全市11个县（区）国税局成立信息管理站，挂靠综合业务科，负责制定和组织实施本单位电子化工程规划及计算机的配置管理等工作。同月，市国税局成立永州市金税工程技术服务部，隶属市局信息中心管理，实行独立核算，自负盈亏，照章纳税管理方式，立足本系统，面向社会开展电子化工作的技术支持和技术服务工作。3月，成立永州市推行增值税专用发票防伪税控系统领导小组。1999年，全市推广“湖南征管4.20版”税收征管软件，通过层层培训，提高征管人员的计算机软件应用水平。7月，统一组织全市国税系统4.20版征管软件业务竞赛，推进系统化、信息化管理。2000年7月，市国税局成立“金税工程”网络建设领导小组和网络工程实施小组，增加投入，强化应用，全面加强全市国税系统的计算机应用及网络建设。全面启用“湖南征管4.30版”，将计算机应用逐步覆盖到税源管理、申报入库、稽查选案、计会统等征管全过程。

2001年，全市国税系统把信息化建设作为“科技兴税”的重头戏，并列入“十五”发展规划重点落实。6月，市、县（区）国税局统一安装、调试升级，加班加点录入资料，模拟数据调试，确保“金税工程”于7月1日0时在全省国税系统全面开通运行。7月，各县（区）国税局均全部成立信息中心并独立开展工作。2003年3月，升级后的湖南税收征收管理系统4.40版正式启用，实现稽查与征管数据共享。

2004年，全力抓好国家税务总局统一的“综合征管软件”推广应用工作。9

月，市国税局和各县（区）国税局均成立“综合征管软件”推广应用工作领导小组，分别建立由局长任组长，征管、税政业务、信息中心、办公室等科室负责人为成员的推广应用工作机制。市国税局推广应用工作办公室由征管科牵头，分别从市国税局机关和县（区）国税局抽选40余名业务骨干，统一组织培训、补录资料、检查复核等，历经连续110天的昼夜突击，全市国税系统于2005年1月1日“综合征管软件”全面成功上线运行。2005年继“综合征管软件”统一上线运行后，6月在全市全面推广实施信息资源整合工作，实现综合征管系统、防伪税控系统、出口退税系统三大主体应用系统（简称“三大系统”）之间的信息共享，于8月1日按时完成三大系统整合。是年，推广电子申报缴税系统和个体税收“定位定税管理系统”取得成功。

2005年8月4日，全市电子申报缴税推广工作动员暨综合征管软件推广应用表彰大会在市国税局召开

2006年1月，市国税局成立税收信息化工作领导小组，进一步加强对全市国税系统税收信息化建设工作的组织领导。是年，积极稳妥地开展电子申报缴税和“财税库行”横向联网、“一机多票”、网上认证等系统的推广应用工作，税收信息化建设步入快车道。2007年，稳步推广应用税控收款机，对境内从事商业零售、拥有固定经营门面、摊位或其他经营场所，月销售收入达到增值税起征点（5000元以上）的纳税人，按规定购置使用税控收款机。是年9月，成立永州市国税局信息安全等级保护工作领导小组，同时推广税收管理员平台应用工作，自动产生任务数。

2008年，在扩大税控收款机应用范围的同时，做好增值税抵扣凭证审核检查管理信息系统、远程防伪税控网上认证系统推广以及税收管理员工作平台升级等工作。

2009年，推进“金税工程”建设，完成内网网络改造以及机动车销售统一发票税控系统、增值税防伪税控系统、车辆信息清分比对系统等应用与升级维护工作。截至2012年6月30日，全市有4197户纳税人使用税控收款机4256台，仅上半年通过税控收款机自动计税入库税款2.16亿元。2013年，先在冷水滩区国税局试点，后在全市推广网络监控分析平台，提高网络自诊与快速修复能力。

2014 年，加强计算机类设备采购、验收、使用、维护、报废等环节的管理，坚持重要设备采购的选型统一，市国税局采购 PC 机 50 套、笔记本电脑 25 台、IDCI 网络监控分析系统 10 套。批复报废设备计算机 68 台、打印机 51 台、其他设备 10 台。同时做好“金税三期”应用系统及“营改增”的上线工作。从 6 月 1 日起，在全省分批正式上线湖南国税内控外评管理信息系统，永州市第一批上线运行。

2015 年，全面推进各项电子税务工作，实现全市网络畅通、数据完整、安全可控、运行平稳工作目标。10 月 8 日，“金税三期”核心征管系统在永州正式单轨上线运行。同时强化税收社会化管理，先后在全市落实建筑工程耗用材料增值税发票查验规范化管理；争取市税收保障办支持，在市直单位规范涉税信息采集工作；依托“智慧永州”平台建设，与 43 家市直单位建立涉税信息交换机制，实现第三方信息的定期自动交换。

2016 年 1 月，全力推广税务桌面安全管理系统，全市税务桌面安全管理客户端安装到 800 台，100%完成注册。5 月 1 日起，按照国务院的统一部署，将建筑业、房地产业、金融业、生活服务业纳入营改增试点范围，全面完成营改增技术支持工作，稳步推行增值税发票管理新系统。

2017 年，贯彻落实国家税务总局深化国税、地税征管体制改革方案，深入推进“互联网+税务”工作，完成全市国税、地税联合办税“一人一机双系统”，通过湖南航天信息有限责任公司增发大读卡器 100 多套，解决各县（区）办税大厅联合办税设备配套等技术合作，为新一轮税收征管体制改革提供技术支撑。

第四节　个体税收管理

1992 年 1 月，地区税务局会同地区工商行政管理局联合下发《关于认真贯彻落实国务院 67 号文件，加强对个体、私营经济税收管理的联合通知》，开展个体工商户和集贸市场税收整顿。

1993 年，根据全省财税工作会议精神和零陵地委 1 号文件要求，全区 3—5 月对个体税收进行普遍调整，适当调增税负，并实行“一年一定，不查不补”办法。同时，贯彻落实国务院关于调高商业零售和其他饮食业营业税税率的通知，提高商业零售、其他饮食营业税税率，加强集贸市场零散税收重点税源大户征管。

1994 年分税制改革后，进一步完善基础工作，加强个体税收征管。全区统一组织对个体户等重新审核，按新税制要求共完成定税户 17024 户，月纳税总额 169. 8

万元，比 1993 年月增税收 30.7 万元，增长 22.1%；户月平均纳税额为 99.72 元，增加 34.37 元，增长 52.5%。同时进一步完善定期定额、建账建制、代扣代缴、源泉控管、发票管理等工作，规范个体工商户的税收管理。

1995 年 1—3 月，全区个体户税负调整完成，固定业户 15726 户中定税 15391 户，月税额由原定的 121.09 万元调增至 156.5 万元，增幅达 29.25%。1996 年 3 月，市国税局专门召开个体税收工作座谈会，完善管理措施。4 月，对全市 16403 户个体户的税负普遍进行调整，调增幅度 14.89%，月增税额 23.3 万元。至 11 月底，全市共征收个体集贸税收 5547 万元，比上年同期增收 941 万元，增长 20.44%。1997 年 3 月，召开全市个体定税经验交流会，推广道县、祁阳、宁远等县的定税办法，分行业、地段、类型实行民主评议，合理调整定额，并张榜公布，增强定税的透明度。是年，全市共调整 17000 余户，税负调高 22%，全年累计入库个体税收 8449.7 万元，占完成"两税"总收入的 8.8%，比 1996 年增收 1649.7 万元，增长 24.1%。1998 年 3 月，市国税局与工商、公安、地税联合发出《关于对全市个体私营企业无照经营进行综合治理的通知》。5 月起，市、县（区）国税机关先后两次集中人员和时间，开展清查漏征漏管户工作。9 月，抽调 60 余人组成 13 个检查组进行全方位交叉检查，对检查出来的漏征漏管户的责任单位和责任人及检查组人员分别给予奖罚，并纳入县（区）国税局目标管理考核。全市通过多次清查，共查出漏征漏管户 4323 户，补税 227.35 万元，加收滞纳金 5.65 万元，罚款 10.83 万元。

1999 年，将个体税收列入单项考核，开展民主评定税负，全市个体私营企业总体税负调整面 86.88%，月调增税额 61.6 万元，增幅 29.88%。全年完成个体税收 9207 万元，创历史新高。2000 年，切实加强个体税收的征管，通过深入调查和宣传，推行政务公开，开展民评定税，各县（分）局个体私营税收总体税负调整额增长 10%~25%。2001 年，贯彻实施新修订的《中华人民共和国税收征收管理法》，增强自觉依法纳税意识，加大依法处罚力度，强化个体、私营税收征管。

2002 年，完善个体集贸税收管理体系，实行专业化管理；建立科学的评税定税制度，实行"评税、定税、征管、稽查"相分离；深化"公开办税"，提高税收征管透明度；对城镇个体户实行"户籍管理、划款缴税"，所有办证户均纳入电脑管理，减少漏征漏管现象的发生。是年，全市共入库个体私营税收 1.2 亿元，比 2001 年增收 356.3 万元。2003 年 4 月 1 日，下发《永州市国家税务局关于认真做好个体税收起征点调整工作的紧急通知》，分别对达到起征点以上的个体户实行双定征收加发票管理，对起征点以下的业户实行户籍与动态管理，对个体私营大户建账建制，实行查定征收。同时，各县（区）国税局对不同地段、行业、品类等通过调查测算，分别确定最低的定税标准及相关管理办法，全面加强税收征管。

2006 年 8 月 24 日，市国税局局长袁北屏（中）等在冷水滩区开展税收宏观分析专项整治约谈会　　（龚宏武 摄）

2004 年 3 月起，根据《国家税务总局关于进一步加强个体税收征管工作的通知》，全市健全数据资料，加强跟踪管理。2005 年 1 月，全市推广个体户“定位定税管理信息系统”，市国税局成立“定位定税管理信息系统”推广应用领导小组，对全市个体工商户试行定位定税软件系统管理。10 月起，全市所有工商个体户按统一管理软件实行公平定税、定位的一系列工作。是年，贯彻落实《国家税务总局关于进一步规范和完善个体税收征收管理工作的意见》，各县（区）积极推进计算机核定税收定额工作。2006 年，按照《集贸市场税收分类管理办法》，科学划分集贸市场和纳税人类型，开展办理税务登记工作，清理漏征漏管户。2007 年，落实《个体工商户税收定期定额征收管理办法》，规范和加强个体工商户税收定期定额征收管理，保护个体工商户合法权益，促进税负公平和个体经济的健康发展。2008 年，发挥“个体定位定税软件系统”作用，加强个体税收管理，个体税收比上年增长 31%。2009 年 1 月，落实个体税收新征收率调整。7 月，出台《零散税收委托代征办法》。2010 年 5 月 20 日，市国税局印发《永州市国家税务局加强和规范个体零散税收委托代征工作实施方案》，对边远山区、木材等零散税收委托乡镇、林业部门等代征，减少漏征漏管，年中在全省推广永州国税的“委托代征”管理经验。

2011 年，随着增值税起征点的调高和对小规模纳税人征收率降低等惠民措施的实施，此后的个体税收大幅减少。

第五节　征管质量考核

1992—1998 年，原零陵地区税务局和永州市国税局对基层征收管理工作列入组织收入综合检查考评，以完成年度税收计划为主要考核指标。

1999年4月，贯彻执行国家税务总局《关于开展征管质量考核工作的通知》，市国税局对基层税收征管质量按“十率”进行考核，即通过比对日常征管资料和实地抽查纳税户，主要考评税务登记率、纳税申报率、税款入库率、滞纳金加收率、欠税增减率、纳税申报准确率、立案率、结案率、税务行政处罚率、行政复议变更（撤销）率等。市、县（区）国税局分别制定征管质量考核办法，不定期组织抽查和季度、年度检查评分。

2000年，市、县（区）完善税收征管质量考核办法，对完成收入任务与征管质量分别进行量化考核，并实行“一票否决权”。市国税局每季度组织征管质量专项检查评比。下半年，根据《湖南省国税系统税收征管质量考核制度》和国家总局8月下发的《税收征管质量考核暂行办法》，将原“十率”考核精简为“七率”，减去立案率、结案率和行政复议变更（撤销）率。明确考评得分90分以上者为优秀，80分以上、不满90分的为良好，60~80分为一般，60分以下为较差，对年度考核为优秀的单位由上级国税局给予征管质量奖励。年内在省国税局组织的二、三季度征管质量检查中，江华、道县、宁远、三分局获得优胜单位，分别被省国税局奖励2万元。至年底，全市12个县（区）国税局的纳税申报率由年初的50%提高到96%，登记率由40%提高到95%以上，税收入库率达到99%以上，滞纳金加收率达到30%。2001年，市国税局修订完善征管质量考评办法，以计算机反映数据为主，同时实地抽查和核查资料，并实行联合交叉检查。12月4—10日，组织征管、计财、稽查、信息中心等有关科室及各县（区）国税局综合（管理）、信息站人员分5个检查组，对全市12个县（区）的2001年度征管质量进行交叉检查。经各检查组实地考评和市国税局重点复查，道县、新田、江华、双牌、蓝山、冷水滩、江永县、凤凰园等县（分）局评分均达90分以上，获优秀单位。祁阳县国税局经省国税局统一检查取得优秀成绩，获得省国税局奖励。

2002年，市国税局对征管质量考核进行“三改”，即：改全市大规模交叉检查为各县（区）国税局按月自行检查考核为主，市国税局每季度进行重点督查和抽查；改传统的看报表分数多少为看报表上反映的数据与办税大厅实际数据的差异程度，以真实性、准确性为主；改6张手工考核报表为4张电子报表，并通过网上传递和电脑自动计分，减少考评工作量。12月中旬，省国税局征管质量检查组抽查冷水滩国税分局的征管数据与纸质资料等，随机核验电脑数据、报表及纳税户管理等情况，数据准确，资料相符，受到检查组的肯定。2003年6月起，落实国家税务总局新修订的《税收征管质量考核办法》，考核项目由“七率”改为“六率”，不再考核纳税申报准确率。省国税局新增逾期申报催办率、档案合格率等“六率”。

市国税局重新制定《永州市国家税务局税收征管质量考核管理办法》，重点核查报表数据与办税大厅实际数据的真实性和准确性。2004 年 3 月 19 日，根据国家税务总局和省国税局要求，市国税局印发《永州市国家税务局 2004 年度税收征管质量考核办法》，重点考核“五率”（即登记率、申报率、入库率、欠税增减率和处罚率）和征管数据真实以及信息共享等综合应用情况。10 月 26 日，市国税局印发《永州市国家税务局税收管理员工作绩效评价考核办法》，促进加强税源管理，提高税收征管的质量和效率。

2005 年 1 月 1 日起，全省国税系统综合征管软件统一上线运行，市国税局依托系统软件，狠抓征管数据质量和管理质效。考核除税务登记率、征管档案合格率实地抽查外，其他征管数据均以综合征管系统电子数据为主。2006 年 2 月，全市推行宏观税负分析、税源监控、纳税评估、税务稽查协作互动工作机制，通过“宏观上找问题，微观上查原因”，各级充分利用综合征管软件数据进行税收征管情况分析，有效加强管理，促使税收征管质量和数据质量稳步提高。2008 年，严格征管质量考核，入库率、催报率、处罚率、滞纳金加收率等位居全省前列。全市有 5 个县（区）国税局的征管数据 5 项指标实现“零差错”。

2008 年 10 月 27 日，市国税局征管质量检查组在蓝山县现场检查

2009 年 4 月 10 日，市国税局召开一季度税收征管质量讲评会，对各单位征管状况首次通过视频会直传基层人员。此后每季讲评与通报，并考核整改落实等情况。9 月，组织全市征管质量抽查。2010 年 2 月 2 日，市国税局印发《永州市国家税务局关于表彰 2009 年税收征管质量和综合征管软件数据质量管理先进单位的决定》，冷水滩、零陵、祁阳、东安、宁远、新田、江华 7 个县（区）国税局实现税收征管质量和数据管理“五类指标零差错”两大责任目标；双牌、道县、江永、蓝山及市国税局办税服务厅（车辆购置税）、稽查局 6 个单位税收征管质量达到单项责任目标要求，对先进单位予以通报表彰，并按年初签订的责任书对其主要负责人给予奖励。

2011—2015 年，随着全国税收征管系统的完善和“金税工程”应用等税收信息化，省、市国税局对基层税收征管状况以后台系统监控为主，不再逐级组织实地检查，征管质量考核以系统电子监控数据为准。同时，每年定期评选年度“综合征管软件操作能手”“优秀税收管理员”等岗位能手。

2016年，做好《全国税收征管规范1.0版》等实施情况的督导与检查工作，不定期组织人员监督检查，并将检查结果与年度考核挂钩。同时贯彻落实国家税务总局和省国税局税收征管规范事项，按期完成各项工作任务。

2017年，根据《湖南省国家税务局 湖南省地方税务局关于成立数据质量管理联合工作组的通知》，与市地税局成立国地税数据质量管理联合工作组，组织开展数据质量检查与清理。通过联合实地核查、差异比对分析、数据处理等工作，不断推进全市税务系统数据质量管理工作，实现国税、地税基础征管数据的共享与协同。

第六节 纳税评估

2005年3月29日，市国税局转发《国家税务总局关于做好成品油零售单位增值税纳税评估准备工作的通知》。7月12日，转发国家税务总局《纳税评估管理办法（试行）》，市、县（区）国税局陆续展开纳税评估工作。

2006年4月28日，永州市国税局率先在全省国税系统建立纳税评估专项工作机制。首先在冷水滩、零陵、祁阳3个区（县）国税局组建完成“纳税评估科”，试行独立办公、专司纳税评估工作；其他8个县国税局均设立税收分析评估组，挂靠税源管理科专司纳税评估工作，彻底改变长期以来基层纳税评估工作难以开展的被动状况。通过建立专项纳税评估工作机制近两个月的试点探索，6月，市国税局征管科组织冷水滩区国税局汇编《税收分析评估工作办法选编》，分发到各县（区）试行及省内系统交流，得到省国税局肯定。7月28日，市

2006年6月6日，市国税局局长袁北屏（中）在祁阳县调研纳税评估工作

国税局印发《关于进一步加强税收分析评估工作的紧急通知》，再次明确除冷水滩、零陵、祁阳三区（县）已建立税收分析评估科外，其他各县国税局均设立2~5人（小县2~3人）的税收分析评估组，选配得力人员，赋予相关职权，独立开展税收分析评估工作。同时加强学习培训与工作交流，加快提高业务素质和分析评估水平。市国税局每月组织一次税收分析评估等工作交流与研讨活动，总结交流上月各地工作情况，研究解决工作中的疑难问题，安排部署下阶段评估等工作重点。在此基础上，切实加强工作配合与考核监督，扎实开展宏观税负分析，搞好税收分析评估，强化税源管理。

2008年3月24日，市国税局转发《湖南省国税局关于征集纳税评估案例和纳税评估模型及行业管理办法系列经验材料的通知》，积极选编纳税评估案例。随后组织人员到长沙、娄底、邵阳市学习税收管理经验，进一步强化互动协作，落实分级评估制度。是年，通过纳税评估与互动协作，累计补增税款及罚款8619万元，占全年税收收入总额的6.1%。

2008年7月1日，在祁阳县召开纳税评估研讨会
（祁阳县国税局办公室供图）

2009年10月13—27日，市国税局组织开展全市首次交叉评估竞赛活动。共选派12个评估竞赛组，交叉到各县（区）评估38户纳税人，合计查增税款558.58万元，入库税款和滞纳金426.43万元。2011年8月10—12日，根据《湖南省国家税务局税收分析预警与纳税评估系统应用管理办法（试行）》和永州实际，市国税局举办全市税收分析预警和纳税评估系统应用师资培训班，促使各级进一步加强税收征管数据的分析应用，提高税源监控管理及纳税评估工作水平。2012年4月20日，市国税局印发《永州市国家税务局税收风险管理实施办法（试行）》。5月16日，印发《永州市国家税务局纳税评估工作绩效考核办法（试行）》。8月14日，对全市1—7月税收风险应对工作开展情况进行通报，先后共开展税收风险应对706户次，其中完成纳税评估634户次，发现有问题的505户次，评估准确率达75%；开展风险应对入库税款4126.8万元，其中评估入库3745万元。2013年3月22—30日，市国税局组织全市纳税评估团队和纳税评估岗位人员

共70人，在湖南税务高等专科学校进行为期8天的纳税评估培训，系统培训新一轮税收征管改革及纳税评估方法、实地核查技巧等。2014年4月9日，印发《永州市国家税务局关于规范税务检查工作的通知》，统一明确评估范围和工作职责。市国税局评估团队负责全市年纳税额200万元以上的纳税人、市级收入企业及领导交办案件的纳税评估；县（区）国税局评估团队和管理部门负责年纳税额200万元以下的纳税人以及根据市国税局评估团队授权对年纳税额200万元以上的纳税人的纳税评估；市国税局征管科负责全市企业纳税人税务检查工作的协调组织、税收征管状况风险分析、预警信息名单的汇总和发布等。9月18日，经市国税局风险管理领导小组审议通过，发布2014年第二期全市税收风险预警名单，各县（区）国税局限期完成房地产、农村信用社、小水电企业的纳税评估工作。

2015年5月15日，市国税局印发《永州市国家税务局关于开展纳税评估案件复查工作的通知》，在全市范围内开展纳税评估案件复查工作。9月15日，印发《永州市国家税务局关于纳税评估案件复查情况的通报》，共从各县（区）国税局随机抽调纳税评估案件22件，涵盖金融、建材、商贸、农产品加工、水泥制造、有线网络、房地产等10个行业，最终评选出宁远县建雄建材贸易有限公司、零陵区鼎新商贸有限公司、祁阳特种电机有限公司等6个纳税评估案的质效较好。

2016年，市国税局风险管理办公室组织力量依托“金税三期”核心征管系统、决策二包风险管理系统等，对全市2015年度增值税纳税人纳税申报风险进行分析，并于5月、9月向全市发布两期风险预警名单135户，实施纳税评估110户，税务稽查62户，通过采取风险应对手段组织入库税款2.22亿元，风险管理成效贡献率为6.46%。

2017年，市国税局强化税收风险应对管理，全市共对507户次进行风险预警排查。其中，纳税评估128户，入库税款1489.11万元；税务核查214户，核补税款1.21亿元；税务稽查145户，查补税款3524.97万元；提示提醒20户，补交税款654.27万元；入库罚款及滞纳金共902.1万元。

2017年2月13日，永州市国税、地税征管合作联席会议在市国税局召开 （办公室供图）

第三章　税收收入

第一节　税收计划与税源监控

一、税收计划与执行

1992年，省税务局下达零陵地区税务局税收计划54100万元。地、县（市）税务局采取层层分解落实计划，签订收入目标责任书，大力清欠促收，年底超额完成税收任务。是年，全区共完成各项收入61267万元，为年度计划的113.25%，其中，工商税收58467万元，比1991年增长8.55%；国营企业所得税2048万元，同比增长9.19%。1993年，为增大地区收入基数，确保稳定增长，党政领导齐抓共管，各级部门大力促收。是年，省税务局下达税收计划71370万元，全区实际完成各项收入88124万元，占年度计划的123.47%，同比增长42.44%。

1994年3月，省税务局下达零陵地区年度税收计划87540万元。9月，国税局、地税局分设以后，对原省税务局下达的税收计划进行测算和分解，并对1—8月实际完成的税收收入分别进行分解，零陵地区国税局的各项税收计划调整为77350万元，其中"两税"（增值税、消费税）计划69208万元。是年，地区国税局大力推进各项工作落实，克服税源减少、企业资金紧张和经济效益下降等困难，全力组织收入，全年完成各项总收入78630万元，其中"两税"入库77464万元，为计划数的111.9%，超收8259万元。全区国税、地税机关共组织完成各项收入100876万元，占年初计划的115.22%，同比增长14.5%。1995年，全区国税系统提早开展税源调查，对重点税源企业全面摸底，为及时准确落实税收计划奠定基础。在前两年税收大幅增长、税源紧缺的条件下，国税部门经过艰苦努力，年底完成各项收入85816万元，占省国税局年初计划的99.61%，其中完成"两税"收入82918万元，比1994年增长7.03%。

1996年，省国税局下达撤地建市后的永州市国税局年度计划92920万元。在全市税源十分紧张，预算内工业企业亏损严重，建材等支柱行业中除电力税收增长以外，其他行业下降明显的情况下，市国税局及时向市委、市政府汇报摸底测算完成计划面临的困难，引起党政领导高度重视。市政府决定实行收入进度与下拨经费联动，市对县（区），县（区）对办事处、乡镇下拨经费与税收收入进度挂钩。全市完成国税各项收入 89542 万元，为年计划的 96.36%，同比增收 3726 万元，增长 4.34%。其中“两税”完成收入 87071 万元，增长 5.01%。1997 年，市国税局及时将税收任务分解到各基层税务机关和重点税源企业，层层签订责任状，实行税收收入一票否决制，大力开展稽查和挖潜堵漏增收。年底完成各项收入 99252 万元，占年计划 96160 万元的 103.22%，同比增收 9710 万元，增长 10.84%。

1998 年，省国税局在分配税收计划时改变过去传统的“基数加增长比例”方法，根据各地经济状况和税源变化情况，下达永州市税收计划总额 87820 万元。全市国税系统在工业生产低效运行、经济效益仍在谷底徘徊，同时还受到亚洲金融危机和湖南遭受百年不遇的特大洪涝灾害等影响下，强化征管，加大执法力度，查偷堵漏增收入，完成各项收入 88747 万元，为年度计划的 101.06%。1999 年，加强重点税源企业税收监控，进一步完善收入考核机制，从均衡入库、征管质量、欠税清缴、消化历史包袱和执行税收纪律等方面对收入计划进行细化考核。在经济持续低迷，工业生产下滑等状况下，全市仍组织完成各项收入 70763 万元，占省国税局下达计划数 73000 万元的 96.94%。

2000 年，永州的经济发展逐步恢复，经济效益明显好转。全市国税系统严格依法治税，深化征管改革，推行执法责任制，是年，完成各项收入 72818 万元，为省国税局分配计划 70550 万元的 103.21%。2001 年 4 月，省国税局下达永州市年度收入必保计划 72280 万元。市、县（区）国税局等层层签订责任状，强化组织收入目标考核和税务稽查，年底完成各项收入 73003 万元，占年计划的 101%。2002 年，市国税局进一步完善组织收入目标考核制度，采取有效措施，消化历史包袱，提升税收质量，全市完成各项收入 83263 万元，占省国税局分配计划 77700 万元的 107.16%，比上年增收 10260 万元，增长 14.06%，税收收入开始实现良性循环。

2003 年，全市在抓大税源的基础上，强化小税源征收管理，进一步加强欠税清缴，当年完成各项收入 89479 万元，为省国税局分配税收计划 84010 万元的 106.51%，同比增收 6231 万元，增长 7.48%。2004 年，贯彻执行省国税局关于加强重点税源监控管理工作等要求，加大考核力度，全市累计完成各项收入 120388 万元，占省国税局年初计划 94710 万元的 127.1%，同比增收 30908 万元，增长 34.5%。2005 年，市国税局进一步完善税源监控制度，将“两税”税源监控范围扩大到按企业年纳税额 50 万元以上和各县（区）国税局监控税源占其年度“两税”总额的 80%以上的双重标准设置监控企业户，通过 TRAS 税源监控管理系统，对重点税源企业的税负情况进行月度监控分析，促使税收及时足额入库。是年，全市共组织完成各项税收收入 130850 万元（未含车辆购置税，下同），为年度省国税局下达计划数 125250 万元的 104.47%，同比增收 10462 万元，增长 8.69%。

2006 年，市国税局强化税收宏观分析，在全省率先建立专业纳税评估机制，严格清欠堵漏，坚持应收尽收。是年，在全省 14 个市（州）中，永州市率先实现“零新欠”（全市无新欠税，并在此后连续 10 年保持无新欠税）。

2007 年年初，省国税局下达永州市年度税收计划 110170 万元；8 月，调整永州市年度税收计划增加到 122000 万元。全市国税系统克服重点税源企业零陵卷烟厂税收移交到长沙中烟公司、长丰汽车增值税减收 1000 万元以及 6 月因特大洪水造成全市减少税收 1300 万元等不利因素，积极开展各项税收工作，大力清缴欠税，连续两年保持“零新欠”成果。通过深化税收分析互动协作，全市开展纳税评估 1990 户，查补入库税款 8377 万元；税务稽查 590 户，查补入库税款 3055 万元。至年底，共组织各项税收收入 128839 万元，同比增收 27666 万元，增长 27.9%，为省国税局年初计划的 116.95%和调整计划的 105.61%。

2008 年，永州市税收收入受自然灾害、国际金融风暴及税收政策性减收等影响，重点税源企业税收急剧下滑。全市国税系统从强化征管措施入手，加强税收分析，加大税源监控，注重行业管理，狠抓税务稽查，细化收入考核，11 个县（区）国税局全部做到应收尽收，连续三年实现税收“零新欠”。当年共组织入库各项税收收入 140266 万元，为省局年初计划 140180 万元的 100.06%，同比增收 13438 万元，增长 10.6%。2009 年，受国际金融危机和结构性减税政策的影响，市内部分行业和重点税源企业税收大幅下滑，组织收入形势严峻。市国税局紧紧围绕“突出工作创新，促进科学发展”主题，实行“领导分片，科室挂点”，加强组织收入督促指导。各县（区）国税局推行领导管户制，切实抓好税源调查，每月召开税收收入分析会，每季进行征管质量讲评，四季度全市采取“三不”措施，集中全力抓税收收入，确保税收任务的完成。是年，共完成各项税收收入 146424 万元，占省国税局分配年度计划 146400 万元的 100.02%。

2010 年，全市国税系统克服近 50 年来罕见的洪涝灾害以及结构性减税政策、限制“两高一资”产业政策等导致重点税源下滑的影响，加大组织收入工作力度，强化收入目标管理责任，不断完善中小税收管理精细化，突出纳税评估和税务稽查，促使税收大幅增长，全年税收入库突破 18 亿元，圆满完成省国税局和市政府下达的税收收入任务。2011 年，市、县（区）国税局强化税源监控分析，积极探索税源专业化管理，深化税源互动协作，强化税收征管，确保国税收入平稳增长。全年共组织入库各项税收收入 237073 万元，完成省国税局年度计划 224360 万元的

105.67%，同比增收38052万元，增长19.12%。

2012年，市国税局严格目标责任管理，层层分解税收任务，与各县（区）国税局“一把手”签订组织收入工作目标管理责任状，加强税源监管。同时组建专业评估团队，先后对976家疑点企业开展纳税评估工作，共计评估入库税款及滞纳金4426万元。全年共组织入库各项税收收入237781万元，占省国税局分配计划240350万元的98.93%，同比增收20756万元，增长9.56%，并连续7年保持“零新欠”。2013年，全市国税系统持续优化税收收入质量，加强重点税源监控和欠税管理，连续8年保持“零新欠”。全市共完成不含车辆购置税收入261279万元，占省国税局下达计划26400万元的98.97%，同比增收23498万元，增长9.88%。2014年，面对经济下行压力大、政策性减收因素多等不利局面，全市国税系统始终坚持以组织收入为中心，强化依法治税，加强税源监控，注重行业管理，狠抓稽查评估，确保提升组织收入质量。全年共组织入库各项税收收入318716万元，突破30亿元大关，同比增收24064万元，增长8.17%。

2012年2月21日，全省国税系统税源专业化管理试点单位工作会议在永州召开 （办公室供图）

2015年，针对实体经济下行压力增大，税收增长乏力等严峻形势，全市国税系统始终把组织税收收入作为第一要务，把不收过头税放在首位，积极争取地方党委政府的理解支持，千方百计提高税收收入质量。大力堵漏增收挖潜，逐级落实组织收入责任，强化重点税源监控，严格税务稽查和纳税评估，开展区域税收征管秩序专项整治，促使税收收入稳定增长。是年，共组织入库各项税收收入379036万元，完成年度计划的110.79%，同比增收60320万元，增长18.93%，税收增幅排名全省第三，并连续10年实现全市“零新欠”。

2016年，宏观经济企稳向好，全面推进营业税改征增值税，促使全市国税收入突破50亿元。是年，共组织入库各项税收538434万元，同比增收157394万元，增长41.31%。其中，入库不含车辆购置税的各项税收收入491700万元，同比增收158434万元，增长47.54%，完成省国税局年初计划446060万元的110.23%。

2017年，面对长丰汽车税收两位数下降、多项税收优惠政策实施、中央环保督察以及7月洪涝灾害等减收因素叠加的不利局面，全市国税系统勤征细管，认真落实税收政策，做好组织收入各项工作，完成全年税收收入预期目标，国税收入总额突破70亿元大关。全年完成各项税收收入766154万元，同比增收228603万元，增长42.53%。其中，完成省政府考核口径收入706204万元，同比增收220245万元，增长45.32%，完成省国税局年度计划669800万元的105.43%。

2018年1—7月，面临税务机构合并、征管体制改革任务紧迫等状况，全市国税系统稳定队伍，分级负责，确保改革与组织收入两不误，组织入库各项税收收入516922万元，为年度计划841200万元的61.45%，同比增收78193万元，增长17.82%。

二、税收预测与税源监控

自2014年起，省、市、县（区）国税局分别实行税收预测办法，加强税收预测与监控。市国税局在巩固税收分析大格局成果的基础上，创新完善税源管理互动协作长效机制、联合税收分析机制、税收分析信息发布传递机制、部门信息定期交换机制等制度，充分利用各种渠道收集第三方信息和成果与重点税源系统数据，每月对各税种的增减变化、重点税源入库情况进行分析。通过全面分析经济运行状况、宏观调控及税收政策因素对税收的影响，及时向市委、市政府和省国税局进行专题汇报，做好月度、季度、年度等预测工作，不断提高税收预测的科学性和准确度。是年，永州市国税每月税收预测准确率均在97%以上，居全省前列。同时从2014年开始，将重点税源监控列入年度工作目标考核，市国税局利用综合管理运行平台，将有关数据及项目进行公式编成，及时将全市的重点税源置于监控之下，加快税源管理的信息化和网络化建设。在此基础上，健全完善企业监控、行业监控、项目监控相结合的重点税源监控体系，稳步扩大独立核算企业监控范围。2014年，全市把年纳“三税”（增值税、消费税、企业所得税）30万元以上的706家企业纳入到市局重点税源企业监控范围，实施从点到面的整体

2017年3月，永州市国税局局长曾立春（左三）率领有关人员在长丰集团调研促收 （办公室供图）

税源监控，确保税源稳定和税收逆势增长。2015 年，市国税局将年纳“三税”50 万元以上的 452 户企业纳入重点监控，税收预测准确率达 99.3%；2016 年，重点税源监控范围的纳税人为 652 户，税收预测准确率为 99.15%；2017 年，重点税源监控范围的纳税人达 796 户，税收预测准确率为 98.81%。

第二节 税收票证管理

1992—1993 年，零陵地区税务系统适用的税收票证主要为“中华人民共和国税收通用缴款书”（简称“税收通用票证缴款书”，下同）和“税收通用完税证”等种类。

1994 年 9 月，国税、地税机构分设后，新的税收票证未印制到位，仍使用原零陵地区税务局的税收票证。为便于银行、金库准确划分国税与地税收入，在使用老税票征收税款时，在税票各联右上角加盖圆形“国”字戳记，同时加盖县（市）国税机关“征税专用章”（后改为“票证专用章”）。是年年底，按分税制要求，国税系统使用由国家税务总局统一式样的税收票证共计 13 种。即向纳税人以通过银行缴入国库方式征收税款时，使用“税收通用缴款书”；纳税人通过银行缴纳出口货物增值税、消费税的，使用“税收（出口货物专用）缴款书”；收取个体工商户和集贸市场经营业户等纳税人以现金缴纳的税款，使用“税收通用完税证”；征收临时性经营等流动性零散税收，使用票面印有固定金额的“税收定额完税证”；征收人员将收取的现金税款缴入国库，使用“税收（汇总专用）缴款书”等；其他代扣代缴税收凭证、税收罚款收据、税收收入退还书等。

对税收票证的管理与填开使用，零陵地区各级税务机关均采用专库保管、专人领存，实行严格的管理和填开使用制度。税票管理以实物管理为重点，严格领用、报结手续，防止丢失、被盗等。税票填开严格实行“十不准”规定，防止混淆预算级次和发生其他差错等。同时经常进行票证检查，防止压票、压款或违法使用税收票证。1995 年 5 月，省国税局确定每年 5 月为“税收票证检查月”，各级严格组织自查和交叉检查。9 月 1 日起，贯彻执行《湖南省国家税务局税收票证管理工作基本规则（试行）》，全区建立健全税收票证印制、保管、领发三项制度，以提高填开税票质量为重点，实行奖罚兑现。

1996 年 4 月，永州市国税局统一使用国家税务总局采用水印纸涂炭印制的新版“税收（出口货物专用）缴款书”和“出口货物完税分割单”。8 月 21 日起，推行出口退税专用税票认证软件系统，使用税收征管网络系统程序的征收单位一律使用计算机开具专用税票；其他采用手工填票的单位，都确定专人填票，实行“管票的不开票，开票的不管票”办法，并将填开以后的专用税票有关信息输入认证系统。1997 年 1 月起，市国税系统每月抽查征收人员票、款报解与结存情况，严格审核税收票证，并采取培训、辅导等方式，提高填票规范化、标准化水平，采用填票差错扣款等措施，促进提高填票质量。是年，全市国税系统发放税收票证 50 余万份，号码核对准确，没有发生丢失、被盗等现象。1998 年 7 月 1 日起，贯彻国家税务总局印发的《税收票证管理办法》和《湖南省国家税务局税收票证管理实施办法》，在市区、城镇以及当地有国库经收处的国税征收人员收取现金税款数额在 1000 元以上的，按日全额缴库；因国库经收处下班停止办公不能当日缴库的，次日缴库。1999 年 5 月，市国税局印制个体税收划卡缴税专用票证代替银行 POS 单，原代替完税凭证的 POS 单停止使用。

2001 年 8 月 1 日起，启用国家税务总局改版后采用压感技术印制的“税收（出口货物专用）缴款书”和“出口货物完税分割单”，进一步增强其防伪功能。原 1996 年版采用水印纸涂炭印刷的上述两种出口货物专用税票废止。2005 年 1 月 1 日起，市国税局全面接管原由市交通局征稽部门代征的车辆购置税工作，同时启用新的车辆购置税缴税凭证及“车辆购置税专用章”。此后的税收票证相对稳定，管理正常。

2014 年，市国税局税收票证的领、用、存全部纳入税收征管系统进行管理，确保征收成果得到及时、准确地反映，保障税收票款的安全。2015 年，市国税局加强票证日常管理，健全税收票证管理制度，全市各用票单位严格遵守税收票证领发、填用、结报缴销、作废、销毁等方面的管理制度，税款解缴入库准确、安全，确保税款及时足额入库。2016—2018 年 7 月，市国税局进一步加强和规范票证管理，税收票款管理制度全面落实，税款及时准确入库。

第三节　税收计会统

一、税收会计报表

1992 年 1 月，地区税务局会计改革试点工作分别在东安、祁阳、永州、新田 4 个县（市）税务局、39 个税务所展开。7 月 1 日，全面推广税收会计按“应征数”核算的经验，同时加强复核、内审和微机开发应用等工作，促进税收及时足额入库。

1994 年 9 月，税务机构分设后，全区执行国家税务总局《税收会计核算试行办法》，以国税机关组织征收的各项收入的征收、入库、上解和提退等运动过程为对象，对税收资金运动进行管理计算。

1996年1月1日，贯彻执行国家税务总局《税收会计核算办法》和湖南省国税局《税收会计核算实施细则》及《湖南省国家税务局税收会计核算工作规程》，推行税收会计制度改革。对各项税收的应收、征收、减免、欠缴、入库、上解和提退等资金运动的全过程进行监控，加强对纳税人从税收形成到入库的监控管理。市、县（区）国税局计会部门按照统一规定设置税收会计总账科目、明细科目，以权责发生制为记账基础，采用借贷记账法记账进行税收会计核算。1998年10月，贯彻执行国家税务总局《关于出口货物“免、抵”税调库税收会计统计处理事项的通知》和省国税局《关于进一步明确“免、抵”税收业务问题的通知》，对生产企业自营出口或委托代理出口货物的免、抵税收进行清理检查，按统一规定进行调库处理。将“免、抵”税收作为税收计划考核数，并计算增量经费分成。

1999年1月1日，执行国家税务总局颁发的《税收会计制度》，停止执行1995年的《税收会计核算办法》。仍采用借贷记账法，以税务机关为会计实体，以税收资金活动为记账主体，以“借”“贷”为记账符号，运用复式记账原理，反映税收资金运动情况，同时仍实行应征数核算。2004年6月，市国税局制定印发《永州市国家税务局税收会计核算办法（试行）》，进一步规范全市各项税收资金运动全过程的会计核算，加强税收会计管理工作。市国税局为税收会计核算汇总单位，11个县（区）国税局为税收会计核算单位，核算模式为双重业务单位。

2009年10月28—29日，全市国税系统中小税收管理经验交流现场观摩会先后在宁远和东安县举行

2005年1月1日，执行《湖南省国税局全省一级税收会计核算暂行管理办法》，按照“省局一级核算，省、市、县三级产表”的会计核算模式，进行税收会计核算。永州市国税局在计划统计科下设税收会计管理岗、统计管理岗、国库对账岗，负责全市税收会计核算质量的监管工作；县（区）国税局在其计划统计科设税收会计岗、国库对账岗、税收统计岗等，负责本单位税收会计核算的基础管理工作。

2014年，市国税局全面加强会统核算基础工作，确保会计核算模式稳步运行。同时加强“三代”（代征、代扣、代保管资金）核算管理，将所有代征代扣税款纳入到综合征管软件进行核算管理，每月月末通过网上银行查询税务代保管资金账户收支情况，确保税务代保管资金管理安全。

2015年10月，“金税三期”上线运行。市国税局结合“金税三期”系统上线，不断解决会计核算模式运行中出现的新情况和新问题，夯实税收会统核算基础工作。积极推行委托代征，全面推行POS机刷卡缴税，拓展财税库银横向联网系统功能，确保通过横向联网系统缴纳税款占到总收入90%以上。2016—2017年，进一步强化出口退税和会统核算各项基础建设，税收票证的领、用、存规范有效，确保征收成果得到及时准确地反映，保障税收票款的安全。

二、税务统计分析

1994年9月，税务机构分设以后，零陵地区当年的各项税收统计报表全部由地区国税局负责报送，县（市）国税局税收会统报表中包括县（市）地税机关征解的税收。为加强与地方税务机关在税务统计工作中的协调配合，国税、地税机关建立税收会统报表交换制度，对于双方都需要的统计报表，国税机关主动向地税机关提供，并实行征收、核算、对账、统计一体化管理，避免重复和遗漏，保证统计数字准确。自1995年1月1日起，地税机关单独报送地方税收会统报表。

1997年，执行省国税局《一九九七年税收会计统计报表制度》。税收统计工作于每月后12日内向省国税局报送税收收入分经济类型统计月报总表、增值税分经济类型统计月报表、税收欠税分项目统计月报表、个人所得税分项目统计月报表等6个统计报表。年终后25日内，报送涉外税收税额统计年报表、企业所得税分经济类型统计年报表和纳税登记户数统计年报表3个统计报表，将增值税、消费税欠税月报表改为税收欠税分项目统计月报表。1998年2月，市国税局1997年度税务统计报表在全省国税系统汇审中获得第3名。1998—2000年度，永州市国税局税务统计报表编报工作连续评选为全省先进单位。

2005年，在各县（区）国税局成立数据管理部门，在征管软件数据流转的重要部门和环节设立数据管理岗，配备数据管理员，加强税务统计数据管理基础工作，狠抓“零差错”数据质量管理，建立健全数据管理分析例会制度和数据质量考核体系。是年，永州市国税局数据质量在全省考评中实现“零差错”。2014年，市国税局通过统计分析多次到省国税局汇报，积极争取税收免抵调指标，全年争取到免抵调指标7000万元，及时缓解全市税源乏力的现状。在巩固税收分析大格局成果的基础上，市国税局创新完善联合税收分析机制、税收分析信息发布传递机制等制度，坚持“零差错”理念和目标，积极创新数据质量监控体系和监控方法，数据质量得到稳步提高。是年全市数据逻辑差错率仅为3.5‰，比2013年下降了1.4个点。

2015年，市国税局制定下发税收分析工作指导意见，定期召开季度税收分析会，查找工作漏洞，落实各项工作措施。每月对各税种的增减变化、重点税源入库等情况进行分析，全面客观分析经济运行状况、宏观调控及税收政策等因素对税收的影响，为及时准确调度完成季度和全年税收任务提供科学依据。是年，共向省国税局、市委、市政府报送营改增、市本级、经济税源等税收分析材料13篇。

2011年9月6日，市国税局召开“优化经济环境　提高行政效能”税企恳谈会（办公室供图）

2014年2月7日，永州市委常委、常务副市长易佳良（前中）到市国税局走访慰问，落实组织收入工作措施（办公室供图）

2016年，市国税局充分利用各种渠道收集第三方信息和成果，强化重点工作推进，同时，结合宏观税负分析新增税源的调查摸底，改进预测手段和方法，及时做好月、季、年度等常规性预测，提高统计分析预测的科学与准确性。

2017年，市国税局发挥团队效应，按照“工作项目化，项目团队化”的工作要求，成立12人税收分析团队，加强对重点行业、重点税源的监控分析，尤其对纳税人收入异常情况、税负异常变化等情况进行比对分析，加强与财政、地税、统计等多部门的协调，建立信息交换机制，及时发现、挖掘潜在税源，并及时向市委、市政府领导汇报国税收入情况和税源状况。

1992—2018 年永州市国税系统税收计划完成情况表

表 3-1 **单位：万元**

年份	省国税局分配计划数	完成数	完成计划（%）	与上年同比	
				增减额	增减比率（%）
1992	54100	61267	113. 25	4252	7. 46
1993	71370	88124	123. 47	26256	42. 99
1994	87540	100867	115. 22	19050	23. 25
1995	86155	85816	99. 61	-148160	-14. 72
1996	92920	89542	96. 36	3726	4. 34
1997	96160	99252	103. 22	9710	10. 84
1998	87820	88747	101. 06	-10505	-10. 58
1999	73000	70763	96. 94	-17984	-20. 26
2000	70550	72818	103. 21	2055	2. 9
2001	72280	73003	101	185	0. 25
2002	77700	83263	107. 16	10260	14. 06
2003	84010	89479	106. 51	6231	7. 48
2004	94710	120388	127. 1	30908	34. 5
2005	125250	130850	104. 47	10462	8. 69
2006	143930	140319	97. 49	9469	7. 24
2007	110170	128839	116. 95	27666	27. 91
2008	140180	140266	100. 06	13438	10. 6
2009	146400	146424	100. 02	6158	4. 39
2010	160800	180102	112	33678	23
2011	224360	237073	105. 67	38052	19. 12
2012	403520	237781	98. 93	20756	9. 56
2013	264000	261279	98. 97	23498	9. 88
2014	286000	279298	97. 66	18019	8. 17
2015	299000	331262	110. 79	51965	18. 61
2016	356700	491708	108. 33	158529	47. 58
2017	669800	706200	105. 43	220488	45. 39
2018 年 1—7 月	772600	478684	61. 96	68005	16. 56
合计	—	5013179	—	—	—

说明：本表税收计划与完成数，仅为分税制前的工商税收数（含前零陵地区税务局）与分税制后的税收数，未包含各项收入及车辆购置税

2017 年永州市各项国税收入分县（区）统计表

表 3-2　　**单位：万元**

单位	累计数			
	收入额	为年计划%	比上年同期	
			增减额	增减比率%
税收总计（含车辆购置税）	766154	105.82	228603	42.53
冷水滩	238877	95.77	46958	24.47
零陵区	60197	109.93	26066	76.37
东安县	38566	118.08	14204	58.30
道县	55438	107.11	22346	67.53
宁远县	70335	110.75	25095	55.47
江永县	20289	103.30	5797	40.00
江华县	60047	108.92	18360	44.04
蓝山县	38393	118.28	13506	54.27
新田县	30830	110.23	10650	52.78
双牌县	22269	109.65	4902	28.23
祁阳县	103115	112.01	33872	48.92
车辆购置税征管分局	27798	114.40	6847	32.68

说明：以上收入口径为含车辆购置税、国税代征地税税收收入

2017 年永州市国税系统税收收入分县（区）统计表

表 3-3　　**单位：万元**

单位	年度计划	累计数			
		收入额	为年计划%	比上年同期	
				增减额	增减比率%
税收总计（不含车辆购置税）	669800	706204	105.44	220245	45.32
冷水滩	249340	240877	96.61	49417	25.81
零陵区	54760	60229	109.99	26585	79.02
东安县	29270	34513	117.91	13371	63.24
道县	47640	51092	107.25	22165	76.62
宁远县	58730	65541	111.60	25210	62.51
江永县	18070	18843	104.28	5898	45.56

续表3-3

单位	年度计划	累计数			
		收入额	为年计划%	比上年同期	
				增减额	增减比率%
江华县	51510	56077	108.87	18140	47.82
蓝山县	29820	34859	116.90	12669	57.09
新田县	25450	28240	110.96	10274	57.19
双牌县	19310	20304	105.15	3862	23.49
祁阳县	85900	95629	111.33	32654	51.85
车辆购置税征管分局	—	—	—	—	—

说明：以上收入口径为不含车辆购置税，不含国税代征地税收入，含地税代征国税收入

2017年永州市国税收入分行业统计表

表3-4 **单位：万元**

项目	累计数		
	收入额	比上年同期	
		增减额	增减比率%
税收收入总计	763133	230693	43.33
一、税收收入合计	698661	212955	43.84
其中：中央级收入	401297	93600	30.42
地方级收入	297364	119355	67.05
（一）国内增值税	495473	174299	54.27
1. 卷烟	0	0	0.00
2. 酒	121	-324	-72.81
3. 纺织品	2350	643	37.67
4. 服装、皮革	18416	1556	9.23
5. 化工产品	5357	170	3.28
6. 建材产品	20560	3506	20.56
7. 有色金属	1817	-3424	-65.33
8. 通用设备	463	103	28.61
9. 专用设备	1051	349	49.72
10. 汽车	13303	-4614	-25.75
11. 电气器材	4193	-623	-12.94

续表3-4

项目	累计数		
	收入额	比上年同期	
		增减额	增减比率%
12. 电信设备	4591	277	6. 42
13. 电力	29879	-6160	-17. 09
13. 1 发电	10904	-4042	-27. 04
13. 2 供电	18975	-2118	-10. 04
14. 造纸及纸制品	1591	-3	-0. 19
15. 批发业	35712	339	0. 96
16. 零售业	57739	16827	41. 13
17. 交通运输业	2727	793	41. 00
18. 现代服务业	21622	11109	105. 67
19. 其他	273981	153775	127. 93
（二）国内消费税	69786	636	0. 92
1. 卷烟	49316	3333	7. 25
2. 酒	224	-29	-11. 46
3. 汽车	19737	-2838	-12. 57
4. 其他	509	170	50. 15
（三）企业所得税	133402	38020	39. 86
1. 卷烟	0	0	0. 00
2. 纺织品	1001	581	138. 33
3. 服装皮革	2980	-247	-7. 65
4. 化工产品	45	8	21. 62
5. 建材产品	7874	3881	97. 20
6. 有色金属	301	-76	-20. 16
7. 电力	4180	-2857	-40. 60
8. 商业	21326	1741	8. 89
9. 金融业	55608	11906	27. 24
10. 房地产	13751	7346	114. 69
（四）储蓄利息所得税	0	0	0. 00
二、车辆购置税	64472	17738	37. 96
三、出口退税	-41877	-5303	14. 50
四、其他收入合计	778	-456	-36. 95

续表3-4

项目	累计数		
	收入额	比上年同期	
		增减额	增减比率%
附：1. 代征地方收入	3348	-2646	-44.14
1.1 个人所得税	2608	-1479	-36.19
1.2 城市维护建设税	413	-611	-59.67
1.3 教育费附加	197	-335	-62.97
1.4 地方教育费附加	130	-221	-62.96
2. 入库查补税金	11250	3399	43.29
3. 免抵已调增值税	21280	626	3.03
4. 企业所得税汇算清缴	28029	12398	79.32
5. 企业所得税预缴	97350	19050	24.33

说明：税收收入合计不含车辆购置税；税收收入总计为税收收入合计与车辆购置税之和

2017 年湖南省国税收入分市州统计比对表

表 3-5 **单位：亿元**

项目/市州	省政府计划	累计数			
		收入额	为计划%	比上年同期	
				增减额	增减比率%
全省合计	23939000	23978887	100.17	5341113	28.66
其中：卷烟合计	6290000	6071261	96.52	455596	8.11
增值税	1099800	1188630	108.08	91476	8.34
消费税	4944400	4605717	93.15	340216	7.98
企业所得税	245800	276914	112.66	23904	9.45
其中：成品油合计	-	928726	-	-251484	-21.31
增值税	-	196642	-	-63030	-24.27
消费税	-	732084	-	-188454	-20.47
1. 全省剔烟	17649000	17907626	101.47	4885517	37.52
2. 全省剔油	-	23050161	-	5592597	32.04
3. 全省剔烟剔油	-	16978900	-	5137001	43.38
长沙市	12953700	13018458	100.50	2570429	24.60
株洲市	1359200	1383208	101.77	357321	34.83
湘潭市	856000	896851	104.77	267018	42.40

续表3-5

市州 \ 项目	省政府计划	累计数			
		收入额	为计划%	比上年同期	
				增减额	增减比率%
衡阳市	976300	971970	99.56	285664	41.62
邵阳市	628800	648449	103.12	215185	49.67
岳阳市	2204000	1853806	84.11	11016	0.60
常德市	952800	922878	96.86	264253	40.12
张家界	240100	261494	108.91	89689	52.20
益阳市	558100	576432	103.28	155554	36.96
娄底市	547200	585259	106.96	182535	45.33
郴州市	853700	868200	101.70	270002	45.14
永州市	669800	706200	105.43	220488	45.39
怀化市	626600	666783	106.41	225991	51.27
自治州	512700	618899	120.71	225968	57.51

说明：以上收入口径为不含海关代征、车辆购置税、代征地税收入

2017年永州市国税收入分企业类型税收统计表

表3-6 **单位：户、万元**

企业类型		合计	
		户数	税收收入
合计		—	768310
一、内资企业	小计	10755	636724
	1. 国有企业	214	142673
	2. 集体企业	90	6564
	3. 股份合作企业	9	148
	4. 联营企业	1	17
	其中：国有控股	1	6
	5. 股份公司	1711	301516
	其中：国有控股	265	88863
	6. 私营企业	8386	169853
	7. 其他企业	344	15954

续表3-6

企业类型	合计	
	户数	税收收入
二、港澳台投资企业	125	21116
其中：国有控股	0	1250
三、外商投资企业	70	11201
其中：国有控股	7	1069
四、个体经营	9192	99269

2017 年永州市国税收入重点企业入库税款表

表 3-7 **单位：万元**

纳税人名称	本期收入	增减额	增幅（%）
湖南省烟草公司永州市公司	70186.6	5013.23	7.69
安徽猎豹汽车有限公司永州分公司	22913.2	-5318.8	-18.84
湖南祁阳农村商业银行股份有限公司	9889.92	1583.88	19.07
永州农村商业银行股份有限公司	9432.04	8611.48	1049.46
湖南猎豹汽车股份有限公司永州分公司	8941.36	-110.79	-1.22
湖南江华农村商业银行股份有限公司	7687.42	49.49	0.65
祁阳海螺水泥有限责任公司	7644.29	961.35	14.39
祁阳县城镇建设投资开发有限公司	7427.69	7427.51	0
湖南宁远农村商业银行股份有限公司	6463.13	2163.81	50.33
江华海螺水泥有限责任公司	6369.66	615.3	10.69
湖南蓝山农村商业银行股份有限公司	6209.93	1063.49	20.66
永州市第一市政工程公司	6155.68	3973.29	182.06
新田县城建投资发展集团有限公司	6008.08	5991.95	37132.8
湖南长丰猎豹汽车有限公司	5999.14	-953.4	-13.71
湖南道县农村商业银行股份有限公司	5313.47	2174.21	69.26
湖南省烟草公司永州市公司宁远县分公司	4984.54	-366.94	-6.86
宁远县城市建设投资开发有限责任公司	4809.66	3463.79	257.37
湖南东安农村商业银行股份有限公司	4693.51	2037.13	76.69
永州农村商业银行股份有限公司零陵支行	4384.54	4384.54	0
湖南新田农村商业银行股份有限公司	3841.15	1483.73	62.94
道县城市建设投资开发有限责任公司	3780.6	2784.62	279.58

续表3-7

纳税人名称	本期收入	增减额	增幅（%）
宁远县建发实业有限公司	3528.76	3458.05	4890.5
江华瑶族自治县金牛开发建设集团有限公司	3336.16	2927.07	715.5
湖南省烟草公司永州市公司江华分公司	3334.8	-201.14	-5.69
永州市人和仙聚房地产开发有限公司	3297.14	332.14	11.2
江华瑶族自治县城西开发建设有限公司	3285.01	3285.01	0
湖南省烟草公司永州市公司新田县分公司	3268.88	658.05	25.2
祁阳县国道绕城公路建设开发有限公司	3235.86	3235.86	0
永州莲花水泥有限责任公司	3180.92	904.98	39.76
湖南省天宇建设工程有限公司	3174.21	2849.52	877.63
湖南江永农村商业银行股份有限公司	3143.62	1099.78	53.81
湖南省双牌水电站	3002.81	-780.43	-20.63
湖南省烟草公司永州市公司道县分公司	2963.5	32.44	1.11
国网湖南省电力有限公司东安县供电分公司	2937.6	-75.21	-2.5
湖南省第三工程有限公司道县项目分公司	2786.49	2786.49	0
永州市冷水滩区邮政局	2763.36	1136.83	69.89
道县城乡开发建设有限责任公司	2762.05	2762.05	0
湖南烟叶复烤有限公司永州复烤厂	2631.55	1937.56	279.19
宁远县潇湘实业有限责任公司	2590.03	1099.73	73.79
湖南新华浯溪水电开发有限公司	2539.75	-3339.4	-56.8
国网湖南省电力有限公司江华县电力分公司	2534.55	1207.1	90.93
湖南祁阳经济开发区建设投资有限公司	2519.57	2501.79	14070.4
国网湖南省电力有限公司宁远县电力分公司	2463.01	747.81	43.6
湖南省烟草公司永州市公司祁阳县分公司	2430.12	1313.86	117.7
湖南省烟草公司永州市公司蓝山县分公司	2413.44	-206.8	-7.89
祁阳县水利水电建设工程公司	2412.13	1031.45	74.71
江永县城市建设投资有限责任公司	2396.68	-653.74	-21.43
国网湖南省电力有限公司永州供电分公司	2396.19	101.34	4.42
祁阳东骏纺织有限公司	2355.85	1707.29	263.24
开元江华投资有限责任公司	2207.41	2207.41	0
中国建设银行股份有限公司永州市分行	2194.19	1495.7	214.13
永州盛湘电力开发有限公司	2189.68	-14.00	-0.64
永州市嘉信房地产开发有限公司	2172.99	1973.68	990.26

续表3-7

纳税人名称	本期收入	增减额	增幅（%）
长沙银行股份有限公司永州分行	2170.98	1773.39	446.04
湖南省鸿腾建设工程有限公司	2161.4	1927.56	824.29
道县财源建设有限公司	2142.7	2142.7	0.00
华新水泥（道县）有限公司	2136.67	294.96	16.02
永州名扬愿景房地产开发有限公司	2113.75	1432.19	210.13
永州市佳圆房地产开发有限公司	2086.41	2086.41	0
永州国泰置业有限公司	2076.47	1202.69	137.64
华融湘江银行股份有限公司永州分行	2051.77	758.98	58.71
国网湖南省电力有限公司蓝山县供电分公司	2032.4	283.63	16.22
永州市零陵区非税收入征收管理局	2027.26	525.79	35.02
冷水滩区梅湾街道办事处协税护税办公室	2022.69	940.2	86.85
江华九恒数码科技有限公司	2010.88	-260.18	-11.46
湖南省烟草公司永州市公司江永县分公司	1988.99	126.98	6.82
湖南永蓝高速公路有限公司	1979.84	1137.65	135.08
道县碧桂园房地产开发有限公司	1916.75	973.82	103.28
湖南双牌农村商业银行股份有限公司	1904.98	79.65	4.36
永州步步高商业连锁有限责任公司	1872.31	213.59	12.88
冷水滩区肖家园街道办事处石牌楼协税护税办公室	1824.98	255.61	16.29
湖南省烟草公司永州市公司零陵区分公司	1820.26	242.42	15.36
国网湖南省电力有限公司江华县供电分公司	1792.47	64.11	3.71
永州市耀江房地产开发有限公司	1780.43	1255.22	238.99
道县财政国库集中支付局	1756.02	1003.67	133.4
国网湖南省电力有限公司祁阳县供电分公司	1713.44	73.64	4.49
永州市鑫龙房地产开发有限责任公司	1701.59	1630.86	2305.6
零陵区工商联协税护税办	1645.94	1093.79	198.1
湖南省联泰石油有限责任公司	1630.54	-231.7	-12.44
湖南金盘子置业有限公司	1608.76	1608.76	0
道县兴达建设工程公司	1598.82	1548.54	3079.7
永州市第七工程公司	1592.37	1569.63	6903.9
永州广利来房地产有限公司	1567.47	1153.94	279.05
宁远县舜运贸易有限公司	1561.66	1300.3	497.53
永州招银地产有限公司	1557.14	1121.11	257.12

续表3-7

纳税人名称	本期收入	增减额	增幅（%）
永州市军嘉房地产开发有限公司	1542.13	1106.8	254.25
湖南神斧集团湘南爆破器材有限责任公司	1527.57	-198.52	-11.5
永州市九嶷骄阳水泥有限责任公司	1514.5	1302.8	615.4
湖南凯盛鞋业有限公司	1508.27	511.98	51.39
东安县农村建设投资开发有限公司	1500	1500	0
湖南时代阳光药业股份有限公司	1468.12	787.01	115.55
国网湖南省电力有限公司道县供电分公司	1438.6	349.23	32.06
湖南省烟草公司永州市公司东安县分公司	1405.55	-281.22	-16.67
祁阳县方源水务投资有限公司	1393.75	1393.75	0
宁远县财源建设办公室	1372.41	77.55	5.99
宁远金泰置业有限公司	1370.15	1284	1490.4
华能湖南湘祁水电有限责任公司	1354.77	-611.09	-31.09
永州湘江纸业有限责任公司	1344.56	270.32	25.16
祁阳村镇银行股份有限公司	1316.71	1261.66	2292.1
蓝山县天和房地产开发有限责任公司	1270.6	1013.31	393.83
湖南新华京师大房地产开发有限责任公司	1268.61	677.68	114.68
国网湖南省电力有限公司永州市零陵区供电分公司	1264.9	100.15	8.6
永州市三翔房地产开发有限公司	1228.06	767.96	166.91
湖南省煌佳房地产开发有限公司	1221.5	521.69	74.55
江华银乔建设开发有限公司	1202	1202	0
东安县白牙市镇财政所	1198.47	1198.47	0
中国工商银行股份有限公司永州冷水滩支行	1135.68	568.19	100.12
永州凯翔鞋业有限公司	1130.36	100.36	9.74
湖南南岭民用爆破器材股份有限公司双牌分公司	1101.96	-13.52	-1.21
交通银行股份有限公司永州分行	1080.3	793.66	276.88
国网湖南省电力有限公司江永县电力分公司	1071.77	401.07	59.8
湖南邵永高速公路有限公司	1051.54	607.79	136.97
永州必达置业有限公司	1021.72	872.82	586.19
江华耀丰创新创业园有限公司	1018.04	1018.04	0
永州中建置业发展有限公司	1006.67	833.87	482.56

说明：上表为年税收1000万元以上重点企业，共115家

第四节　涉外税收与大企业管理

1992 年至 1994 年 9 月，零陵地区税务局未设立涉外税收专门管理机构，相关业务归口税政科管理。1994 年 10 月，税务机构分设后的零陵地区国税局设置涉外税收管理科，与税政管理一科合署办公。1996 年 7 月 22 日，撤地建市后的永州市国税局设立涉外税务管理分局，专司涉外税收管理。2004 年 3 月，涉外税收管理分局改为内设科室，变更为国际税务管理科。2010 年 8 月起，更名为大企业和国际税务管理科，负责全市大企业和国际税收管理工作，直至 2018 年 7 月，国税、地税机构合并。

一、涉外税收管理

1994 年 1 月 1 日，实行新税制后，全区对外商投资企业一律按新修订的《中华人民共和国增值税暂行条例》《中华人民共和国消费税暂行条例》《中华人民共和国营业税暂行条例》征收增值税、消费税、营业税。对外商投资企业以及外籍人员还适用《中华人民共和国外商投资企业和外国企业所得税法》《中华人民共和国个人所得税法》《中华人民共和国土地增值税暂行条例》《中华人民共和国印花税暂行条例》《中华人民共和国城市房地产税暂行条例》和《中华人民共和国车船适用牌照税暂行条例》征收相关税收。同时，对 1993 年 12 月 31 日前批准设立的外商投资企业出口货物实行免税办法，在 2000 年年底以前实行不征不退政策；对 1994 年 1 月 1 日后批准设立的外商投资企业出口货物执行出口退税办法。

1996 年 6 月 1 日，根据国务院办公厅和湖南省政府办公厅有关调整国税局、地税局税收征管范围的通知精神，将涉外税收中以缴纳营业税为主的纳税人的税收移交永州市地税局负责征收管理，其增值税、消费税、外商投资企业和外国企业所得税委托地税局代征；以缴纳增值税、消费税为主的纳税人的税收仍由永州市国税机关负责征收管理，其营业税、个人所得税及其他地方税委托国税机关代征。7 月 22 日，设立永州市国税局涉外税务管理分局，全面负责涉外税收政策管理、征收管理和税务检查，机构级别为正科级建制（与税政一科合署办公）。

1997 年 3 月 26 日，市国税局《转发关于做好外商投资企业联合年检工作的通知》，从本年起对外商投资企业税务登记证的验证工作统一列为联合年检内容。是年 8 月 18 日，市国税局机关搬迁至冷水滩区后，涉外分局与税政一科分开办公，单独行使涉外税收管理职能。

2016 年 5 月，永州市涉外税收管理宣传服务

2004 年 3 月 8 日，撤销永州市国税局涉外税务管理分局，涉外税收实行属地征收管理；市国税局机关内设国际税务管理科，负责全市国际税收事项管理、涉外企业税收政策宣传、执行以及外商投资企业涉税事项的管理与审批等事项。原由市国税局直接负责征收管理的冷水滩区、零陵区涉外企业下放到两个区国税局进行属地征收管理。2010 年 10 月至 2018 年 7 月，全市涉外税收管理均由更名后的市国税局大企业和国际税务管理科组织实施。

1994—2017 年永州市国税局涉外税收一览表

表 3-8　　税额单位：万元

年份	税额	与上年比较		其中企业所得税		
		增长额	增长比率（%）	税额	增长额	增长比率（%）
1994	260	—	—	2	—	—
1995	640	380	146. 15	31	29	1450
1996	586	-54	-8. 43	11	-20	-64. 52
1997	782	196	33. 44	30	19	172. 73
1998	910	128	16. 37	75	45	150
1999	1142	232	25. 50	132	57	76
2000	1478	336	29. 42	249	117	88. 6
2001	1566	88	5. 95	224	-25	-10
2002	1767	201	12. 84	376	152	67. 86
2003	3369	1602	90. 66	1429	1053	280. 05
2004	4164	795	23. 59	1488	59	4. 12
2005	4298	134	3. 21	521	-967	-64. 99
2006	4759	461	10. 72	441	-80	-15. 35
2007	5825	1066	22. 39	759	318	72. 10
2008	7767	1942	33. 33	1275	516	67. 98

续表3-8

年份	税额	与上年比较		其中企业所得税		
		增长额	增长比率（%）	税额	增长额	增长比率（%）
2009	6708	-1059	-13.63	1414	139	10.90
2010	7529	821	12.24	1249	-165	-11.66
2011	8550	1021	13.56	1943	694	55.56
2012	10364	1814	21.21	1688	-255	-13.12
2013	14360	3996	38.55	2503	815	48.28
2014	17972	3612	25.15	2836	333	13.30
2015	24862	6890	38.33	3270	434	15.30
2016	32551	7689	30.92	6449	3179	97.22
2017	32317	-234	-0.01	7167	718	11.13
合计	194526	32057	16.47	35562	7165	20.14

说明：合计栏“与上年比较”“增长比例”为平均递增率

二、外商投资企业和外国企业所得税管理

1992年至1994年9月，涉外企业所得税由零陵地区税务局管理。对区内的外商投资企业和外国企业所得税（简称“涉外企业所得税”），按年计算，分季预缴，季度终了以后15日内预缴，年度终了以后5个月内汇算清缴。其每一年度的收入总额减除成本、费用及损失以后的余额为应纳税所得额，税率为30%。1994年9月至1996年4月16日，税务机构分设和撤地建市以后，涉外企业所得税先后由零陵地区国税局、永州市国税局征收管理。

1997年8月11日起，永州市国税局按照国家税务总局《外商投资企业和外国企业所得税汇算清缴工作规程》，规范全市涉外企业所得税汇算清缴工作。2005—2006年，永州市涉外企业所得税汇算清缴工作连续两年荣获全省第一名；2007年度被评为全省第二名。

2008年1月1日起，原外商投资企业和外国企业所得税法与原企业所得税暂行条例同时废止，内、外资企业所得税管理统一适用新的《中华人民共和国企业所得税法》，不再区分涉外企业所得税。

三、涉外税收审计与检查

1994年9月，贯彻执行国家税务总局《涉外税务检查规程（试行）》，由零陵地区国税局涉外税务管理科（后为管理分局）单独实施涉外税务检查，各级稽查局

和其他税务机关都不直接检查涉外企业。10 月 15 日至 11 月 10 日，地区国税局组织开展对外商投资企业增值税和企业所得税税收检查。1996 年 9 月 10 日，市国税局转发《国家税务总局关于外籍个人所得税纳税检查问题的通知》，将外籍个人所得税的检查列入稽查工作重点。1997 年 1 月 1 日起，贯彻执行《国家税务总局关于涉外税务稽查工作贯彻〈税务稽查工作规程〉几个具体问题的通知》，在涉外税务分局内设稽查科，专门负责涉外税务稽查工作。1998 年下半年，全市开展涉外税收专项检查，重点对建筑安装业、餐饮娱乐业的营业税、外商投资企业的增值税和代扣代缴外国企业预提所得税的纳税情况进行检查。

2004 年 4 月，市国税局涉外税务管理分局改设国际税务管理科之后，涉外税收实行属地管理，由所在县（区）国税局负责征收与检查。是年，市国税局确定湖南九子龙印务有限公司、湖南金峰纸业有限公司、湖南移动通信有限公司永州分公司、中国联通永州分公司为涉外税务审计对象，通过涉外税务审计，补缴增值税 8.8 万元，补缴所得税 31 万元，调减亏损 5.3 万元。2006 年，市国税局涉外税务审计工作获得全省一等奖。2007 年，印发《关于开展涉外税务审计的通知》和《永州市国家税务局、永州市地方税务局关于成立涉外企业联合税务审计领导小组的通知》，积极开展涉外税务审计和对全市房地产行业及市移动公司的联合税务审计。是年共对 72 家涉外企业开展纳税评估和涉外税务审计，共查补增值税 204 万元、涉外企业所得税 250 万元，调减亏损 135 万元。10 月，根据省国税局的统一安排，市国税局组织对湖南移动通信有限责任公司永州分公司进行跨地市的涉外税务审计，共查补涉外企业所得税 10.96 万元。2008 年，开展“四位一体”互动协作机制的运行，强化纳税评估和涉外税务审计，加强税收征管。先后对 2007 年度亏损涉外企业的税收分析，对亏损的重点涉外企业和有疑点企业进行纳税评估，共评估出增值税 405 万元，企业所得税 102 万元，调减亏损额 114 万元，加收滞纳金 0.3 万元。

2009 年起，因工作职责和工作重心调整，对涉外税务审计与检查等工作由属地国税机关负责，市国税局不再单列管理。

四、国际税务与大企业管理

2004 年 3 月 8 日，市国税局设立国际税务管理科（原涉外税务分局改设），负责全市国际税务管理工作。2005 年 4 月，印发《永州市国税局反避税工作管理办法》，明确国际税务管理科是反避税工作的专职机构，进一步规范反避税工作。2006 年，永州市国际税务情报交换工作被评为全省四个优秀单位之一。

2008 年 4 月，市国税局与市商务局、市地税局、市外汇局、市工商局等共同建立非居民税收管理联席会议制度。各县（区）国税局建立类似的非居民税收管理联席会议制度，定期召开会议、通报情况，加强对非居民税收管理。当年加强对关联交易分析评估和制衣制鞋等特殊行业调查，开展反避税工作。2009 年 5 月 6—7 日，举办全市 2008 年度非居民企业所得税汇算清缴工作和关联业务申报培训工作会议，共有 83 家企业进行关联关系和关联业务申报，71 家通过 ABC3000 电子申报，12 家企业通过国家税务总局单机版申报，电子申报率达 85.5%。是年起，此后每年的 3 月 1 日至 6 月 31 日，市国税局均与市商务局、市地税局、市工商局、市财政局、市质量技术监督局等部门共同开展对外商投资企业和外国企业网上联合年检工作。是年报检 113 家，通过 101 家，通过率为 89%。

2010 年 8 月，市国税局成立大企业和国际税务管理科，大企业税收管理机构得以完善。是年，加强对中国境内居民企业向境外非居民企业股东分红、派息等国际税务管理工作。先后将国家税务总局、省国税局定点联系企业纳入大企业管理范围，对全市年缴纳增值税、消费税、企业所得税合计 100 万元以上的 125 家重点税源企业和有关联交易企业进行全面调查摸底，对年纳税达到 200 万元以上的 12 家企业作为市国税局首批管理的大企业，各县（区）国税局确定直接定点联系大企业共 45 家。

2011 年 4 月 11 日，永州市首次入库交易双方都在境外的非居民企业所得税 14.4 万元（祁阳某公司），其股权转让非居民税收管理案例入选湖南省《国际税收管理案例》，并得以推介。是年，由永州市国税局制定的《汽车制造行业税收风险管理办法》被省国税局列为大企业管理创新项目得以推广。

2012 年 6 月，全市第一起反避税案例成功结案，受到省国税局的通报表扬。该户系 2011 年国家税务总局立案的涉外制鞋企业，2008—2010 年，共调增应纳税所得额 1480 万元，应纳所得税额 116 万元，减免企业所得税额 90 万元，实际应补缴企业所得税 26 万元。是年，制定下发水电、冶炼两个行业的税收服务与管理办法，并在祁阳、东安、江华、蓝山及零陵等县（区）国税局开展税收风险分析，辅导企业自查补税 455.65 万元。2013 年 8—9 月，对全市 2012 年度境外关联度高于 50% 的 5 户重点监控企业进行实地调查与督导，通过关联交易评估分析，共调整应纳税所得额 1051.78 万元，补缴企业所得税 63.89 万元。同时，与市地税局联合制定下发对部分国家税务总局定点联系企业驻永州成员企业税收风险评估的工作方案，对中国烟草、中国工商银行等成员企业进行税收风险评估。是年 3 月，选取全市农村信用社系统开展税收风险管理工作，全市 13 家企业共查补企业所得税 1363.23 万元。

2014 年 4 月 1 日至 6 月 10 日，对永州市范围内的“走出去”企业进行专项调查，查清全市12家“走出去”企业境外投资总额共6149万美元（33%的企业境外投资在美国，其他主要分布在东南亚一带）。是年，组织完成18家省国税局定点联系企业和16家市国税局定点联系企业的2013年度税收遵从报告等工作。

2015年，配合国家税务总局、省国税局加强非居民股权转让的专项调查工作，全市共10户企业25条股权转让记录中，有一家企业的股权转让涉及到非居民税收，按规定作出税务处理。同时，落实163家国家税务总局定点联系企业、11家省国税局定点联系企业清理填报，按照“一户式”涉税信息档案建设要求，督促企业编制好《大企业税务遵从管理责任报告》。是年7月，编印《2015年永州市制鞋行业税收风险管理工作方案》，为企业税务风险内控建设提出完善建议，帮助企业提高自我防控税务风险的能力。

2016年3月，全市成立10人组成的英语翻译团队（其中英语专业八级水平3人，六级普通水平3人），承接省国税局分配的坦桑尼亚税收英语翻译工作，加强国别信息建设，得到省国税局表扬。4月，承接省国税局对千户集团广汽三菱创新管理的工作项目，梳理出风险点4个，涉税1.16亿元。5月，编写永州市“走出去”企业清册，建立“走出去”企业分户档案。6月，制定下发《永州市非居民纳税人享受税收协定待遇管理工作细则》，为全市非居民纳税人享受税收协定待遇管理工作提供制度保障。8月，开展对全市农商行系统12家企业进行全流程税收风险管理工作，共查找税收风险点63个，查补税款7585.16万元。当年，永州市反避税工作被省国税局评为反避税对税收增收贡献突出单位。

2017年4月18日，根据省国税局有关大企业管理要求，永州市国税局大企业税收管理局在冷水滩区国税局挂牌试行，冷水滩区国税局局长龙晓兼任大企业税收管理局局长。5月8日，联合海关、外汇、商粮、国税、地税、公安、工商等七部门在市国税局召开“2017年全市跨境税源管理部门联席会议”，签订七部门《关于跨境税源管理跨部门联合监管合作备忘录》以及具体合作框架，加强各部门的涉税信息交换，联合对跨境税源进行监控和管理，共同打击税基侵蚀和利润转移，保护和实现国家的税收权益。8月11日，印发《永州市地方融资平台公司税收风险管理工作实施方案》，对国税征管的8家地方融资平台进行全流程税收风险分析，共发现风险点9个，调减亏损后查补税款2.28亿元，加收滞纳金411.95万元。

第四章　税收法制

1992 年至 1995 年 6 月，零陵地区税务系统的税收法制工作分别由地区税务局的几个部门负责。其中办公室负责税法宣传；税政管理科负责税收政策的贯彻执行；征收管理科负责税收征收管理和行政复议、行政诉讼工作；稽查局负责查处税务违法案件，打击偷漏税等违法行为；税务检察室负责办理涉嫌偷税、抗税犯罪案件，通过办案进行税收法制宣传教育，协助税务机关发现问题，堵塞漏洞。

1995 年 7 月，地区国税局设立政策法规科，负责涉税文件的报备工作，办理税务行政复议、行政赔偿及行政诉讼案件，组织开展税收执法的监督检查。县（市）国税局不设政策法规机构，税收法制工作归口办公室管理，配备一名政策法规专干负责。至 8 月底，零陵地区 11 个县、市国税局全部配备政策法规专干，并组织统一培训。1996 年 4 月起，撤地建市后的永州市国税局重点抓依法治税工作，税收法制建设不断加强。

第一节　税法宣传

1992 年 4 月 1 日，全国第一个“税收宣传月”活动展开，活动主题为“税收与发展”。零陵地区税务局会同地区人大联工委、总工会、团地委、妇联等联合下发《关于开展“税收宣传月”活动的通知》及实施方案。4 月 7 日，全区 1991 年税法宣传活动总结表彰暨 1992 年“税收宣传月”活动动员大会在地区税务局召开，零陵地委、行署有关部委及各县（市）税务局、总工会、团地委、妇联等部门负责人参加，拉开“税收宣传月”活动的序幕。4 月 1 日起，地区税务局在《零陵报》开辟税收宣传专版，分 4 期刊发国务院的有关通知及全区税收工作情况等。零陵电视台开播为期一年的《潇湘税苑》电视新闻专栏，除 4 月作重点宣传外，每月都专题报道税收工作与纳税典型等两期以上。零陵地委机关刊物《潇湘通讯》开辟反映税收工作专栏，分期刊发全区税收情况的图片、言论与动态等。4 月 19 日，全区

11个县（市）城镇统一开展税收宣传与街头咨询服务活动，地、县（市）党政领导带领干部职工1200余人走上街头服务。全区共设咨询服务点196个，印发宣传资料4万余份，党政领导参加咨询75人，解答群众提出的有关税收问题645个。

1993年1月1日，《中华人民共和国税收征收管理法》正式实施，全区税务系统积极宣传税收征管法及税制改革，扎实深入地开展税法宣传教育活动。地区税务局配合地区司法局将税收征管法的有关内容编入全区《经济专业法规汇编》教材，供各级领导干部和经济工作者系统学习。地区司法局在举办的全区经济法规培训班上讲税收征管法专题课。各县（市）都组织2~3场以贯彻执行征管法和反骗税斗争为主要内容的大型宣传活动，对各厂矿企业、学校、机关单位等负责人、财务人员及个体户、青年学生等进行宣讲辅导。4月3日，零陵行署召开全区“税收突击月”和“税收宣传月”紧急电话会议，常务副专员卞翠屏等作动员讲话。冷水滩、永州、宁远、双牌等市县的党政主要领导带头参加税收宣传活动，先后发表电视、广播讲话，利用各种场合与机会宣讲税法、解答群众疑问。各县（市）还充分利用广播、黑板报、墙报、电影幻灯及永久性固定标语456块（幅），映前宣传达879次，办黑板报、墙报273期。4月18日，在全省“税收咨询日”中，全区统一开展税法宣传与服务活动。11个县（市）的1200余名税务干部走上街头，在150多个税收咨询点开展纳税咨询服务。全区出动宣传车45台，散发宣传资料6万余份，解答税收问题700多个。10月起，全区建立两套班子、两手抓，一套班子抓组织收入，一套班子抓税制改革的宣传、培训与分税制前各项准备工作。

1994年1月22日，行署常务副专员朱泽民在零陵电视台就搞好新税制的学习宣传与实施发表电视讲话，动员各级各部门认真学习和贯彻新税制。1月23日，地区税务局统一安排部署，各县（市）组织“新税制咨询宣传日”活动，1420余名税务人员走上街头和大型企业，分别在城乡主要街道、集贸市场和厂矿内摆摊设点138处，在大中型企业内设咨询服务站64个，出动大小车辆、摩托车136辆，送发新税制的宣传资料23800余份。各咨询站（点）共接待2645名群众的咨询，解答税收政策、发票使用等问题与要求1850个。《零陵日报》开辟百日“新税制问答”专栏，重点宣传与解答纳税人的有关疑难问题。零陵电视台“潇湘税苑”栏目用半年时间，集中宣传和报道新税制实施的情况与典型。零陵地委机关刊物《潇湘通讯》开办“财税改革”专栏，行署机关刊物《潇湘论坛》开辟一年的“税收与改革”专栏，连续刊发新的税收法规与理论研讨、建议等。各县（市）在春节前后举办党政领导、企事业单位负责人、财会人员宣讲新税制的座谈会、茶话会、报告会等，为1600余人作宣传辅导。3月1日，由地委宣传部、直属工委、地区财政局、税务局4家联合举办财税改革报告会，向各单位主要领导及主管局、企事业单位负责人、财务科长等通报财税改革情况，宣讲税法，进一步统一思想，达成共识。3月28日，全区统一组织新税制书面考试，税务人员参加考试2099人，平均成绩94.9分；企业及个体工商户参加考试1220人，平均成绩达90.1分。

1995年，地区国税局同财政、地税、报社、电视台等单位联合组织开展一系列活动，先后在《潇湘论坛》《潇湘通讯》《零陵日报》上开辟税收宣传专栏，在全区广泛展开多渠道、多方式的税法宣传。永州市常务副市长陈金荣在2月中旬召开的全市人大代表会上宣讲税法。4月8日，全省统一开展“税法宣传咨询日”，地区国税局机关组织40余人，分7个组分别到各县（市）参与组织、指导咨询宣传活动，当天全区共设立咨询点120个，解答税收问题2100余个，出动宣传车38台，发放宣传资料5.9万余份，张贴《税收与法制》宣传画2343，横幅、标语6900余条，受教育群众达6万余人。此后，地区国税局还先后召开地直有关单位协税护税座谈会和纳税大户的厂长、经理、财务科长参加的税企恳谈会，各县（市）国税局分别组织座谈会、报告会、“税收与法制”征文、增值税专用发票知识竞赛以及分批培训法人代表与财务人员、深入企业、个体户中辅导纳税等各种活动。

1996年4月，全市国税系统围绕全国第五个税收宣传月的“税收征管与市场经济”主题，广泛深入地开展税收宣传活动。市国税局先后在《潇湘论坛》《潇湘通讯》等刊物上开办税收宣传专栏，并在《零陵日报》上增辟国税宣传阵地，集中宣传纳税常识、国税工作及纳税典型。市国税局与邮电部门联合，在“168”信息台开办“国税之窗”。1997年4月，围绕“税收与文明”主题展开一系列的税收宣传活动。市国税局在《永州日报》公开表彰一批依法纳税的模范户，树立纳税典型，在全社会弘扬依法纳税的良好风尚。同时举办“文明征税”征文和演讲比赛，在全市倡导文明征税、文明纳税。1998年4月，全市国税系统围绕“税收管理与依法治国”主题开展第七个税收宣传月活动。以“国税知识传万家”“税收咨询进千户”为重点，市、县（区）国税局与当地教委联合行文，由国税局负责印制宣传资料和小知识考题，安排税务干部到各学校辅导讲课，将税收资料及考题发给学生，由学生带传到各家各户，请家长阅读及答题，最后由学生带回答题，全市80余万名学生、150万名家长参加答题。同时组织税务业务骨干到企业走访，征求意见，咨询解难。

1999年4月，围绕“依法治税，强国富民”主题展开宣传活动，以国税收入与地方经济、征管改革、发票管理、各类典型等为宣传重点，采取财税形势报告会、财税法规知识讲座、发票抽奖和举报奖励、税收知识传万家、各类竞赛等形式广泛宣传财税知识。3月29日，举办全市财税金融法规知识讲座。4月27日，市人大、财政、国税、地税、广播电视局联合举办市直各战线单位财税法规知识竞赛，并进行电视现场直播。8 月，市国税局与市委宣传部、市广播电视局等联合举办城区个体税费征管知识电视抢答赛。11 月 23 日，召开全市国税系统首次宣传工作会议，总结表彰宣传工作先进经验与个人。

2000 年 4 月，市国税局组织各县（区）围绕“税收与未来”的宣传主题，充分利用各种宣传阵地广泛宣传国税，在当地报刊、电视台长期宣传国税知识、工作经验、正反典型等。市国税局在冷水滩“样板街”等新设长久性国税宣传牌。祁阳、道县、江华、一分局、二分局等在电视台表彰一批依法纳税先进典型，并曝光一批偷税、抗税案件及欠税企业。同时借用永州信息网、赠送税收资料、刷新标语、墙报等广泛开展宣传。

2001 年 4 月 1 日，市国税局与北京星光艺术团联合在市委大会堂举办“国税与公民”专场文艺演出，宣传新税收征管法，拉开税收宣传月的序幕。7 月 22 日，与桂林市国税局、桂剧团联合在永州市委大会堂举办宣传新税收征管法专场文艺晚会，并于演出前将 5000 余册新税收征管法单行本和 1500 把印有新税收征管法主要内容的精美扇子发送给每一位观众，使新税收征管法家喻户晓。2002 年，紧紧围绕“诚信纳税　利国利民”主题，全市开通税收服务热线电话，举行税收知识电视有奖竞答，发送短信息，举办培训班、税收文艺演出等。2003 年 4 月，围绕“依法诚信纳税　共建小康社会”税收宣传主题，市国税局除在市电视台、广播电台、政府网站开辟国税宣传专栏外，重点组织四大宣传活动。先后倡议成立全市首家“税企俱乐部”，30 余家企业法人、10 余名社会特邀监察员就诚信纳税主题等进行咨询探讨与交流互动；开展“千里送税法”活动，由市国税局“金阳自行车俱乐部”牵头，市国税局机关、稽查局和 2 个城市分局的 60 名自行车爱好者组织自行车队伍，行程近千里，巡回到各县（区）、乡镇宣传；安排“税法天天宣”活动，利用市国税局大楼临街的两块大型电子显示屏，每天播出税收知识、标语、通告等，还制作长达 35 分钟的国税宣传专题片播放；组织市国税局机关“基层宣传月”活动，机关干部 4 月分别下到各县（区）国税局的办税厅等场所，直接指导、督促、参与基层的税收宣传。

2004 年 4 月，在全国第 13 个“税收宣传月”中，市、县两级国税地税部门紧密配合、精心策划和组织开展一系列税收宣传活动。除在市电视台、广播电台、政府网站开辟国税宣传专栏外，把活动的重点放在送税法下企业、下农村、到学校、进市场，为纳税人解决实际困难，解答具体问题上。结合 4 月 3 日咨询日，市国税、地税局与当地 7 家知名纳税企业，在闹市区联合举办“依法诚信纳税，共建小康社会”广场文艺联欢会，邀请市委、政府领导参加，现场接受群众咨询，发放宣传资料，穿插税收知识有奖竞答，吸引了近万人参加，同时分别在当地繁华地段开展咨询等活动。开展“把信送给农民朋友”千里行活动，各县（区）国税、地税局将中央一号文件精神和国家税务总局局长《致农民朋友的一封信》及有关涉农的税收优惠政策编辑成册，印制3万份，组织100多辆自行车宣传队千里骑行，下乡开展税法宣传。4月18日，永州市苗苗书画院的近300名小书法家、小画家在市国税局参加税法宣传书画大赛，在百米长卷上以书法、绘画的方式展现自己对“依法诚信纳税，共建小康社会”的理解。

2005—2007年，在全国第14~16个“税收宣传月”活动中，全市国税系统充分利用现代信息技术宣传税法，分别利用电信的短信平台、永州新闻网等开辟税收宣传月专栏，放置税收政策、办税流程、纳税须知等内容。同时利用固定平台宣传税收，与地税局联合，在全市的主要街道、乡镇、营运车辆上张贴宣传标语。在市级报刊台开辟专栏，曝光偷逃税案件，宣传诚信纳税户及税收政策变动等。2008年4月，市国税局和各县（区）国税局统一开展在城镇繁华地段设立咨询台的宣传活动，印制税收宣传资料1.2万份，税收知识小册子1万本，10万余名群众接受税收知识教育。同时利用企信通短信平台发送税收宣传标语；在永州市委大礼堂举办“税企联谊”税收宣传联欢晚会；利用多媒体宣传税收，分别在《永州日报》以领导署名发表税收宣传文章《税收促进发展，发展改善民生》，在《永州新报》宣传税收政策等。2009年，围绕“税收·发展·民生”主题，市国税局先后召开“税企连心，共促发展”恳谈会，开展“走百家，问千人”纳税服务专项调查、“税法宣传万里行”等活动。同时利用“纳税服务名片”“企信通”平台等发送税收知识，共向2500多户纳税人发送税收知识短信2.2万余条。

2010年，创新税收宣传方式，利用短信群发等技术平台宣传政策、提醒办税，全年共向纳税人发送短信3万余条。4月12日，市国税局、零陵区国税局和湖南科技学院团委联合开展“我身边的税收”征文活动启动仪式。4月23日，市国税局与地税局联合，市环保局协办，举行“税收焕绿湘江源”税收宣传启动仪式，市委常委、常务副市长唐松成讲话，市地税局局长谷一飞、市国税局副局长廖健分别作出税收促进经济发展的承诺，市政协副主席袁火林出席，同时召开“税收服务发展”座谈会等。

2011年，以“税收促进发展，发展改善民生”为主线，先后召开以“对接大东盟，建设新永州”为主题的税收经济论坛、在永州电台芒果之声频道围绕“新发票管理办法及实施细则”开展访谈。与市地税局联合制作《捕蛇者新说》Flash动漫等。2012年，围绕“服务新型工业化，建设绿色新永州”主题，市国税局编印《绿色永州·魅力国税》画册，免费赠送地方党政领导和有关部门、优化经济环境监督员及部分纳税人，全方位总结推介国税工作，赢得社会各界理解和支持。2013

年，举行全市“千户纳税人大走访”活动，由各县（区）国税局组织3~5个税收宣传志愿小组，走访100户纳税人，开展“一对一”政策解读、办税辅导，帮助企业正确掌握和用足用好各项税收政策，听取纳税人的意见与建议。2014年全方位推动税收宣传活动，分别与《永州日报》联合，刊载群众路线教育实践活动情况；在《永州新报》开设专栏，集中宣传“便民办税春风行动”；与政府门户网站合作，设立“和谐税收·国税之窗”专题栏目，及时向社会公布税收政策和法律法规；与“永州之声”电台合作，播报税收宣传公益广告；同永州电视台合作，播发国税工作成效，提升社会形象等。

2015年，市国税局利用微博微信、国税网站、电视报刊等宣传载体，及时发布2014年度纳税信用等级评定结果，对被评为A级纳税人的16家辖区企业进行宣传推介。同时在《永州日报》开展专版宣传，通过税企QQ群、纳税人学校等向纳税人推送小微企业优惠政策，组织骑行宣传小分队上门服务。围绕“新常态、新税风”主题，面向全市纳税人征集人物通讯、诗歌散文、摄影摄像作品等，并将评选出的优秀作品在《魅力国税》中刊发，促使纳税人进一步了解和支持国税工作。2016年3月31日，市国税、地税局联合在新田县政务服务中心举办永州市“营改增”试点新闻发布会暨新田县国地税联合办税厅成立启动仪式。同时围绕“聚焦营改增试点 助力供给侧改革”税收宣传主题，先后由市国税局局长曾立春在市级主流媒体发表营改增署名文章，各县（区）分别开展营改增试点改革宣传与培训辅导对活动。

2015年4月，双牌县国税局在“税收宣传进校园”活动中，组织税法知识抢答赛，吸引学生们踊跃参加 （汤国栋 摄）

2017年，紧紧围绕“深化税收改革 助力企业发展”主题，市国税局、地税局组织税收骨干和专家团队深入长丰集团有限公司等开展实地调研，与企业相关负责人座谈共商，助推企业发展。4月12日，全市以各办税服务厅（室）为主要活动场所，统一开展“纳税服务日”主题活动。国税、地税联合组建专家团开展宣传咨询，联合开展诚信纳税宣传、纳税人课堂辅导等。

2018年上半年，扎实开展以“优化税收营商环境 助力经济高质量发展”为

2016年4月19日，东安县国税、地税合作，在县城繁华地段向过往群众发放宣传手册与资料（东安县国税局办公室供图）

主题的全国第27个“税收宣传月”活动。4月2日，市国税局与市地税局联合在永州经开区举办税法进园区、进校园启动仪式暨办税事项“最多跑一次”发布会，100多名在校学生、200多名纳税人和300名税务人员参加启动仪式。当天在全市共举办13场税收进园区政策辅导会，60余名税务干部深入20多个中小学校校园，向2000多名在校学生宣讲税法。同时结合税务机构合并前的各项工作，国税、地税联合开展“创响潇湘　税励园区”“税企连心话春风大走访”“纳税服务日”“电子办税零距离体验”宣传周及“税法进校园”等系列活动，全市税收宣传展现新水平。

第二节　依法治税

1992年1月8日，零陵地区税务局发出通知，就贯彻落实国务院《批转国家税务局关于进一步推进依法治税，加强税收管理报告的通知》，提出贯彻执行的具体措施和要求。同时积极主动向零陵地委、行署领导汇报，得到党政领导的高度重视。1月19日，在省政府尚未作出安排之前，零陵行政公署即给各县（市）政府和地直各部门发出明传电报，对落实国务院67号文件精神提出五条意见，并在地委机关报《零陵报》上专版刊发国务院67号文件和行署的通知要求及地区税务局致全区各级党政领导和各界人士的慰问信。地区税务局局长邹礼强在零陵电视台发表电视讲话。1月29日，地区税务局邀请地委、行署各有关部办委及公安、检察、法院、司法、银行、工商等单位的主要负责人召开全区首次部门协税护税联席会议，局长邹礼强介绍全区税收工作情况及面临的困难与问题等，提出建议和要求。行署副专员周建国到会讲话，对各部门加强对税务的协作，进一步推进依法治税、强化税收征管提出四条要求。会后，税务、公安、检察、法院于1月30日联合下发《关于贯彻执行国务院67号文件，进一步推进依法治税、强化税收管理的联合通知》。地区税务局会同工商行政管理局联合下发《关于认真贯彻落实国务院67号文件，加强对个体、私营经济税收管理的联合通知》。至2月底，全区11个县（市）普遍召开有关依法治税工作会议，发出文件通知，层层落实齐抓共管的措施。10月起，组织全区开展税收征管法的学习宣传。地区税务局先后发表电视讲话，组织16人分别到各县（市）督查宣传贯彻落实税收征管法。

1993年7月，中共中央和国务院先后发出文件，作出加强宏观调控、整顿财税金融秩序的重大决策。全区按照中央和省税务局的通知精神，对各级政府和有关部门违反税收法规、乱开减免税口子、越权制定的税收优惠政策等进行认真清理，共清理出文件47件，涉及税收条款85条。9月3日，行署专员卞翠屏召集行署办公室、计委、财委、体改委、财政、税务、工商等10个部门负责人，对1991年以来地委、行署制发的税收优惠政策的9个文件、12条税收条款进行逐文、逐条的专项研究和清查，决定废止和修正的文件7个、条款8项（处），上报省税务局审查请求继续执行的文件2个、条款3项。

1994年，全国实施新税制和税务机构分设。地、县（市）等各级党政领导密切关注和重视税收改革，大力支持新税制实施，严格按新政策规定执行，扎实推进依法治税，强化税收征管。1995年4月11日，零陵地委、行署有关部办委及公、检、法、银行等16个地直单位的负责人在地区国税局“同堂议税”，就进一步加强税法宣传、深化征管改革、推进依法治税等进行深入讨论，形成共识。1996年4月，永州市国税局重抓税法宣传，助推依法治税。1998年10月30日，市国税局召开整治经济发展环境动员大会，拉开全市整治经济环境、促进依法治税的序幕。11月9日，特邀12家大中型企业厂长经理和2户个体纳税户代表同议经济发展环境，共献税收发展良策。26日，市政协副主席沈根元、赵清茂，省政协委员、市政协常委唐建义等10名省、市政协委员专程到市国税局视察依法治税、整治经济发展环境等工作。27日，市国税局举行深化公开办税新闻发布会，就进一步推进依法治税，规范执法行为，接受社会各界监督与协税护税，向省市各新闻单位及纳税户代表公布“深化公开办税9项制度”，并作出“6项承诺服务”。1999年6月10日，市国税局制定下发《永州市国税系统依法行政示范单位评选标准》。经各县（区）自荐并报送典型材料，市国税局对照标准评选3个依法行政示范单位，并向省国税局推荐参加全省10个依法行政示范单位的评选，蓝山、双牌县国税局办税服务厅被评为“全省依法行政示范单位”。

2000年，全市国税工作围绕“依法治税”主线，严格执行政策，强化税务管理。5月18—19日，市国税局专项部署在全市国税系统开展“四清两控”活动，通过清理改变税种、挤占中央收入，清理向纳税人借钱借物，清理发票保证金、促产周转金和其他债权债务，清理固定资产，严格控制接待费开支和车辆购置、使用费开支等，全面规范依法行政。

2001年5月1日，新修订的《中华人民共和国税收征收管理法》（简称“税收征管法”）正式实施，全市开展形式多样的宣传普及活动。8月22日，市国税局举行公开聘请法律顾问面试及发布会，向社会公开聘请3名常年法律顾问，对于推进依法治税、维护国税机关执法权威增强法律保障。2002年3月11日，市国税局召开全市国税系统优化经济环境动员大会，对内强化服务意识，对外坚持依法治税，着力营造良好的经济发展环境。是年9月7日，国务院令第362号公布《税收征收管理法实施细则》，全市国税系统加大力度做好宣传工作，采取多种方式大力宣传学习贯彻实施新修订的税收征管法及其实施细则。通过培训辅导、知识竞赛、印发资料等形式广泛宣传，使税收征管法及其实施细则的贯彻实施落实到每一个税务人员和纳税人。同日，全市国税、地税系统共2071名税务干部分别在10个考点，参加全国税务系统首次执法资格统一考试，成绩合格者发放执法资格合格证书。

2006年年初，成立永州市国税局全面推进依法治税工作领导小组，制定具体实施计划和工作措施，有重点、有步骤地推进依法行政工作，提高依法办事、规范行政的意识，增强执法为民的自觉性。全市11个县（区）国税局均与市国税局签订依法治税工作责任状，严格过错责任追究制度。同时，建立健全全市依法治税工作考核制度和定期报告制度，把贯彻执行省国税局依法行政实施纲要的意见合并到执法质量考核评议中进行，并以此作为县（区）国税局领导班子考核评议的重要内容，在年终“四大块目标”考核中严格奖优罚劣，收到明显效果。年底，市国税局被永州市优化办评为“满意”单位，并获得“四五”普法省级先进单位。

2007年，按照市政府法制办要求，市国税局组织对过去已出台的涉税文件进行全面清查，发现冷水滩区政府出台的《冷水滩区毛织行业招商引资优惠办法》中“对毛织行业按每台织机每月定税2元，其中国税1.2元，地税0.8元”的规定违反了税法，市国税局随即发出《关于停止执行冷水滩区政府关于毛织行业有关税收优惠政策的通知》，责令冷水滩区立即停止执行该优惠政策。同时通过对照《税务行政法规目录》，逐条仔细地研究行政法规的要求，对26件税务行政法规进行清理，提出3条废止建议、1条完善修改的意见。2008年，市国税局对税收规范行文件进行深入清理，将近3年制定的税收规范性文件上报省局备案。同时根据国家税务总局和省国税局发布的已失效的税收规范性文件目录，对市国税局自1994年以来制定的税收规范性文件进行清查。先后清理涉税文件1527个，清理出应废止或失效文件67个，市国税局转发国家税务总局、省国税局的文件内容部分失效的9个。此后，按照三统一要求严格合法性审核，对新出台的涉税规范性文件，在国税内部网站、电子触摸屏和各县（区）国税局办税服务厅及时公布。认真做好“湖南省依法办事示范窗口单位”的创建管理工作，强化对窗口单位行政执法的指导。年底，江华、双牌县国税局办税服务厅和市国税局车辆购置税分局被评为“湖南省依法办事示范窗口”单位。

2010年，市国税局狠抓依法行政工作，成立以局长为组长的依法行政领导小组，把依法行政工作纳入“一把手”工程，主要领导作为依法行政工作的第一责任人率先垂范，各科室全力配合，基层税务机关逐级抓落实，形成齐抓共管的局面，确保依法行政工作顺利开展。通过对行政职权进行清理，共清理出“确定企业印制发票”等28项行政职权，并对每一项行政职权列明实施法律依据、实施科室及责任人，制定详细审批流程图，明确纳税人需要报批的资料，确保每项行政权力合法、公开、透明。

2011年10月18日，市委、市政府召开全市“法治永州”创建暨第七次法制宣传教育工作会议，市国税局被评为“永州市‘五五’普法依法治理先进单位”。2012年7月17日，市国税局举行《永州市国税系统规范税务行政处罚裁量权基准制度》听证会，就重大行政决策举行首次公开听证，包括注册税务师、律师、企业纳税户、个体纳税户代表、基层税务执法人员代表和普通公众代表等参加听证。市人大、市政协、市纪委、市政府法制办等领导受邀列席听证会。永州电视台、《永州日报》、红网等新闻媒体进行全程报道。听证会上，局长傅扬帆代表市国税局介绍“基准制度”出台的背景和主要内容，21名听证代表畅所欲言，发表各自的看法，对“基准制度”提出24条建议。市国税局相关业务科室对代表们的意见作出解答，并相应完善“基准制度”，随后发布实施。同时，市国税局编印《税收执法实用手册》，收编法律概述、税收征管法律制度、税务行政法制等内容，作为国税干部职工自学、培训、辅导、备考的重要资料。8月15—16日，全市国税系统“三法”（行政强制法、行政处罚法和行政许可法）知识竞赛决赛在市国税局机关举行，各县（区）国税局及市国税局直属机构组建的13支队伍参加决赛，祁阳县、冷水滩区、宁远县国税局获团体前三名；东安县国税局获得“三法”知识竞赛抢答赛第一名。

2013年年初，永州市人大常委会开始对市国税局2008年以来的税收执法等工作进行审议。3月21日，市国税局召开迎接市人大常委会工作审议动员大会，对审议工作进行安排部署，签订迎接审议工作责任书，会后制定《永州市国税局关于迎接市人大常委会工作审议实施方案》。此后，认真开展自查自纠，先后书面征求

2012 年 7 月 17 日，市国税局召开行政决策听证会
（办公室供图）

100 名人大代表、100 名企业和个体工商户代表、100 名其他各界人士代表以及互联网征求全社会对国税工作的意见。局领导分别走访县（区）政府、乡镇、社区、村组、企业和基层国税分局，征求意见和了解情况。6 月 4 日，市人大常委会主要领导等一行到市国税局听取自查自纠情况汇报，对前一阶段永州国税系统积极开展自查自纠、未审先改等工作给予充分肯定，认为迎审工作“认识到位、宣传广泛、方法得当、重点突出、整改有效”。7 月 10 日，永州市四届人大常委会十三次会议审议市国税工作报告。随后对人大常委会的审议意见全面对照落实，赢得了人大代表和人民群众满意与支持。年内，市国税局荣获“永州市依法行政先进单位”。

2014 年，市国税局积极参与全国税务系统依法行政示范单位创建活动，按照国家税务总局、省国税局的创建评价标准，及时做好示范单位自主申报的初步审核和具体组织工作。年内，江华县国税局荣获“全省国税系统依法行政示范单位”。2015 年，市国税局先后制定印发《永州市国税局关于全面推进依法治税的实施意见》《永州市国税系统行政审批管理办法（试行）》《关于贯彻落实税务行政审批清单制度的通知》等，并将市本级的 7 项行政审批整理成《进驻市政务服务中心项目清理登记表》《永州市国税局权力运行流程图》和《政务服务事项申报资料清单》等资料报送市政务中心，通过国税网站和政府网站及时对外公开公布。年底，市国税局被省政府表彰为“湖南省依法行政先进集体”，并连续五年获得“全市推进依法行政工作先进单位”。是年，在市行政执法案卷评查中市国税局获得第二名。双牌、蓝山县国税局成功创建为湖南省国税系统法治税务示范基地。

2016 年，市国税局以法治政府建设为主线，扎实推进依法行政。组织县（区）国税局积极参与“湖南省依法办事示范窗口单位”的荣誉评选，冷水滩、蓝山、双牌 3 个县（区）国税局获得“2016—2018 年度湖南省依法办事示范窗口单位”。稳步推动公职律师工作，9 月 25 日，市国税局挂牌成立公职律师办公室（与政策法规科合署办公）。是年全市国税系统具有司法资格的税务干部共 16 人，2 人获得公职律师执业证书。年底，市国税局机关荣获“2016 年全省政府法制工作先进单位”。

2017 年 2 月 17 日，市国税局与湖南人和人（永州）律师事务所举行聘请法律顾问签约仪式。当年大力开展法治示范基地建设，全市国税系统有东安、双牌、蓝山县国税局获得“2017—2019 年度湖南省国税系统法治示范基地”。

第三节　税收执法

一、税收执法检查

1994 年新税制实施后，为维护税法统一，促进依法行政，规范执法行为，全区国税系统按照国家税务总局和省国税局的统一部署，适时组织开展税收执法大检查，及时纠正各种执法偏差，保障新税制的全面准确实施。

1996 年 7 月 30 日至 8 月 7 日，市国税局组织 4 个检查组，分别对全市 11 个县（分）局的税收执法情况进行重点检查。先后抽查县（区）国税局内部科室 44 个、征收分局（税务所）18 个、纳税企业 27 户，审查涉税文件 1375 份，检查出个别地方存在以“双定”（对个体工商户核定计税额和征税额）数代替申报数、税款延期入库审批手续不健全、个别企业在较长时间内出现进项税大于销项税等现象，市国税局督促各县（区）国税局及时整改到位，并在各县、区建立税收执法观察点。

1997 年 7 月 30 日至 8 月 10 日，市国税局再次组织 4 个检查组，通过听、看、查、访，对各县（区）国税局的税收执法情况进行检查，共抽查内部科室 55 个、征收分局（税务所）22 个、纳税户 33 户，审查涉税文件 206 份。通过检查，发现个别地方欠税管理混乱、底子不清，行政干预严重，存在收过头税、空转等现象。1999 年 8 月 23—26 日，全市组织 11 个检查组，由县（区）国税局分管法规工作的局领导带队，法规专干、稽查局一名业务骨干参加，对各县（区）的税收执法情况和相关工作进行交叉检查。共抽查县（区）国税局内设科室（局）44 个，基层征收分局（税务所）16 个，审查涉税文件 483 份，延伸检查纳税企业 37 家。祁阳、道县、一分局、二分局被评为税收执法检查工作先进单位。

2001 年 10 月 15—19 日，市国税局采取县（区）交叉检查的方式开展全市税收执法大检查，并结合对涉嫌犯罪案件移送、擅自改变税款入库级次、未按规定申报和缴纳税款责令改正、不征或少征税款等 10 个项目进行全面检查评比。祁阳、江华、宁远县国税局和凤凰园国税分局被评为先进单位。2005 年 11 月 7—10 日，市国税局从市稽查局和祁阳县国税局抽调人员组成检查组，分两组对零陵、东安、新田、江永4个县（区）国税局2005年度的税收执法情况进行重点检查，从中发现个别地方依然存在提前征收税款、农村个体工商户达到起征点以上的没有纳入正常管理、民政福利企业退税审批手续不规范等问题。

2007年7月20日，新田县国税局与工商人员等联合清查毛织行业税收管理

2010年8月9—27日，市国税局组织对各县（区）局执法实施情况进行重点督察，督察面达100%。检查中发现个别单位存在税务行政处罚裁量权有待规范、执法系统管理欠规范等问题。

2012年，市国税局安排各县（区）国税局于6—8月进行税收执法督察自查工作，9月安排人员对冷水滩、祁阳、双牌3个县（区）开展执法督察暨执法疑点核查工作。通过自查和市国税局重点督察294户次，共发现问题33户次，补税712.05万元，加收滞纳金2.59万元，罚款1万元。2013年10月，市国税局抽调9名行政执法（税收相关法律）人才库成员组成3个组，分别对东安、道县、蓝山县开展执法督察暨执法疑点核查工作，11月对督察情况进行反馈，全面整改落实。2014年，对集贸市场个体税收和零散税收管理、发票管理、注销清算税收管理、出口货物退（免）税管理、汽车零售行业税收管理、“营改增”税收政策落实情况等8个方面进行税收执法督察，自查中发现有问题的2户，全部进行整改，共补税19.45万元。

2015年8月，制定下发《永州市国税局关于开展2015年全市税收执法督察工作的通知》，将“国务院决策部署和有关税收政策措施落实情况”纳入必查项目。通过督查，全市共发现违规税收执法行为问题33个，涉及金额133万元。2016年下半年，市国税局重点督察宁远、江华、祁阳3个单位，共发现违规税收执法行为问题21个，涉及税额2845.58万元。安排部署税收执法疑点核查，发布疑点数据301条，核查发现有问题数267条，执法过错数101个。

2017年3月，全市国税系统开展税收执法大督察，共发现问题79户次，涉及纳税人34户，少征税款81.24万元，多征税款19.71万元，罚款400元。10月，组织对11个县（区）局开展委托代扣代收代缴税款专项整治工作，发现超范围代开发票、为已办税务登记的固定户代开发票、大额代开发票以及未按规定办理税款结报解缴等问题88个，及时进行整改。

二、税收执法责任制

1999年6月10日，市国税局制定下发《永州市国税局关于税务行政违法行为责任追究具体规定的通知》，对全市国税系统税务行政违法行为责任追究的有关程序、处理标准和追究方法等给予明确，为随后建立税收执法过错责任追究制度打下坚实基础。12月6日，印发《永州市国税系统税务行政执法责任制》，包括总则、单位负责人及各执法岗位的执法责任、执法过错责任追究的形式、适用范围、执法过错责任追究的办法与标准、责任追究的程序等共4章91条，自2000年1月1日起实施。

2000年8月21日，印发《关于进一步落实税务行政执法责任制的通知》，决定在全市国税系统普遍推行执法过错责任追究制度，各县（区）国税局原则上每年对税收执法行为的检查不得少于2次，市国税局采取不定期抽查方式，每年对县（区）的抽查不少于1次。是年，全市国税系统因执法过错被追究责任的税务人员达100余人次，罚款1万余元。2001年，市国税局在冷水滩国税分局进行税收执法责任制和执法过错责任追究制的实施工作试点，进一步制定完善具体的工作流程与定岗定责等，从分局领导到一般人员层层签定责任状。2003年，市、县（区）国税局把完善税收执法责任制和过错责任追究制度作为法制工作的重要内容，结合岗责体系建设，着重解决税收执法中“谁有权做，谁应该做”的问题，对23项主要的执法工作制订详细的工作规程，并层层签订责任状，严格过错责任追究，对违反执法工作规程的，区分责任，给予相关责任人相应的行政处分或经济惩戒，较好地解决了税收执法中“做不好怎么办”的问题。是年，全市国税系统共组织执法责任检查1410人次，经济追究137人次，追究金额13572元，批评教育122人次，书面检查4人次，通报批评4人次。2006年，全市国税系统严格执行国家规定的收费项目、范围和标准，并及时足额缴入国库，不搭车收费，不乱收费。严格规范稽查程序，推行查前告知制度，坚决杜绝重复检查和各种不文明执法行为的发生，更深层次地推进税收执法责任制。8月3日，“税收执法管理信息系统”成功上线运行，系统自动产生出全市7月税收执法管理考核数据，至此，全市国税系统税收执法考核实现电脑实时监控。通过4个月的试运行，执法管理信息系统运行管理机制逐步完善。是年，全市税收执法人员共有165人次被经济处罚，处罚金额10726元，批评教育23人次，通报批评5人次。

2007年1月起，全市税收执法考核子系统正式运行。同时不断改进和健全多种

2003 年 10 月 25 日，永州市国税局代表湖南省参加全国税务系统学习应用新修订的《税收征管法》考试。图为省国税局在永州监考

过错责任追究形式，在巩固和完善经济惩戒追究方式的基础上，对该适用批评教育、责令作出书面检查、通报批评、责令待岗、取消执法资格等责任追究形式的，严格按照《税收执法过错责任追究办法》规定执行。年内，共有 43 人次被经济处罚，处罚金额 3220 元，批评教育 25 人次，通报批评 9 人次。2010 年，按照省国税局《税收执法管理信息系统管理办法》，市国税局加强从预警监控、申辩调整、执法通报、系统反馈等过程的管理，每天至少上下班 2 次查询，规范日常执法行为。

2011 年，运用执法管理系统及时做好执法督察的事中预警监控。市国税局通过执法系统每天监控各执法岗位的执法情况，明确专人负责系统运行，实行 AB 岗，全天候查看系统预警监控，确保系统监控不留“死角”，有效减少执法过错。是年，全市国税系统执法系统显示过错 225 户次，比 2010 年减少 1192 户次，下降 84.12%；通报批评 85 人次，书面检查 2 人次，罚款 2185 元。

2012 年，全市国税系统切实加强对税收权力运行的监督，推进政务公开，着力打造阳光国税机关。通过税收执法管理信息系统，对税收执法全过程进行“电子”监控，强化税收执法考核问责。是年，累计经济惩戒 12 人次，惩戒金额 495 元；批评教育 5 人次，责令书面检查 5 人次。2013 年 1—10 月，全市国税系统共对 99793 笔执法行为进行自动考核，申辩调整前共发生执法过错 98 户（次），扣分 523 分，执法正确率 99.9%。同时认真开展 2013 年税收执法疑点核查，全市核实的税收执法疑点数据量 138 条，核实比例为 100%；核实数据中有过错的 53 条，占比 38.41%，涉及到税务人员 53 户次；疑点核查共查补税款 18946.88 元，加收滞纳金 137.88 元；共追究责任 34 人次，经济惩戒 675 元。2015 年，坚持加强监督与责任追究相结合，做到有权必有责、用权受监督、违法必追究，坚决纠正有法不依、执法不严、违法不究行为。是年，全市共发生执法过错数 200 人次，通过执法系统自动考核 41 人次，通过执法督察和疑点核查等方式人工追究 159 人次，行政处理 118 人次。2016 年，全市共发生税收执法过错数 105 人次，责任追究 95 人次，其中经济惩戒 34 人次。

2017 年，全面推行重大执法决定法制审核制度，对重大行政处罚决定、数量较多的个体双定户定额核定等 5 项重大执法决定开展法制审核，先后共审核同意重大行政处罚决定 54 件，共计罚款 102.8 万元，否决重大行政处罚决定 2 件，不予罚款 0.2 万元。市国税局选择新田县国税局作为全市国税系统执法全过程记录制度试点，并推荐为全省国税系统两个执法全过程记录制度试点单位之一，先后 4 次深入新田县局对试点工作进行指导和培训，推动执法全过程记录工作的深入开展，有效防范税收执法风险。

三、重大税务案件审理

2001 年 2 月 17 日，国家税务总局下发《关于印发〈重大税务案件审理办法（试行）〉的通知》后，市国税局及时成立重大税务案件审理委员会，由局长李顺阳任案件审理委员会主任，分管法规工作的局领导曹承斌任副主任，其他局领导和相关科室负责人为成员。审理委员会下设办公室（设在政策法规科），负责重大税务案件审理日常工作，主要对稽查部门移送的案件进行初审；负责向审理委员会报送应由审理委员会审理的案件材料；承办审理委员会交办的其他各项工作等。审理委员会办公室审理的案件在 10 个工作日内完成，经审理委员会审理的案件在一个月内完成。案情特别复杂的可适当延长审理时间，但最长不得超过 40 天。此后，历届局领导调整变化，均及时调整充实重大税务案件审理委员会成员，坚持并不断完善重大税务案件审理工作。2006 年，按照国家税务总局和省国税局的要求，市国税局进一步建立和完善重大税务案件审理制度，即：坚持案件属地管理原则，对涉税金额 30 万元以上的提交县（区）国税局审理，涉税金额 50 万元以上的提交市国税局审理；规范集体审理的研究方式、事实证据认定、法律依据适用、退回补证制度，对案件重大疑点的调查采取审理人员与纳税人见面约谈等方式；通过综合征管软件开展的案件审理专题培训班，提升全市案件审理的能力和技巧。是年，市、县（区）国税局审理委员会共审理税务案件 17 起，入库税款 285.76 万元，滞纳金 45.25 万元，罚款 67.96 万元，同时对 6 户证据不足的案件予以退回补证。

2008 年，市国税局印发《永州市国税系统重大税务案件审理管理办法》，对法规部门审理的稽查案件类型、金额、程序等方面进行规范，要求重大税务案件审理必须坚持涉税金额达到 100 万元以上的由市国税局审理、30 万元以上和以审理偷、骗税案件为主的由县（区）国税局案审会集体审理。2010 年，认真贯彻执行省、市有关重大税务案件审理制度，加强对涉税金额超过 100 万元或有行政处罚的案件及性质恶劣、影响较大的稽查案件的审理，强化对税务稽查的监督，严格执行 10%

的案件提审比例，全年共审理案件 12 件。在当年市政府法制办组织的全市行政处罚案卷评查中，市国税局提交的稽查案卷荣获 10 大行政处罚优秀案卷之一，并在全省国税系统重大税务案件集体审理案例评析活动中被评为优秀案例。2014 年 12 月 2 日，国家税务总局发布《重大税务案件审理办法》，自 2015 年 2 月 1 日起施行。此后，市、县（区）国税局依照新办法明确的重大税务案件的范围、程序、方法等，严格审理重大税务案件，并实行主任负责制，审理委员会成员改以往的部门负责人个人制为单位制，发挥业务部门的集体智慧，确保及时审理重大税案。至 2018 年 7 月，全市国税系统均按照办法及时做好重大税务案件审理工作，未出现涉税案件处理等问题。

第四节　税务行政复议与行政诉讼

1992 年至 1994 年 9 月，根据国家税务局《税务行政复议规则（试行）》等有关规定，零陵地区税务局成立税务行政复议委员会，副局长曹承斌任主任，征管科科长欧阳坚兼任办公室主任，负责地区税务行政复议工作，组织指导县（市）开展培训与活动。各县（市）税务局均成立相应机构，积极开展工作。1997 年 6 月 16 日，鉴于机构和人员变动，调整永州市国税局税务行政复议委员会成员，局长李顺阳任主任，副局长张家琳任副主任。此后的税务行政复议与行政诉讼工作持续稳定。

2007 年，根据国家税务总局、省国税局《全面加强税务行政复议的意见》，市国税局建立和完善行政复议分析报告、行政复议工作报表报送、重大行政复议决定备案、行政复议工作考评等制度与办法。是年 9 月，根据国务院新出台的《行政复议实施办法》中复议适用调解的规定，市国税局税务行政复议办工作人员对冷水滩区紫色页岩砖厂提请的复议要求，通过实地走访、多方调解，及时化解征纳双方的矛盾，切实保护征纳双方的权益。同时，规范税务行政复议的受理程序，对永州市恒利云置业发展有限责任公司申请的税务行政复议进行严格审查，因该公司没有按照税务机关的决定缴纳税款或者提供担保，作出不予受理裁决书。

2015 年 1 月 9 日，永州天鸿置业开发有限公司不服永州市国税局稽查局 2014 年 11 月 11 日作出的“不予税务行政处罚决定书”，向市国税局提出复议申请，复议办初审后认为符合受理条件，即日起予以受理。同时将行政复议申请书副本发送被申请人（市国税局稽查局），由被申请人提出书面答复。经复议人员对案卷全面审理和调查之后，报经市国税局复议委员会集体讨论决定，认为被申请人在检查过程中，因该案系由检察机关移交问题线索处理，且此案申请人的法人代表郑某良涉嫌经济犯罪已进入司法程序，税务检查人员无法联系申请人的负责人和财务人员，未向申请人下达税务检查通知书，未下户实地检查，作出偷税认定并下达“不予税务行政处罚决定书”之前未履行告知义务，故存在程序违法。3 月 2 日，根据第二十八条和《税务行政复议规则》第七十五条的规定，市国税局制作《永州市国税局税务行政复议决定书》，撤销被申请人作出的“不予税务行政处罚决定书”。3 月 3 日，将市国税局《税务行政复议决定书》直接送达给申请人的代理律师，经签字接收确认无异议，至此，该复议案件终结。

2016 年 11 月 8 日，永州市国税、地税联合随机抽查重点税源推进会　（办公室供图）

2016 年至 2018 年 7 月，全市国税系统没有收到行政复议与行政诉讼。

第五章　税务检查

税务检查包括税务机关组织的税收日常检查、专项检查、税收大检查和税务稽查。1992—1997 年，在税务机关日常检查的基础上，国务院安排部署每年组织全国财政、税务、物价联合大检查（简称“三查”）。1995 年，省、地、县三级国税机关先后建立稽查局（队）之后，税务检查逐步以税务稽查为主，包括联合税务检察室、公安税侦队等对重大涉税案件查处等。

第一节　税收检查

一、日常检查

1992—1994 年税务机构分设前，税收日常检查主要由县（市）主管税务机关组织，地区税务局组织抽查或督促检查。分税制改革后，永州市国税局每年均开展对以前年度的增值税、消费税等各税种结算和企业所得税汇算清缴工作进行全面检查。同时，根据国家税务总局、省国税局相关工作的要求，开展对某行业或领域的专项性检查。随着税制的完善和征管措施的不断加强，日常检查的频率与规模逐年减少。

2005 年 4 月，贯彻执行《湖南省国税局日常税务检查工作规程》，将日常税务检查各个岗位及其职责纳入岗责体系进行考核，并建立健全日常税务检查与税务稽查协调机制。日常税务检查的工作程序为确定检查对象、检查实施、检查结果审查和检查执行 4 个环节。检查实施与检查结果审查实行分离制度。基层国税机关对纳税检查实行计划管理，按照工作程序结合实际情况统筹调度检查力量，统一安排检查任务，严格控制检查次数。在下户检查时，连同纳税服务、采集信息、调查核实等工作一并进行。此后，一般税收检查工作从确定检查对象、检查实施，到检查结果审查和检查执行，进一步实现规范化管理，基本解决重复检查和多头检查的问题。

二、税收大检查与专项检查

1992—1997 年，根据国务院统一部署的全国税收、财务、物价三大检查，零陵地区每年第四季度组织进行税收大检查，6 年间全市共查补各项税款 1.77 亿元，入库 1.56 亿元，罚款 914 万元。

1998 年，国务院停止全国税收、财务、物价三大检查。10 月，贯彻执行国家税务总局《关于开展 1998 年度全国税收检查工作的通知》，开展全国性的税收检查。自 1999 年起，国家税务总局不再组织全国性税收检查。此后每年的四季度，由各级税务机关单独进行税收专项检查。1999 年 6—9 月，市国税局组织对 1994 年新税制实施以来的增值税征收、纳税情况进行专项清理检查，涉及内容包括应当缴纳增值税的销售收入、销项税额、进项税额、应缴税额、已缴税额、加收滞纳金等 10 个项目，共清理检查 1256 户，入库增值税 639 万元。2004 年 8 月，市国税局开展对房地产行业企业所得税专项检查，通过澄清税源、宣传发动、与企业负责人和财会人员约谈、实地检查四个阶段，纳税人自觉申报补缴企业所得税 170 万元，专项检查查补入库税额比企业申报缴纳的税额多 2.3 倍。

2005—2015 年间，市国税局每年有针对性、有重点地组织专项检查。其中，2005 年，重点开展对水泥生产、煤炭生产和房地产等 4 个行业的税收专项检查；2006 年对冶炼、煤矿和商业零售 3 个行业进行税收专项检查；2007 年，着重开展房地产和商业零售行业的税收专项检查；2008 年，重点开展房地产和汽车制造、零售行业的税收专项检查；2009 年，对冶炼、医药和商业零售 3 个行业进行税收专项检查；2010 年，着重开展医药、农副产品发票、营利性教育机构行业的税收专项检查；2011 年，继续开展对医疗器械、农副产品发票、营利性教育机构、房地产等发票使用高风险领域的税收专项检查；2012 年，着重开展商业零售、农副产品发票的税收专项检查；2013 年，对农副产品收购发票、营利性教育机构行业和医疗卫生的开展专项整治；2014 年，开展服装、纺织品、医药卫生、房地产、汽车零售行业的税收专项检查；2015 年，加强对服装、纺织品、医药器械、营利性教育机构行业、出口退（免）税的税收专项检查力度，查补入库税款共计 971 万元。1998—2015 年，全市国税系统通过税收专项检查，共查补各项税收 1.92 亿元。

2016 年，各县（区）国税局与公安部门加强协作，建立各级警税联络办公室，重点对虚开发票等违法犯罪专查和打击。是年，共查办发票违法案件 240 起，查实违法企业 190 家、虚假发票 9735 份，涉及金额 7.46 亿元，涉税 1.74 亿元，查补入库税款 1490 万元。

2017 年，市国税局成立以稽查局牵头的打虚、打骗、打假（简称“三打”）

整治领导小组，加强与当地政府、公安、海关、银行等部门的配合支持，重点检查专用发票、黄金票、农产品发票、成品油发票等领域，开展对“营改增”的交通运输业自开票企业、现代服务业的中介公司、医疗卫生、食品加工等农副产品收购企业、纺织服装、皮革鞋业等出口退（免）税企业的专项整治，共查办各类违法案件158起，收缴、查处各种违法发票2131份，涉及金额2.01亿元，入库各项税收与罚款3721余万元。

第二节　国税稽查

1995年5月22日，零陵地区国税局稽查局成立，属地区国税局内设正科级单位，设局长1名，副局长2名。随后在各县（市）国税局成立稽查局（科）。稽查局的基本任务是：依照税收法律和行政法规规定查处税收违法行为，维护税收秩序，保障税收收入，促进依法纳税，保证税法实施。其中地区国税局稽查局担负全区国税稽查工作管理和业务指导，负责专项稽查、专案稽查和交叉稽查组织实施，并对重大税案和重点税源大户进行直接稽查，同时负责对冷水滩、零陵两市区的税务稽查。各县国税稽查局负责本县直接征收范围内所辖纳税人税务稽查和税务案件专项稽查、专案稽查以及税务所（分局）税收检查业务的管理与指导。

1997年8月，永州市国税局稽查局在全市遴选5人，稽查人员增至8人。2001年7月，撤销零陵、冷水滩和凤凰园3个城区分局的稽查科，由市国税局稽查局负责实施“一级稽查”模式。市国税局稽查局内设办公室、选案科、稽查一科、稽查二科、稽查三科、审理科和执行科，稽查人员由原8人增至58人，配备汽车6台，形成大稽查格局。2008年8月，省国税局批准永州市国税局稽查局升格为副处级建制单位。2010年6月29日，经省国税局批准，分别成立永州市国税局稽查局（副处级建制）和第一稽查局（正科级建制）。8月25日，市国税局稽查局和第一稽查局分别挂牌运行。新成立的市国税局第一稽查局工作职责与市国税局稽查局基本相同，侧重于除重点税源企业以外的一般纳税人、小规模纳税人、个体工商户的税务违法案件的查处、审理、执行工作。

2011年1月10日，通过省国税局稽查系统查询发现，新田县豪某竹木有限公司涉嫌虚开农业产品收购发票。市国税局稽查局对该公司的生产经营和纳税情况进行纳税检查，从中发现该公司2010年4—11月期间涉嫌虚开农副产品收购发票和增值税专用发票。是年2月18日，依法将该案件移送永州市公安局立案查办。经

2007 年 7 月 27 日，市税务稽查局人员应用微机选案

公安部门查实，该公司自2010 年 4 月注册成立后，大肆虚开增值税专用发票和农产品收购发票，其中，2010 年 5—11 月虚开增值税专用发票 479 份，分别卖给深圳华美、永丰、溢璟有关公司骗取国家出口退税，发票价税合计金额4553 余万元，共骗取出口退税 141 万元。同时查实，湖南家某竹木有限公司（新田县境内）开具给深圳某国际供应链股份有限公司的 40 份增值税专用发票虚开骗取国家出口退税，计税金额为 309 万元，骗取国家出口退税近 93 万元。

2012 年 7 月，由市国税局、市卫生局牵头，会同市公安局、地税局、食品药品监督管理局等八部门，重点对全市从事药品、医疗器械生产经营单位以及三级以上公立医院、营利性医疗机构等组织，自 2010 年至 2011 年开具、使用的购销发票进行专项整治，共查办各类发票案件 125 起，查处各类虚假发票 3758 份，涉及金额 1.2 亿元，追缴税款 1067 万元，罚款 146 万元，加收滞纳金 297 万元，移送发票违法案件 5 起，抓获犯罪嫌疑人 2 人，网上追逃 2 人。是年 8 月，市国税局稽查局配合市公安局经侦支队，破获“8·9”冷水滩张家铺特大假发票制贩案件（该案为永州市首起制假发票案），摧毁假发票制贩窝点 1 个，抓获犯罪嫌疑人 4 人，缴获各类作案机器 8 台，收缴各类假发票 1000 余万份。

2015 年，重点查处虚开增值税专用发票、骗取出口退税和偷逃税案件，开展区域税收征管秩序专项整治。4 月，宁远县税、警联合，查处“4·16”系列特大虚开增值税专用发票案，查明 10 家涉案企业从山西等省共 52 家企业取得虚开专用发票 4405 份进行抵扣，从广东等省 49 家公司虚开专用发票 4291 份，共计虚开虚抵金额 10.6 亿元，抓获犯罪嫌疑人 30 人，经检察机关批准逮捕 19 人。11 月，蓝山县国税局配合公安机关侦办“11·30”特大非法制造、销售发票案件，涉案发票面值达 10 亿元人民币，收缴各类虚假发票 5 万余份，收缴制假机器 6 台，抓获犯罪嫌疑人 9 人。是年，全市国税系统共查处各类案件 227 起，查补各项收入 4747 万元，其中 100 万元以上的大要案件 16 起。

2015 年 12 月，受省国税局稽查局委派，市国税局稽查局阳永刚、谢伍寿、唐洪斌、盛清华 4 人与衡阳市国税局稽查局封斌等 4 人组成联合专案组，根据国家审计署提供的检查线索，对湖南某森林药业有限公司 2012 年 1 月至 2016 年 7 月间取得销售方税务机关已证实虚开增值税专用发票的涉税情况进行检查，通过对企业货物流、资金流和票流等情况的内查外调，历时整一年，于 2016 年 12 月最终查实结案，该公司自 2012 年起共取得全国 59 家企业虚开的增值税专用发票 5136 份，金额 5.01 亿元，已认证发票 4779 份，共查实非法抵扣增值税等合计 9598 万元。该案是国家税务总局重点督办的“703”案件，查处后得到总局、省国税局和市委、市政府主要领导的表扬及批示。

2016 年 7 月 12 日，永州市稽查局“703”大案案情讨论会
（办公室供图）

2017 年 7 月 11 日，市国税局与工商联等召开联席工作会议
（办公室供图）

2017 年 4 月，根据省国税局稽查局“亮剑 1 号”行动部署，市国税局稽查局组成 4 人稽查组，对湖南益阳某食品有限公司自 2014 年至 2016 年度的增值税、企业所得税纳税情况实施交叉稽查。稽查组采取突击检查法，结合对外围经销商和物流运输企业的协助调查，利用“江苏税软”查账软件工具等全面检查，查实该企业少计销售收入、抵扣用于职工福利的非生产经营性货物进项税额共计各项税收 3585 万元。“益阳皇爷”案件查结后，被省国税局稽查局列为一等案件，市国税局稽查局的工作成效得到充分肯定。同年 5 月起，市国税局稽查局联合市地税局稽查局组成 5 人检查组，对湖南省某通医药有限责任公司的涉税进行检查，查实该公司自 2014 年至 2016 年三年里取得销售

收入 472 万元，赠送药品 13 万元，返利现金收入 65 万元等未开具发票、未记账等偷逃国家税款的行为，共查补入库增值税、企业所得税、滞纳金及罚款 210 余万元。该案系全市第一起国税、地税稽查局联合运用电子查账软件，查处涉税违法行为的典型案例，得到省国税局稽查局的高度评价。是年 6 月，国家税务总局稽查局从系统查询中发现东安县某纺织服装公司有较大骗取出口退税嫌疑，特交办永州市东安县国税局查办。市国税局稽查局局长赵文华即组织谢伍寿、胡艳林等业务骨干与东安县国税局稽查局人员前往深圳内查外调出口单据，从物流环节查实“国际外运—船代—货代—货主”全部环节的证据链条，共查补入库税款 355 余万元，停止出口退税 1200 余万元，犯罪嫌疑人移送县公安机关追究刑事责任。该案是永州市国税系统查实的全市第一起、全省第三起彻底查实“买单假出口”的骗税案件，得到省国税局充分肯定。

自 1995 年 5 月成立稽查局，至 2017 年 12 月，全市国税稽查系统共查办各类税务案件 5741 起，查补增值税、所得税、滞纳金、罚款等收入共计 13.26 亿元。其中，市国税局稽查局 2010 年至 2017 年共查办各类案件 453 起，查补并入库各类税收收入 1.48 亿元；市国税局第一稽查局自 2010 年 8 月至 2017 年共查办各类案件 466 起，查补并入库各类税收收入 7118 万元。

2018 年 7 月，全国税务系统征管机构改革，市、县国税与地税机构先后于 7 月、8 月统一合并挂牌。合并前，永州市国税局稽查局仍为副处级建制，内设科室 6 个，共有在职人员 30 人；永州市国税局第一稽查局为正科级建制，内设科室 5 个，共有在职人员 23 人。

1995—2017 年永州市国税系统税务稽查成果表

表 5-1　　　　**单位：万元**

年份	查办案件数	查补税款	加收滞纳金	处以罚款	移送公安案件
1995	115	2706	536	218	4
1996	112	3673	411	620	3
1997	132	3886	501	457	7
1998	170	3593	306	413	6
1999	163	4251	195	486	12
2000	119	4351	352	596	16
2001	188	5512	384	614	4
2002	195	5785	612	325	3
2003	272	5124	529	429	12

续表5-1

年份	查办案件数	查补税款	加收滞纳金	处以罚款	移送公安案件
2004	284	4986	422	559	12
2005	263	4721	528	527	6
2006	312	5042	528	368	19
2007	273	5123	841	321	11
2008	265	5213	697	523	15
2009	283	4983	542	612	16
2010	279	4982	561	492	12
2011	455	4756	690	298	13
2012	398	5051	475	294	6
2013	346	4796	365	189	12
2014	275	2301	433	1824	13
2015	227	3908	632	207	5
2016	321	6195	624	212	2
2017	294	8858	665	355	2
合计	5741	109833	11829	10939	211

2010—2017 年永州市国税局稽查局税务稽查成果表

表 5-2 **单位：万元**

年份	查办案件数	查补税款	处以罚款	加收滞纳金	收入合计
2010	99	2194	31	81	2306
2011	61	1391	71	40	1502
2012	61	1289	226	163	1678
2013	63	1607	49	167	1823
2014	51	1275	24	159	1458
2015	46	900	61	134	1095
2016	39	1157	18	128	1303
2017	33	3481	5	100	3586
合计	453	13294	485	972	14751

2010—2017 年永州市国税局第一稽查局稽查成果表

表 5-3 **单位：万元**

年份	查办案件数	查补税款	处以罚款	加收滞纳金	收入合计
2010	4	96	0	2	98
2011	108	639	42	39	720
2012	106	646	8	50	704
2013	62	807	33	96	936
2014	54	928	19	57	1004
2015	25	494	2	40	536
2016	55	1201	40	69	1310
2017	52	1684	6	120	1810
合计	466	6495	150	473	7118

2017 年永州市国税局稽查局内设机构人员表

表 5-4

机构名称	机构级别	人员姓名
局长室	副处级	局长：赵文华（副处长级） 副局长：唐良溪（正科级） 何铁军（正科级）
办公室	副科级	罗焰希 桂阳生 蒋鹏 杨晓君 刘勇
综合选案科	副科级	刘江城 吕华博
检查一科	副科级	谢伍寿 谭建军 盛清华 李小农 唐凌 陆鸿 陈贤信
检查二科	副科级	文小平 肖炳煌 潘建军 唐尧明 欧阳国辉 蒋静娜
案件审理科	副科级	刘军 王品智 蒋筱波
案件执行科	副科级	阳永刚 唐洪斌 胡艳林 柏咏梅
合计人数	30 人	

说明：1. 截至 2018 年 8 月，国税、地税机构人员合并前；

2. 科室人员中第一人为科长、主任，副科级

2017 年永州市国税局第一稽查局内设机构人员表

表 5-5

机构名称	机构级别	人员姓名
局长室	正科级	局长：周斌（正科级） 刘层峰（主任科员） 黄躜（副局长，副科级）

续表5-5

机构名称	机构级别	人员姓名
综合选案科	正股级	吴权　刘芳君　万冷　刘琴（长期合同工）
检查一科	正股级	张一兵　刘伟梁　唐庆元　唐致平　王冰玲　何国林
检查二科	正股级	潘清斌　文声丽　唐小军　何丽萍　黄亚玲　何敏
案件审理科	正股级	罗宗明　李桂香
案件执行科	正股级	唐华荣　聂康
合计人数		23人

说明：1. 截至2018年8月，国税、地税机构人员合并前；

2. 科室人员中第一人为科长

1995—2018年永州市国税局稽查局历任局长一览表

表5-6

姓名	职务	级别	任职时间
吕致清	局长	正科长级	1995. 5—1996. 6
唐慧亮	局长	正科长级	1996. 7—1997. 9
蒋德松	局长	正科长级	1997. 10—2002. 10
赵文华	局长	正科长级	2002. 11—2006. 5
欧鸿鲲	局长	正科长级	2006. 6—2008. 7
陈爱民	局长	副处级	2008. 8—2009. 11
欧鸿鲲	局长	副处级	2009. 12—2010. 3
刘小明	局长	副处长级	2010. 4—2014. 5
赵文华	局长	副处长级	2014. 6—2018. 8

2010—2018年永州市国税局第一稽查局历任局长一览表

表5-7

姓名	职务	级别	任职时间
梁公民	局长	正科长级	2010. 8—2014. 7
周逸轩	局长	正科长级	2014. 7—2016. 10
周斌	局长	正科长级	2016. 10—2018. 8

第三节 公检法税协同办案

1992 年，全区税务系统积极发挥税务检察室和公安机关税务执勤室的作用，及时查处偷抗税案件，打击偷抗税行为。2 月 16 日，零陵行署专员颜永盛在全区财税工作会议上强调要求："各级公安、检察、法院、银行、工商等部门要积极主动支持税务部门工作，县（市）税务局要建立健全税务公安执勤室，各基层派出所都要确定一名领导兼管税务治安工作。"2 月 24 日，地区税务局与地区检察院联合下发《关于加强县（市）税务检察室力量的通知》，各县（市）迅速调整充实检察人员，加强组织领导。7 月 28 日，冷水滩市公安局成立首家税务派出所。祁阳、江华、江永等县人民法院先后成立税务法规执行室。各县（市）基层派出所均落实公安干警兼管税收治安工作。是年，全区受理偷抗税案件 330 起，查处 260 起（件），立案侦查 65 起（其中偷税 52 起，抗税 13 起），结案 64 起，挽回税款损失 241.1 万元。

1993 年年初，各级税务检察室普遍召开税检联席会议，调整充实力量，增添办案设备，开展业务培训，不断提高税务检察办案能力。全区当年受理偷抗税线索 512 件，立案侦查 30 件、37 人，追回税款 200.32 万元。冷水滩、永州、东安、双牌等县（市）建立税务公安派出所，在维护税收秩序、查处突发案件等方面发挥出重要作用。

1994 年 1 月 10 日，零陵地区第二届税务检察联席工作会议在地区税务局召开。11 月 11 日，地区公、检、法、税再次联合发出通知，对全区打击伪造、盗窃发票专项斗争重新作出部署，要求各级进一步加强组织领导，紧密协同作战，增强打击力度，更加深入扎实地开展打击发票犯罪活动。是年，各级税务检察室共受理偷抗税等案件线索 243 起，初查 233 起，经检察机关批准立案 25 件，办结 28 件（连同上年积案 7 件），为国家挽回税款损失 204.9 万元。

1996 年，税务检察室在着重查处大要案件、打击偷抗税及利用增值税专用发票犯罪的同时，积极配合税务机关拔掉"钉子户"，保障税务人员依法执行公务。1997 年 9 月，根据省委政法委、省检察院、省公安厅 8 月 11 日联席会议确定的"原由检察机关负责的涉税犯罪案件的侦查工作，于 1997 年 9 月底以前向公安机关移交，原全省设立的各级税务检察室（局）随之撤销"的决定精神，市检察院撤销市、县（区）两级税务检察室，涉税案件侦办工作于 9 月 20 日前移交给公安机关办理。是年 10 月 1 日起，根据修改后的《中华人民共和国刑事诉讼法》及有关法律的规定，涉税犯罪案件的侦查工作由公安机关管辖。省国税局《关于涉税犯罪案件侦查工作由检察机关交公安机关承办过程中有关问题的通知》明确，国税机关遇有偷税、抗税等涉税犯罪案件，由市、县两级税务稽查局负责与公安机关联系查办。

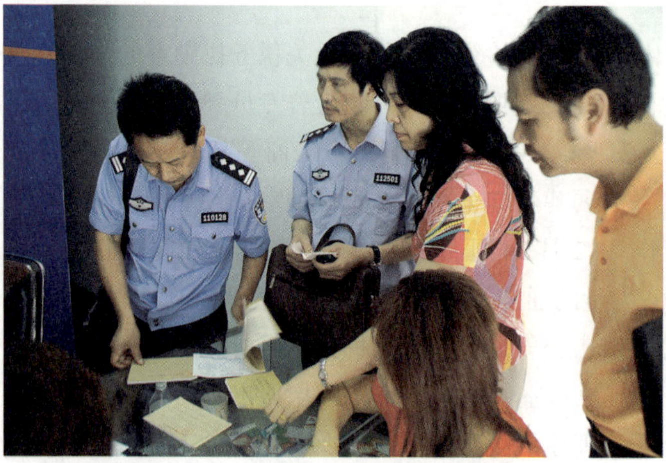
2008 年 6 月 19 日，市国税局与市公安局税侦支队联合发票打假，查处非法印制、代开发票等行为

1998 年 2 月，市、县（区）相继成立公安税侦大队（队），由公安、国税、地税三家分别选派人员组成。根据省公安厅、省国税局、省地税局 4 月举行的第一次联席会议纪要精神，市公安、税务机关建立联席例会制度和案件移送制度。公安机关和税务机关领导及税侦、税务稽查、税收征管部门负责人参加联席例会，通报查处涉税案件情况，交流信息，分析研究涉税案件及打击涉税犯罪对策，解决、处理工作配合中遇到的问题和矛盾。是年，各级税侦机构采取多种渠道挖掘案源，主动查案办案，边侦查、边打击、边追缴税款入库。全市税侦机构受理案件 273 件，立案 141 件，查结应补税罚款 667. 36 万元，入库 540. 21 万元，实施刑事拘留 9 案、12 人，批准逮捕犯罪嫌疑人 1 人。

1999 年 8 月，市国税局设立税侦一大队，文方明任大队长，唐伟源任副队长，负责国税方面涉税案件的侦查与联络等工作。2000 年，市、县（区）税侦部门共受理涉税案件 232 起，立案 132 起，结案 105 起，刑事拘留 20 人，查结应补税及罚款 1175 万元，入库 1121 万元，拔掉纳税“钉子户”461 户，协助税务办案 270 起，入库税款 169 万元，维护正常的税收秩序。

2001 年 5 月，市国税局机构人事改革，撤销税侦一大队，对涉嫌偷税等案件由公安局内的税侦支队侦查办理。此后，为避免公安、税务重复检查办案等，撤销公安税侦队，涉嫌偷抗骗税等案件由税务稽查部门移送，由公检法按规定程序立案查处。直至 2018 年 7 月，全市国税系统与公检法等部门密切配合，及时移送和查处涉嫌偷抗骗税等案件，确保税务检查与税收执法顺利实施。

第六章　纳税服务

第一节　纳税服务沿革

1994 年新税制实施前，全国尚无纳税服务的提法与要求，零陵地区税务局即通过税法宣传、政策辅导和“促产培财”等方式为纳税人提供政策与促产服务。分税制之后，零陵地区国税局转变服务理念，积极探索服务方式，主动为纳税人创造方便办税条件，不断提高服务质量。

1995 年 5 月 10 日，地区国税局与所属的冷水滩市国税局在冷水滩城区中心创建的湖南省首家“纳税申报服务大厅”挂牌运行，开创集中缴税、公开办税的服务新模式。

1997 年，国家税务总局在税收征管改革方案中，提出“以申报纳税和优化服务为基础，以计算机网络为依托，集中征收，重点稽查”的新征管模式，首次把纳税服务明确为税收征管的基础工作。此后，永州市国税局及其基层国税机关不断改善办税环境，逐步推进并优化纳税服务工作。

2001 年 5 月 1 日起，新修订的《中华人民共和国税收征收管理法》实施，首次将“纳税服务”列入税收征管的法律义务。2009 年 7 月 9 日，国家税务总局在全国纳税服务工作会议上明确将纳税服务和税收征管作为各级税务机关的“核心业务”，突出纳税服务的作用与地位。

2010 年 8 月，市国税局新设“纳税服务科”，专司纳税服务工作。年底，全市 11 个县（区）国税局全部设立纳税服务科，全面加强纳税服务工作的组织管理。此后，不断创新服务手段，优化服务举措，提升纳税服务水平，全市国税系统的纳税服务工作得到广大纳税人及社会各界的好评。2013—2016 年，永州市国税系统在省国税局组织的纳税人满意度调查中，连续 4 年获得全省第一名。2017 年，在全省纳税人满意度调查中获得第四名，其中江永、双牌、祁阳 3 个县国税局在全省列前 20 名。

第二节　办税服务厅建设

1994年9月税务机构分设后，零陵地区国税局办公室与冷水滩市国税局通过调查研究，探讨在城区中心试建一个“集中办税场所”，以方便纳税人自我申报缴税。经过半年多筹建，1995年5月10日，全省第一家“纳税申报服务大厅”在冷水滩市城区挂牌试运行，湖南省国税局局长陈谷斌题写牌名。大厅开张第一天，接纳37户纳税人，自行申报缴税57万元。《中国税务报》《湖南税务报》《湖南经济报》等分别进行宣传推介。此后，全国各地陆续建立“纳税申报大厅”“办税服务厅”等。

1996年起，全市国税系统积极创建办税服务厅。先在纳税户较集中的县（区）城区试行集中办税，后在纳税户较多的农村征收分局建立办税室。至年底，有9个县（区）国税局、4个农村征收分局共建成办税服务厅（室）13个。1997年4月1日，永州市芝山区国税局办税服务厅正式运行。1998年3月28日，新田县国税局新建成集申报、开票、缴税、电算为一体的多功能办税服务大厅。年底，全市11个县（区）国税局全部建成办税服务厅，挂靠计划征收科归口管理，工作人员从相关科室抽选组合，集中办理税务登记、申报缴税、领购发票、咨询服务等事项。

2002年3月起，市、县（区）国税局试行办税服务跟班制。局领导和科室人员分别到办税厅跟班，在每月的8、9、10日三天办税高峰期，均有局领导和机关人员在大厅坐班调研，及时发现问题，改进工作，提高办税效率。市国税局征管改革领导小组办公室主任、征管科科长欧阳辉亮通过调研撰写的《管理与服务并举，质量与效率同升——关于纳税服务与征管改革的调查思考》《擦亮“窗口”　服务“上帝”——永州国税纳税服务情况扫描》等改进办税服务的调查报告先后在省、市相关报刊推介和会议交流。

2003年，永州市国税局率先探索试建“纳税服务中心”。针对全省国税系统各县（区）国税局办税服务厅均不是正式工作机构，关系难协调、办税效率低等诸多问题，市国税局征管科年初即开展全市“优化纳税服务”专题调研，于7月中旬分别提交《关于尽快建立县级国税局“纳税服务中心”的调查与建议》和《永州市国税系统筹建“纳税服务中心”试点工作实施方案》，得到省、市国税局的高度重视，同意永州市率先在县级国税局试建办税服务等机构。9月16日，全省国税系统首家“纳税服务中心”在双牌县国税局挂牌建立，创建集办税服务和纳税服务综合管理为一体的全职能纳税服务机构。是年年底，永州市11个县（区）国税局办税服务厅经省国税局同意全部变为正式内设机构。

2004年，全面规范办税服务厅建设。3月30日，市国税局研制印发《永州市国税系统办税服务管理规则（试行）》及《办税服务工作流程（试行）》，对各县（区）国税局优化办税服务工作职责、管理制度、服务标准、办税流程、承诺时限等均作出具体细致的规范，大力简化程序，在29大项共50小项的服务事项中，除必需上级审批事项之外，其他38项均当即办理，全面推行“一窗式”服务、“一次性完成”，办税效率和服务质量明显提高，得到纳税人和省国税局肯定。是年8月27日，省国税局印发新的《办税服务厅管理办法》，统一明确办税服务厅作为县级国税局的内设机构行使综合管理服务职能，推介永州国税的做法。

2003年9月16日，双牌县国税局试点建成全省国税系统第一家“纳税服务中心”，被纳税人书送“纳税人之家”牌匾

2009年9月起，湖南省国税系统的各市（州）、县（区）国税局先后新设“纳税服务科”，强化纳税服务的组织管理，进一步突出税收征管与纳税服务两大核心业务。此后，永州市国税局先后推出“服务明星”“最佳办税员”“星级办税厅”以及全省国税系统开展的创建“星级办税服务厅”等一系列举措。通过不断深化完善，各地办税服务厅“一站式”“一窗式”“全天候”“免填单”“同城通办”等优质高效的办税服务赢得广大纳税人的普遍称好。2011年，省国税局组织全省第一届“星级办税服务厅”检查评比，永州市江华县国税局办税服务厅被评为“五星级办税服务厅”，零陵区、东安、道县、祁阳县国税局办税服务厅被评为“三星级办税服务厅”。2014年，全省第二届“星级办税服务厅”评比，永州市江华县国税局办税服务厅再度被评为“五星级办税服务厅”，零陵区、东安、道县、祁阳县国税局办税服务厅升级为“四星级办税服务厅”，冷水滩区、双牌、宁远、新田、蓝山、江永县国税局办税服务厅被评为“三星级办税服务厅”。至此，永州市11个县（区）国税局办税服务厅全部实现星级标准服务。

2015年，进一步创新办税大厅管理。全市系统整合办税大厅行为规范、服务规范等6类29项的评定指标和标准分值，按分值高低开展星级办税服务员评比。在全省试点运行办税服务综合管理系统，对办税环境、办税效率、领导值班等指标进行考核，有效提高了办税大厅服务质效。零陵区国税局在办税大厅推行“一窗式办理、台账式管理”新模式，反响良好。在2015年全省纳税人满意度调查中，永州市国税局名列第一。至年底，全市国税系统11个县（区）国税局和市国税局车辆购置税征收管理分局均设有设施齐全、多功能服务、全天候办税的综合办税服务厅。6个农村征收分局均设有综合办税服务室，纳税人所有办税事项均可当即办结。

2016年4月12日，永州市国税局党组书记、局长曾立春（右一）在东安县卢洪市农村办税服务室体验办税服务，亲手为纳税人开具税票

第三节　纳税信用等级评定

1992—2003年，原零陵地区税务局和撤地建市后的永州市国税局组织各县（市）分别对企业和个体工商户开展“先进纳税人”“先进个体纳税户”等评选与表彰活动，有效促进依法经营，照章纳税。

2004年起，根据国家税务总局印发的《纳税信用等级评定管理试行办法》和省国税局、省地税局《关于做好2004年纳税信用等级评定工作的通知》精神，永州市国税局牵头与市地税局联合组织对纳税人进行纳税信用等级评定工作。评定内容为纳税人遵守税收法律、法规以及接受税务机关依法进行税务管理等情况，纳税信用等级设置A、B、C、D四级，采用百分制，依照评定项目分别设置底分方式进行评定。考评得分95分以上为A级，得分60~94分为B级，20~59分的为C级，得分低于20分的为D级。评定方式按照初评、联合评定、审批、公示、授牌5个步骤进行。初评由县（区）国税局和地税局分别进行，再由市国税局和市地税局联合评审，最终A级纳税人由省国税局、省地税局共同审批，B、C、D级纳税人由县（区）税务机关评定后分别报市级税务机关备案。是年11月15日，经省国税局、省地税局在《湖南日报》和湖南国税网站公告，永州市20户纳税人荣获首批全省“A级纳税信用等级单位”。

对纳税人的纳税信用等级评定后，全市国税机关按照不同等级实施分类管理和动态管理，鼓励诚信纳税，提高依法纳税遵从度。分类管理中，对A级纳税人，除专项检查、专案检查和金税工程协查以外，两年内免除税务检查；验证、年检事项当场办理；放宽发票领购限量；简化出口货物退（免）税申报手续。对B级纳税人，加强税收政策辅导、宣传等纳税服务工作，帮助其改进财务管理，提高办税水平，提升纳税信用等级。对C级纳税人，加强税收管理，列入年度税收检查重点对象；严格审核验证、年检资料，需要时实行就地复核；对专用发票抵扣增值税实行先比对，后抵扣；从严审批出口货物退（免）税。对D级纳税人，除采取对C级纳税人的监督管理措施外，列为重点监控对象，强化税收管理。动态管理是在信用等级评定后，纳税人发生涉税犯罪及违反税收法律、法规行为达到一定程度的，按程序降低其纳税信用等级。此后每两个纳税年度评定一次纳税人纳税信用等级。

2006年5月，市国税局与市地税局再度对各县（区）上报的2004—2005年度30余家A级纳税企业进行实地检查验收。经过双方考察评议和省国税、地税局复审，12月13日，由市政府办公室联合组织统一授牌，永州市中大特种水泥有限责任公司等18家企业被授予“湖南省纳税信用A级单位”。

2006年12月13日，永州市政府办公室召开“湖南省A级纳税人”表彰授牌大会

2008年，市国税局牵头与市地税局共同做好2006—2007年的A级纳税信用等级评定工作，共有31户纳税户获得湖南省A级纳税信用单位。2010年，与市地税局联合组织纳税信用等级评定，全市共评定出2008—2009年度A级纳税人20户。对评为A级纳税人的，享受税务办理绿色通道，除专项、专案检查外，两年内免除税务检查，另对重点税源纳税人定期免费提供纳税服务套餐等措施。2012年，国税、地税联合开展对2010—2011年度纳税信用等级评定，对全市5562户企业纳税人进行了层层评定、审核、上报、审批，最终经省国税、地税局审批评定为A级纳税人的25户（其中连续三届被评为A级纳税人的有6户）。B、C级纳税人分别为4699户、474户，D级纳税人364户。12月20日，召开全市诚信纳税授牌表彰大

2011年9月6日，市国税局召开“优化经济环境 提高行政效能”税企恳谈会 （办公室供图）

会，由市政府对25户A级纳税人予以授牌表彰。2014年3月，对2012—2013年度全市3861户符合条件的企业进行纳税信用等级评定。4月底评定出A级纳税人17户，B级纳税人2479户，C级纳税人815户，D级纳税人550户。

自2015年起，根据国家税务总局发布《纳税信用管理办法（试行）》的公告，税务机关每年4月确定上一年度纳税信用评价结果。是年4月，市国税局、地税局联合对2014年度的2056户纳税人进行了纳税信用等级评定，其中A级纳税人43户、B级350户、C级1031户、D级632户。

2017年，与市地税局联合对4322户符合条件的企业进行2016年度纳税信用等级评价，评出A级纳税人69户、B级1214户、C级954户、D级1856户。

附：2002—2003年度湖南省A级纳税信用等级单位名单

（永州市20户）

湖南永州奔腾彩印有限公司、永州湘江纸业有限责任公司、永州百江能源实业有限公司、湖南冷水滩中大特种水泥有限责任公司、湖南省永州电业局、中国银行永州分行、万联证券有限责任公司永州零陵中路证券营业部、湖南省重型离合器有限责任公司一分公司、湖南省永州电业局芝山电力局、湖南省轻工盐业集团有限责任公司祁阳支公司、东安县民爆器材专营公司、中国石油化工股份有限公司湖南东安石油支公司、湖南省永州电业局东安电力局、湖南轻工盐业集团有限责任公司东安支公司、湖南南岭民用爆破器材股份有限公司、湖南省江永县银铅锌矿、湖南盐业集团有限责任公司宁远支公司、湖南盐业集团有限责任公司新田支公司、新田县农村信用联社、湘蓝地大实业有限公司

第四节　纳税服务举措

一、积极培财增收

1992年，零陵地区税务系统积极培财促收，突出“三个为主”（即以大中型企业为主、以纳税大户为主、以重点税源为主），发挥税务部门的优势，主动为企业排忧解难，促进经济发展。是年，办促产基点200个，培财联系点438个，筹集投放促产周转金940万元，发放给216家企业发展生产，年内实现产值95.91亿元，销售13.26亿元，利润4873万元，税金2.63亿元，效益指标均比1991年增长15%以上。

1993年，拓宽培财促收新路子，促使企业增强自我发展能力。全区税务机关共办促产培财基点223个，联系点405个，发放促产周转金720万元，实现的产值、销售、利税等均比1992年增长15%以上。

1994年1月起，全面实施新税制，税务机关认真落实国家税收优惠政策，大力支持科技、环保、文化教育事业和出口创汇等行业发展，及时办理出口退税，用足用好减免税政策，推进地方经济改革协调发展。1999年，针对企业生产经营困难、税源萎缩等实际，永州市国税局动员全市国税人员转变观念，以服务经济促进发展为己任，大力开展培植税源工作。市国税局统一部署“四个一”活动，要求每名国税人员为地方经济和企业发展“献一条计策，办一件实事，解一个难题，多一份贡献”，年中督查落实，年底检查验收，取得良好成效。

2001—2017年，全市国税机关积极落实税收优惠措施与惠民政策，支持高新技术、环保、民政福利企业等发展，共为辖区企业办理出口退税等18.94亿元，落实税收优惠政策减免税收39.41亿元，合计减免退税共58.34亿元。

二、创新服务方式

1995年，零陵地区国税局与所属的冷水滩市国税局率先探索办税服务建设，千方百计为纳税人创造方便缴税条件。5月10日，在冷水滩城区中心设立全省第一个“纳税申报服务大厅”，开创为纳税人办税服务的先河。

1997年11月18日，全市首家税务师事务所“永发税务师事务所”在市国税局成立，为纳税人开展税务代理工作。2005年8月，全市国税系统开始推广电子申报缴税工作，方便纳税人“足不出户”实现电了申报缴税。2006年2月起，对全系统所有在岗税务人员的税收征管业务水平和综合征管软件操作技能进行全面的培训考试、持证上岗与操作竞赛，提升全员管理与服务水平。2007年，全市国税系统以“强化税源管理，优化纳税服务”为核心，坚持管理与服务并重，大力改善办税服务，提高征管水平和效能，构建和谐征纳关系。重点引导全体国税员工牢固树立纳税服务理念，强化“公共服务”意识、“公仆”意识和“法定职责”意识，深化管理服务。同时加强办税服务厅建设，全面落实“办税八公开”制度。

2008年8月20日，市国税局在宁远县召开承接产业转移优化纳税服务座谈会（李祛喜 摄）

2008年，完善“一站式”纳税服务方式，简化办税流程和手续；开展预约服务、延时服务、上门服务等个性化服务，满足纳税人的合理需求；开展“星级办税服务员”“优秀纳税服务单位”评选等活动，为企业和广大纳税人免费提供政策、财会等咨询辅导服务及优质高效的办税服务。2009—2017年，通过开展“企业服务年”、网上办税、免填单办税、国税地税联合办税等多种新服务方式，为纳税人提供方便快捷与“贴心”服务。

三、创办纳税人学校

2008年8月26日，市国税局纳税人学校挂牌成立，市国税局征管科科长欧阳辉亮兼任校长，负责组织对全市纳税人学校的师资培训、教学实施等工作。9月1日，全市11个县（区）国税局均建立纳税人学校，适时开展税收业务教学与联谊活动等。12月15—19日，市国税局组织纳税人学校讲师团成员分别到各县（区）国税局进行巡回培训，辅导税收新业务，培养师资骨干力量。

2009年，市国税局组织开发纳税人学校培训课件，将新税收政策等相关业务发送到纳税人学习。是年，在全省国税系统开展的纳税人学校优秀培训课件评比活动中，永州市国税局制作的《网上办税系统培训》获得一等奖。2010年，市国税局对原讲师团成员进行选聘重组，在全系统选聘8名优秀兼职教师，分别按流转税、所得税、法律、税收征管、纳税人涉税软件应用5类进行分工教学，按统一计划不定期到各县（区）进行巡回讲课培训。8月26日，举办永州市国税局纳税人学校兼职教师培训班。9 月 1 日，永州市参加全省纳税人学校讲课比赛获得三等奖，其中市国税局纳税服务科副科长刘雁飞主讲的《网上培训课件》等受到省国税局领导一致好评。2015 年 7 月 9 日，市国税局组织纳税人学校讲课比赛，各县（区）国税局推荐 1~2 人参加比赛，邀请省、市有关专家、纳税人代表等 9 人担任评委，宁远县国税局蒋媛媛获得一等奖，其课件《小微企业税收优惠》后被省国税局选用。

2009 年 9 月 11 日，永州市国税局纳税人学校财务软件师资培训班合影　　（办公室供图）

2015 年 7 月 9 日，全市国税系统纳税人学校讲课比赛获奖者

2017 年，市国税局组织纳税服务业务骨干录制税收政策宣传课件 17 个，涵盖办税基础知识、系统操作指南、最新税收政策等，上传至纳税人学校网站，方便纳税人随时随地查阅学习。

四、开展专题服务

2008 年，市国税局确定为“纳税服务年”，组织开展系列探索与服务实践活动。4 月 16 日，印发《永州市国家税务局“纳税服务年”活动实施方案》，随后又制定下发“1345 工作计划”，将全年 13 大类、45 项具体服务工作事项逐月细化安排，责任到位，督查落实。5 月，开始重点组织“四个一”创建活动（即“每一个单位，确定一个服务品牌，开展一项重点探索，争创一个方面的特色效应”）。随后下发《永州市国家税务局关于开展“纳税服务金点子”评选活动的通知》，组织税务人员献计献策，共同为搞好全市纳税服务、促进企业发展献计出力。

2009 年，为全市国税系统“优化纳税服务年”。3—4 月，在全市范围内开展“走百家，问千人”纳税服务专项调查活动，并在市国税局组织召开“税企连心，共促发展”纳税人代表恳谈会，与 20 家纳税人面对面座谈交流，共谋发展。2009—2010 年间，市国税局先后推行以简化流程和简并资料为切入点的全面优化车辆购置税纳税服务；对边远乡镇、市场等试行“定期定点流动办税服务”；利用“国税 QQ 群”，开展“税企心连心”服务；以简化审批程序、减少纳税人多头跑的全市统一的“一站式办税、一次性办结”规范服务；牵头组织在工业生产企业开展“企业服务年”活动等。市国税局先后被市委、市政府和省委、省政府评为“企业服务年优秀服务单位”，并连续荣获“优化经济环境和机关效能建设工作满意单位”。

2009 年 6 月 17 日，永州市“企业服务年”活动第十一工作组（市国税局牵头）领导成员研究为企业生产经营排忧解难措施

2011 年 1 月 11 日，市国税局与市移动公司签订 TD 综合信息化业务合作协议书，联合创办“永州市国税局纳税服务手机报”，通过温馨提醒、税法速递、纳税辅导、服务动态、税收新闻 5 个栏目，每月定期免费发送给纳税人及社会团体。同时在全市 11 个县（区）国税局的办税服务厅的纳税人休息区免费安装楼宇视听系统，制作税收宣传短片 10 余个轮回播放，让纳税人在不经意的等候中轻松地获取税收知识。

2012 年，在全省率先探索推行免填单服务。首先在祁阳、江华、道县进行免填单试点，将 102 项涉税文书划分为免单、免填单、电子传单、简化填单四类。6 月 1 日起，在全市全面推广免填单办税，市国税局统一编发《永州市国税局免填单服务操作手册》及《永州市国税局免填单服务宣传电子手册》。推行免填单服务后，纳税人办税效率提升 20% 以上，省国税局及时推广永州国税的免填单办税服务经验。是年，全面试行导税员制度，全市 11 个县（区）国税局通过劳务公司派遣聘请导税员 12 名，经 3 个月统一培训后，迅速充实到各办税大厅担任导税服务，为纳税人提供便捷周到的办税服务。

2013年，在全省率先建设办税服务厅语音视频管理系统。市国税局挤出专项资金，统一在全系统11个办税服务厅建成音视频监控系统，实施全天候监控办税服务厅环境，实时记录涉税服务音视频信息，及时调度窗口服务资源，有效维护纳税人合法权益和办税服务厅人员财产安全等。随后又为各办税服务厅统一购置排队呼叫机，解决纳税人排队拥挤等难题。

2014年4月1日，开通永州国税纳税服务微信公众平台，同时开通永州国税纳税服务微博，实施微博与微信消息实时同步。2015年3月12日，市国税局印发《"永州国税纳税服务"微信公众平台管理办法（试行）》，对微信发布的内容、职责分工、发布程序、管理与考核等进行规范。同时建立微信联络员制度，创新推行服务规范"三单"制等。

五、税务代理与中介服务

1995年2月16日，依据省国税局、省地税局转发《国家税务总局关于开展税务代理试点工作的通知》，零陵地区国税系统积极稳妥开展税务代理工作，组织部分税收业务能力强的老税务人员等，代为企业、新办公司等免费办理涉税事项。1997年9月30日，市国税局成立永州市永发税务师事务所（非内设机构，正科级），唐辉恒任所长，负责全市国税系统开展税务咨询、代理服务以及注册税务师管理等工作。1998年，试行税务中介服务双向管理机制，在原税务师事务所的基础上，市国税局设立注册税务师管理中心，唐辉恒任主任；原永发税务师事务所改为永发税务师事务所有限公司，实行自主经营、自负盈亏的税务中介机构服务模式，王象松为法人代表。1999年12月，按照省国税局通知要求推进税务代理与税务机构脱钩改制工作。2001年5月至2002年8月，市国税局调整注册税务师管理中心，何建新任主任。永发税务师事务所有限公司与市国税局脱钩后，实行独立经营，韩新太为法人代表。2002年8月至2005年4月，永州市注册税务师管理中心以市地税局管理为主，市地税局陈培宏任主任，市国税局秦东晨为副主任，负责全市注册税务师的组织管理及税务师事务所的监管工作。此后的注册税务师管理中心均以市地税局管理为主，市国税局在征收管理科设立专干，各县（区）国税局在办税服务厅设立服务岗，实行即时即办，免费服务。2014年，市国税局、市地税局联合印发《关于成立永州市注册税务师管理工作领导小组的通知》，由市国税局局长傅扬帆任组长，市国税局副局长李靖、市地税局总会计师王亮任副组长，两家税务局有关科室主要负责人为成员。2015年，加强涉税中介机构的服务与监管，全面开展严禁税务人员违规插手涉税中介机构经营活动的专项治理。直至2018年7月税务机构合并，全市税务代理与中介服务工作规范有序开展。

六、建立国地税联合办税机制

2018年3月12日，永州市纳税服务咨询专家团队成立暨信用评价工作培训会议（办公室供图）

自2006年开始，市国税局与市地税局建立税收征管协作、纳税信息共享等机制，在对企业税务稽查、个体工商户共管、税收政策宣传等方面，互通信息，资料共享，尽可能减少重复核查、重复填报资料等麻烦，为纳税人节省成本与时间、精力等。此后，市国税局、地税局在联合办班培训、联合办理税务登记、联合进行信用等级评定等工作的基础上，逐步向联合开展专家咨询团队、联合开展银税互动、在各县（区）办税服务厅互设窗口、互派人员办税以及联合开展自助办税服务等方面迈进。至2015年，市国税局、地税局探索办税服务厅融合模式，全市试行三种联合办税方式，即新田、东安县国税、地税办税全部进驻政务服务中心；江永、宁远、道县、双牌县国税、地税全部进驻国税办税服务厅；零陵、冷水滩、祁阳、蓝山、江华五县（区）国税、地税办税厅互派互驻。三种联合办税方式都统一窗口设置、联办标识与管理，覆盖国税、地税税收业务，解决纳税人多头跑、多头找，重复排队、重复报送资料等问题。

2016年，市国税局组织打造“互联网+服务”建设，开发建设“永税在线”征纳互动平台。在原“永州国税纳税服务”微信公众平台的基础上，开发建设税友之声、办税服务、税海冲浪等，从原12个功能模块扩展为21个，通过征纳税互动平台，实现纳税人意见与建议掌上征集、在线评价反馈、即时受理与解答等。

2017年，扩充“永税在线”功能，将电子税务局的相关功能集成到“永税在线”上，利用永税在线预约办理相关涉税事宜，在线咨询、举报受理等，为纳税人打造更加高效便捷的专属移动税务助手，推动全市纳税服务工作跨上新台阶。“永税在线”作为全省率先实现“掌上办税征纳互动”的市州级综合性服务平台，当年在市国税局优秀项目团队评选中获得特等奖，并被永州市委选为创新项目参与2017年湖南省管理创新奖的评比。是年，东安、宁远2县国税局在全省联合办税中被评为先进单位。

第七章　内务管理

第一节　财物管理

1992—1994 年间，零陵地区税务局计划会计科负责全区税务系统税收计划、税收票证和经费、财产、基建、服装等管理。1994 年 9 月 27 日，税务机构分设后的地区国税局计划财务科负责全区国税系统的税收计划与财务管理。2005 年 4 月，市国税局计划财务科更名为计划统计科（简称“计统科”），负责全市国税系统税收计划与财务管理等工作。2006 年 4 月，市国税局计统科分设，增设财务管理科，专司财务管理与审计等工作。

一、1994 年税务机构分设财产划分

根据《湖南省税务局关于零陵地区组建两个税务机构实施方案的批复》和“人随业务走，财产随人分”的原则，1994 年 9 月税务机构分设时，成建制划转的单位，全部财产和债权债务随建制划转；一分为二的单位，财产按 6：4 划分，即国税 60%，地税 40%。

（一）地区税务局机关财产划分

1. 房屋土地划分

原地区税务局机关院内占地面积为 13132 平方米（约 19.7 亩），所有固定资产估价为 350 万元（含已房改的四栋宿舍折价 100 万元）。其中公产部分 250 万元，按 6：4 比例分配，国税局占 6 成即 150 万元，地税局占 4 成即 100 万元，产权两局共有。此后留下办公的单位按对方单位所占比例补偿给搬出的单位。已参与住房改革的宿舍房按人员划分到新的机构管理；没有参加房改住房所收取的房租，按人员划归所在单位负责收取使用。

机关办公楼一至四楼从中间划隔，东头归地税局管理使用，西头归国税局管理使用（已作职工住宿房的维持不动）。车库第一层东头三间归地税局使用，西头四

间和车库上面招待室七间归国税局管理使用。

分别管理、共同使用部分：大会议室、猪舍、饲料仓库、单车棚、门球场归地税局管理。舞厅、食堂、锅炉房、发电房、澡堂及周围杂房、篮球场归国税局管理。后勤生活保障，分年度轮流管理，实行独立核算，自负盈亏。凡食堂、变压器、冷柜、发电房、锅炉房开支的各种补助费按人员比例分摊。负责后勤保障的单位，由双方招待室提供服务。食堂原有的用具，归轮流管理的单位使用管理。

对原已在冷水滩市河东购买的机关搬迁建设用地，估价为 100 万元，按 6∶4 比例分摊，国税局 60 万元，地税局 40 万元，到建房时按所有权部门作价，依上述比例划分。

2. 车辆划分

按统一作价，税务票证车 9 万元、北京吉普车 1 万元、红旗车 3 万元、工具车（132 号）1.5 万元、标致车 15 万元、桑塔纳车 13 万元，共 6 辆车、计价 42.5 万元划归国税局；面包车（133 号）2.5 万元、微型车 2 万元、仪征车 4 万元、丰田佳美 15 万元，共 4 辆车、计价 33.5 万元划归地税局。

3. 贵重设备实物分配

计算机共 5 台，划归国税局 3 台，地税局 2 台；打印机一台归国税局；复印机一台归地税局；传真机一台归地税局；摄像机一台归国税局。除办公用具随人走外，其余公用财产（如各科室文件柜、资料柜、人事档案柜）按人员分流比例分配。局办公室文书档案划归国税局管理。

4. 经费分配

各种结余经费（计财科、财务室、征管、学会、工会、招待所账户）按人员分流比例划分。食堂节约资金 15647 元作为开办铺底资金，正式分开后按人员分流比例分配。对促产周转金（含债权债务）按 6∶4 的比例分摊，各自负责收回与归还使用。对其他债权债务未收回的欠款，收回后按国税、地税 6∶4 比例分配。双牌农场原总投资 20 万元，理清各项手续后无偿移交给双牌县税务局处理。崔安民承包农场到 1994 年截止。房改资金随人走，共计 41.8 万元，在省税务局明确后按人员分流，占房所支付的实际金额计算分开。

（二）县（市）税务局财产划分

县、市税务机构分设中，财产经费按照 6∶4 的比例划分；个人使用的办公用品随人走。个别情况不便按比例划分的，根据具体情况协商调整。个别县（市）局和部分税务所因办公场地有限，对分不到办公用房的，将部分房屋产权进行特殊调整。1994 年 9—10 月，部分县税务局财产分配情况如下。

东安县税务局分设时财产分配：按照 64.3%人员划转到国税局、35.7%人员到地税局的比例分配财产。对划转到地税系统的人员其住房暂时不动，对所有财产、资金（含债权债务）均按划转人员比例分配。对难以分断的财物（如打字机、计算机等），作价后由国税局保管使用。

1992年，零陵地区税务局办公处（永州市中山南路53号）

双牌县税务局财产分配：房屋中原县税务局机关大院及五里牌、江村、茶林3个税务所划归国税局管理使用，尚仁里、泷泊、何家洞3个税务所划归地税局；车辆中一台小轿车归国税局使用，两台吉普车归地税局使用；其他人员、贵重物品和经费等均按国税60%、地税40%的比例划分。

宁远县税务局财产分配：房屋土地划归县国税局的包括原县局机关、城关一所、桐山所、鲤溪所、禾亭所、水市所、湾井所、太平所家属区及附属设施、柏家坪所旧房部分，共计价值454万元；划归县地税局的为原城关二所、九嶷山所、冷水所、太平所办公大楼区、中和所、柏家坪所新房区部分，共计价值156万元。其他财产中，原县局机关前栋四层楼房第一层，国税、地税各占50%；太平所、水市所、柏家坪所水井两家永久共用；局机关新建车库产权全归国税。原县局机关、城镇二所、一所租赁房产收入在1998年8月底，按国税60%、地税40%分摊，过后按分断产权的房产各自自行管理。车辆分配：轿车划归国税1辆，地税2辆；边三轮摩托车分给国税6辆，地税5辆。贵重物品及经费分配：国税60%，地税40%。

祁阳县税务局分设时，县城内房地产分配方案当时未确定，直至1997年房地产分配才明确：原县税务局机关办公所在地土地面积18.43亩和办公房、会议室、家属宿舍、附属设施及其他杂房归县国税局所有；在用的县国税局浯溪征收分局、县地税局城镇税务所土地面积4.3亩和办公房、会议室、家属宿舍、附属设施及其他杂房调归县地税局所有；原县税务局在光明村购置的土地5.7亩未建空地归县地税局所有；原县税务局在杨家桥家属宿舍所建的幼儿园两层共160平方米，县国税局占第二层，县地税局占第一层，所有权各50%。其他办公用具随人员分配。

新田县税务局财产分配：原城关税务所办公楼（除出售给个人房屋外）总造价为8.57万元，其中国税局占5.15万元（使用一层楼及所长办公室），地税局占

3.42 万元（使用二层楼及所长办公室隔壁的杂房），票证库房各一间，三层会议室暂作共同使用；城郊税务所的住房、土地及附属设施总价值为 60 万元，国税局占 35 万元，地税局占 25 万元；骥村税务所的综合办公楼、土地及附属设施总造价为 65 万元，国税局占 41.37 万元，地税局占 23.63 万元；枧头税务所的综合楼、土地及附属设施总造价为 33 万元，国税局占 21 万元，地税局占 12 万元；石羊税务所的综合楼、土地及附属设施总造价为 10 万元，国税局占 5.46 万元，地税局占 4.54 万元；下漕洞税务所的房屋、土地及附属设施总造价为 13 万元，国税局占 9.1 万元，地税局占 3.9 万元；莲花税务所的房屋、土地及附属设施总造价为 35 万元，国税局占 19.45 万元，地税局占 15.55 万元。以上各税务所的房屋产权归县国税局所有，办公用具按人员比例划分。原县税务局机关的房屋、土地及附属设施总造价为 375 万元，国税局占 230.77 万元，地税局占 144.23 万元。原县税务局的日西河西岸新办公大楼、土地及附属设施造价为 250 万元，归国税局所有；滨河东路综合大楼造价为 100 万元及五乡圩的房屋、土地及附属设施造价 25 万元，归地税局所有。财物分配：316 号轿车价值 33 万元，归国税局所有；工具车价值 10 万元，归地税局所有（两台车作价为 43 万元，国税局占 26.32 万元，地税局占 16.68 万元）；三轮摩托车 2 辆、价值 1.4 万元，二轮摩托车 4 辆、价值 1.9 万元，打字机 1.5 万元，放相机、电冰箱、电视机等，总作价 5.86 万元，国税局占 3.58 万元，地税局占 2.28 万元。以上摩托车及电器设备归地税局所有；电脑、空调 3.24 万元，归国税局所有。上述房屋、财产分配按总造价相互抵减后，县国税局再补给地税局现金 112.64 万元。

江永县税务财产划分：房地产作价总额 245.7 万元，县国税局占 201.63 万元，地税局占 44.07 万元，国税局补地税局 54.2 万元；车辆设备作价 30.2 万元，国税占 24.3 万元，地税占 5.9 万元；其他设备计价 9.2 元，国税 7.39 万元，地税 1.81 万元。经费共 84.58 万元，国税占 57.95 万元，地税占 26.63 万元。另对两处桔子园分别将允山桔子园划归县国税局，桃川桔子园划归县地税局。

道县税务局财产分别按国税 62.80%、地税 37.20%的比例分配。其他江华、蓝山县及冷水滩、永州市税务机构分设时，基本均按国税局 60%、地税局 40%的比例完成财产分配。

二、固定资产管理

1994 年 9 月税务机构分设后，在原地区税务局机关固定资产总价值 350 万元中，除已参加房改的四栋宿舍折价为 100 万元产权到人外，其公产 250 万元部分按 6∶4 比例分配，地区国税局拥有 150 万元，包括冷水滩区征用土地 17 亩，作价金额60万元（按购地原值），机动车辆6台作价42.5万元，计算机3台及部分通信设备等。机关固定资产登记管理归口办公室，计划会计科负责监督核算。

1994年，零陵地区税务局机关院内办公楼

1995年，针对机构分设后缺少办公用房、职工宿舍和交通工具等问题，地区国税局机关决定随地委、行署搬迁至冷水滩，当年开始在冷水滩河东新建宿舍及综合办公用房，并向省国税局等申请和自筹部分建房资金、车辆购置费，新购置旅行车及部分计算机、复印机、电冰箱等。另购置移动电话6部、传真机1台、对讲机5部，合计金额13.84万元。

1997年8月18日，市国税局机关搬迁至冷水滩区河东新院办公（吕盛街1号）

1997年8月18日，撤区建市后的永州市国税局机关整体搬迁至冷水滩区河东新机关大院。原地区税务局机关旧院移交给芝山区国税局使用。当月，市国税局宣传教育科（以湖南税务专科学校财税大专班永州函授站名义）筹集资金20万元，建成全市国税系统首个计算机培训中心，配置新计算机50台及相关网络设施。是年，市国税局机关办公环境和居住条件改善，新建办公综合用房面积3000平方米、新建3栋宿舍共8500平方米。在住房制度改革和通信工具配备制度改革中，将原公有的宿舍房作价卖给干部职工，固定资产中减少宿舍部分；原购移动电话全部作价转卖给使用人，“移动电话”一项从固定资产项目中消失。

1997 年永州市国税局机关固定资产统计表

表 7-1

<table>
<tr><th colspan="2">项目</th><th>单位</th><th>数量</th><th>金额（万元）</th></tr>
<tr><td colspan="4">固定资产总值</td><td>1265. 15</td></tr>
<tr><td colspan="2">征用土地</td><td>平方米</td><td>21000</td><td>59. 23</td></tr>
<tr><td rowspan="4">房屋及建筑物</td><td>小计</td><td>平方米</td><td>8000</td><td>142. 61</td></tr>
<tr><td>办公用房</td><td>平方米</td><td>3471</td><td>294</td></tr>
<tr><td>职工宿舍</td><td>平方米</td><td>8500</td><td>513. 62</td></tr>
<tr><td>其他房屋建筑物</td><td>平方米</td><td>2000</td><td>28. 38</td></tr>
<tr><td colspan="2">机动车辆</td><td>辆</td><td>10</td><td>178. 45</td></tr>
<tr><td rowspan="8">专用设备</td><td colspan="3">小计</td><td>129. 67</td></tr>
<tr><td>微机</td><td>台</td><td>52</td><td>90</td></tr>
<tr><td>收录机</td><td>台</td><td>2</td><td>0. 03</td></tr>
<tr><td>电视机</td><td>台</td><td>24</td><td>4. 5</td></tr>
<tr><td>摄像机</td><td>台</td><td>1</td><td>1. 1</td></tr>
<tr><td>照像机</td><td>台</td><td>4</td><td>0. 34</td></tr>
<tr><td>保险柜</td><td>台</td><td>9</td><td>0. 59</td></tr>
<tr><td>空调机</td><td>台</td><td>57</td><td>33. 12</td></tr>
<tr><td rowspan="3">通信设备</td><td colspan="3">小计</td><td>7. 35</td></tr>
<tr><td>传真机</td><td>台</td><td>2</td><td>1. 53</td></tr>
<tr><td>其他</td><td>台</td><td>39</td><td>5. 82</td></tr>
<tr><td colspan="4">一般设备</td><td>39. 05</td></tr>
<tr><td colspan="4">其他固定资产</td><td>15. 39</td></tr>
</table>

1998 年起，根据省国税局关于固定资产统计管理的有关规定，改变固定资产分类办法，在原“专用设备”和“通信设备”项下管理的设备，改按“一般设备”统计管理，其中收录机、保险柜、电冰箱、空调机等并入“其他一般设备”管理。1999 年起，不再单独统计“征用土地”。

2003 年 1 月 24 日，市国税局机关公开处理拍卖旧机动车 7 台，共拍得成交资金 55. 5 万元。是年 9 月，市国税局机关搬迁至新办公大楼办公，当年新配置固定资产 153. 74 万元。根据省国税局《关于开展房屋及建筑物、车辆等资产清理的通知》精神，市国税局于 9 月组织开展房屋及建筑物、车辆清理，至 10 月底完成清理登记。2004 年 5 月，省国税局对原任永州市国税局局长李顺阳调离后的市国税局机关资产审计，审核确认2003年年末永州市国税局固定资产为8242.12万元。同时指出机关固定资产核算管理欠规范，部分购置资产未如实登录固定资产账，要求及时如实登记入账，做到账实相符。

2005年10月，根据省国税局转发《国家税务总局关于2005年固定资产清理有关问题的通知》精神，开展固定资产清理工作，并按照新的固定资产分类办法登记固定资产卡片和账目。年末，市国税局机关主要固定资产实有情况如下表：

2005年永州市国税局机关固定资产统计表

表7-2

项目			单位	数量	金额（万元）
固定资产原值					8306.19
房屋建筑物			平方米	—	7386.73
1	办公用房		平方米	—	5059.97
2	职工宿舍		平方米	—	763.45
3	附属用房及其他		平方米	—	1563.31
一般设备					884.16
车辆	小计				318.93
	（1）	小轿车	辆	—	282.96
	（2）	中型客车63	辆	—	—
	（3）	货车	辆	—	10.08
	（4）	其他车辆	辆	—	25.89
其他固定资产					35.31

按照国家税务总局和省国税局收缩机构、盘活资产的总体要求，市国税局先后报批处置了部分闲置资产。2005年12月31日，省国税局财务处批准对祁阳县国税局原大忠桥税务所房地产（账面原值48.95万元，评估价105.72万元）、原羊角塘税务所房地产（账面原值30.8万元，评估价34.93万元）、旧三菱猎豹越野车（账面原值26万元，评估价7.56万元）和江华县国税局旧三菱猎豹越野车（账面原值29.44万元，评估价9万元）按规定处置入账。并对市国税局机关2003年购买后被盗的三菱黑金刚吉普车（湘M07336，账面原值25.89万元，保险公司已赔付30.33万元）作销账处理。2006年4月30日，批准处置宁远县国税局原水市税务所房地产、东安县国税局原大庙口税务所房地产、江华县国税局原水口税务所、白芒营税务所、桥头铺税务所等固定资产。是年12月5日，省国税局再次批复永州处置部分闲置固定资产，对零陵区国税局原富家桥税务所、新田县国税局原冀村税务所、道县国税局原城南税务所房地产处置后，明确对超过原值部分的60%归处置单位自留，另40%上缴市国税局统筹安排。2007年3月27日和6月26日，省国税局财务

处先后批复市国税局处置部分闲置固定资产，分别对宁远县国税局原禾亭税务所房地产和蓝山县国税局原楠市税务所、毛俊税务所房地产及江永县国税局原允山税务所房地产进行处置。2012 年 5 月 23 日，省国税局财务处批准对祁阳县国税局原金洞税务所房地产予以处置；8 月 20 日，批复下半年处置冷水滩、零陵、祁阳、道县、江永、宁远、新田等 7 县（区）国税局的旧机动车共 11 台。2013 年 4 月 7 日和 9 月 5 日，省国税局先后批准市国税局上半年和下半年两批处置旧机动车共 13 台。2014 年 5 月 12 日，批准公开拍卖处置零陵、东安、道县、宁远、江华、蓝山 6 县（区）国税局的旧机动车 8 台及冷水滩区国税局的报废桑塔纳轿车 1 台；8 月 6 日，批准拆除零陵区国税局机关老办公楼（建于 20 世纪 60 年代，经鉴定为 C 级危房，建筑面积 2038.33 平方米，账面原值 56.61 万元）。是年，配合全省固定资产软件升级，市国税局开展固定资产清理核对工作，对全市国税系统房屋建筑物的数量、金额等进行重新核定。同时对公务用车购置使用情况进行全面清查，重点对全市系统超编制配备车辆、借用占用下属单位或其他单位车辆、接受企业捐赠车辆、对外出租出借车辆、豪华装修车辆等违规情况进行检查，未发现违规情况。2015 年 5 月 28 日，省国税局批复江华县国税局公开拍卖 3 台旧机动车。

2017 年 6 月 12 日，省国税局批复永州市国税局《国税系统三四级行政单位公务用车制度改革实施方案》，核定车辆配置控制指标，明确要求严格按照规定的车辆用途和数量保留车辆，按规定程序处置多余车辆。自此，全市国税系统除按规定保留部分税收征管、稽查等用车外，其他车辆均处置拍卖，固定资产减少。

2015 年永州市国税局机关固定资产统计表

表 7-3

<table>
<tr><th colspan="3">项目</th><th>单位</th><th>数量</th><th>金额（万元）</th></tr>
<tr><td colspan="5">固定资产原值</td><td>9758.4</td></tr>
<tr><td colspan="3">房屋建筑物</td><td>平方米</td><td>32164</td><td>7433.77</td></tr>
<tr><td>1</td><td colspan="2">办公用房</td><td>平方米</td><td>13209</td><td>5214.44</td></tr>
<tr><td>2</td><td colspan="2">职工宿舍</td><td>平方米</td><td>10011</td><td>763.45</td></tr>
<tr><td>3</td><td colspan="2">附属用房及其他</td><td>平方米</td><td>8944</td><td>1455.88</td></tr>
<tr><td colspan="4">通用设备</td><td>2181</td><td>2110.07</td></tr>
<tr><td rowspan="3">1</td><td colspan="2">车辆</td><td>辆</td><td>26</td><td>613.43</td></tr>
<tr><td>（1）</td><td>小轿车</td><td>辆</td><td>24</td><td>555.43</td></tr>
<tr><td>（2）</td><td>微型客车</td><td>辆</td><td>2</td><td>58</td></tr>
<tr><td>2</td><td colspan="4">其他通用设备</td><td>1496.64</td></tr>
<tr><td colspan="5">其他固定资产</td><td>214.56</td></tr>
</table>

三、基本建设管理

1992—1994年税务机构分设前，全区税务系统基本建设项目均归口地区税务局计划会计科及省税务局计会处统一审批管理。税务机构分设后，国税系统基建项目除按原由地市申报、省国税局审批外，对规模大的项目报经国家税务总局备案、立项审批等，并严格控制基建规模。

1995年8月1日起，执行《零陵地区国税系统基建审批及管理暂行办法》，全区国税系统新建、扩建、翻修、改造房屋和购置商品房，一律办理立项手续，由地区国税局计划财务科审核汇总后上报省国税局审批。同时明确办公场地建设规模：税务所用地3~5亩，办公用房500平方米；县（市）国税局、城市分局用地5~10亩，办公用房1500平方米。办公用房造价标准为农村每平方米450元以内，城关每平方米500元以内。住宅建设面积标准分为二、三、四3个类别（即一般干部、科级、处级），每套面积分别为50~55平方米、60~70平方米、80~90平方米；住宅造价标准，农村每平方米400元以内，城关每平方米450元以内。

（一）新建项目

1. 地区国税局机关搬迁及市国税局办公大楼建设

1995年3月，地区国税局决定随地方党政机关迁至冷水滩市河东新区，并请求省局基建立项与拨款。根据省国税局三年基本建设规划和国家税务总局关于计算机网络开发规划要求以及市政府城市规划统一部署，地区国税局机关在市委大院对面先修建5层综合办公商住楼（昌盛街1号，包括机关办公、食堂、招待室和稽查局办公用房等）及3栋宿舍楼。1997年上半年工程竣工，其中3栋住宅楼各7层，砖混结构，每栋2个单元、28套，共计84套，经审核总面积8500平方米，工程总造价513.62万元，按干部职工房改房分配；综合商住楼建筑面积3471平方米，审核工程造价294万元。8月18日，市国税局机关整体搬迁进入办公。后续先后修建机关食堂，建筑面积542.45平方米，工程造价455万元；文化活动中心建筑面积2230.92平方米，工程造价259.42万元；门面房（兼围墙）2614平方米，工程造价259.94万元。

1998—1999年，经市国税局积极争取，省国税局向国家税务总局呈报《关于解决湖南省永州市国家税务局机关搬迁续建所需基建立项资金的请示》，请求批准立项投资3000万元并给予整体搬迁续建资金2000万元。2000年，省国税局《关于基本建设项目计划任务书的审批通知》和永州市计划委员会《关于下达永州市国家税务局办公综合楼2000年基建计划的通知》，批准永州市国税局综合业务用房正式立项，在市委大院对面主街道一侧（潇湘路57号，后为湘永路109号）修建国税

1998 年 8 月 18 日，市国税局机关搬迁周年重新挂牌暨国税文化中心落成正式开业，市财委领导和市国税局领导班子成员挂牌后合影留念

2001 年 3 月 28 日，市国税办公大楼桩基础施工现场

综合办公大楼，核定建筑面积为 8000 平方米，投资总额 1200 万元。是年 4 月，采用竞选方式选择办公楼设计单位为永州市建筑设计院。11 月 18 日，办公楼桩基础开工。2001 年 4 月，韶山市建筑工程公司中标负责办公楼主体土建工程。2002 年，经反复汇报争取，省国税局党组办公会研究同意调整建筑总面积为 9800 平方米，投资总额增加到 2650 万元，包括市国税局机关、市稽查局和冷水滩国税分局综合办公用房。2003 年 1 月 2 日，国税办公大楼土建竣工落成。8 月 14 日，新办公楼装修工程竣工（其中 2～6 楼为商用）。9 月，市国税局机关人员搬入新办公楼办公。12 月，经省国税局同意报国家税务总局列入基建项目库，核定建筑面积为 14115 平方米，投资总额为 4913 万元，上级已拨入资金 2700 万元。2004 年 5 月，省国税局派出基建专项审计组进行财务决算审计，审定永州市国税局新办公综合楼实际竣工面积 13260 平方米，总投资额 5241 万元（其中，已自筹资金 1151.5 万元，超过自筹能力的资金 350 余万元）。

2. 宁远县国税局综合业务用房建设

1998 年，宁远县国税局综合办公楼经宁远县计划委员会批准立项，建筑面积 5000 平方米，投资总额 1000 万元。2000 年 9 月开工兴建。2002 年 3 月竣工，实际竣工面积 4116 平方米，省国税局审定财务决算投资额为 987.5 万元。

3. 芝山区国税局综合业务用房建设

2000年，经省国税局批准立项，同意芝山区国税局综合业务用房建筑面积3268平方米，投资总额600万元。是年12月18日开工兴建。2004年11月20日竣工，实际竣工面积3530平方米，省国税局审定财务决算投资额为856万元。

4. 东安县国税局综合业务用房建设

2001年，经省国税局立项和《东安县计划委员会关于新建东安县国家税务局综合办公大楼的批复》，批准东安县国税局新建综合业务用房，建筑面积5200平方米，总投资1100万元。2002年3月2日开工，2004年2月29日装修竣工，3月入驻办公。省国税局财务决算审定实际竣工面积7687平方米，决算投资额1489万元。

2003年建成交付使用的市国税局办公大楼（位于冷水滩区潇湘路57号，后为湘永路109号）

5. 蓝山县国税局综合业务用房建设

2002年，省国税局批准蓝山县国税局综合业务用房立项，建筑面积800平方米，投资额85万元。2003年5月1日开工，2004年11月30日竣工。省国税局财务决算审定实际竣工面积1872平方米，总投资额306万元。

6. 江华县国税局综合业务用房建设

2004年7月2日，省国税局《关于江华县国家税务局新建综合业务用房的批复》批准立项，总建筑面积不超过4783平方米，投资估算1168万元。2007年7月2日，省国税局批准开工，并调整建筑面积为4995.08平方米，工程投资总额1366万元。该项目于2008年3月开工，2010年6月24日竣工验收。2011年1月投入使用。2011年10月，经长沙乐为会计师事务所财务决算审计，核定实际建筑面积4974.64平方米，实际完成投资额1366.01万元。是年12月23日，省国税局批复竣工财务决算，同意交付使用资产1366.01万元，中央财政拨款到位资金1366万元。

7. 道县国税局食堂及综合业务用房建设

2005年7月15日，省国税局批复道县国税局新建食堂及综合业务用房立项，建筑面积 1000 平方米，投资估算 160 万元。2007 年 12 月 29 日，省国税局批复竣工财务决算，审定建筑面积 1094 平方米，投资总额 165.4453 万元，已到位基建资金 160 万元，超过 5.4453 万元自筹解决。

8. 双牌县国税局综合业务用房建设

2008 年 5 月 20 日，省国税局《关于双牌县国家税务局新建综合业务办公用房的批复》同意立项，总建筑面积 3043 平方米，项目投资估算 761 万元，资金来源为中央财政拨款 611 万元，自筹 150 万元。2011 年 11 月 24 日，省国税局下达《关于双牌县国家税务局综合业务办公用房新建项目开工的批复》，批准项目新建面积 2593.34 平方米，工程投资总额 713.41 万元，均为中央财政拨款。2012 年 3 月 28 日，主体工程开工；2013 年 1 月 4 日竣工；5 月 17 日装修完工；9 月验收合格交付使用。经长沙乐为会计师事务所审核，省国税局于 2014 年 12 月 3 日财务决算批复，审定建筑面积 2635.02 平方米，投资总额 713.7252 万元。

9. 江永县国税局综合业务用房建设

2010 年 6 月 4 日，省国税局批准立项，同意江永县国税局新建综合业务办公用房，建筑面积 3280.75 平方米，投资估算 853.79 万元。2011 年 11 月 24 日批复开工。竣工后经长沙乐为会计师事务所审核，省国税局于 2015 年 6 月 17 日财务决算批复，审定建筑面积 3270.15 平方米，投资总额 853.8465 万元。

（二）扩建改造项目

1. 宁远县国税局附属用房扩建

2005 年 6 月 9 日，省国税局批复同意扩建食堂等附属用房，配套总面积 1300 平方米，投资估算 390 万元。2011 年 7 月 8 日批复开工，评审扩建面积为 1348.62 平方米，投资额 336.83 万元。竣工后，经中介机构审核，省国税局于 2015 年 12 月 31 日批复财务决算，同意竣工面积为 1338.29 平方米，投资总额 336.8415 万元。

2. 冷水滩区国税局办税服务厅维修改造

2005 年 12 月 5 日，省国税局批复同意职工食堂改建及办税服务厅改造立项，投资总额 20 万元。完工后经湖南恒兴联合会计师事务所审计，2007 年 10 月 9 日，省国税局批复竣工决算，同意交付使用资产 20.3166 万元，已拨入基建资金 20 万元，超过资金 3166 元自筹解决。

3. 市国税局机关会议室改造装修

2007 年 12 月 17 日，省国税局批复同意永州市国税局在办公楼闲置的二楼改造机关大会议室，改造面积 350 平方米，投资总额在 60 万元以内，自筹资金解决。后决定仍在原机关食堂二楼会议室改造装修，2008 年完工，资金自筹。

4. 零陵区国税局食堂及办税服务厅改造

2008 年 5 月 20 日，省国税局批复新建职工食堂立项，建筑面积 557 平方米，投资估算 96 万元。2009 年 4 月 24 日批复开工，并调整为改造食堂和办税服务厅，不再新建食堂，投资总额为 60 万元。2011 年 12 月 23 日，省国税局批复竣工财务决算，审定改造维修资金 58.8958 万元。

（三）维修项目

1. 蓝山县国税局办公楼维修

2007 年 5 月 29 日，省国税局批复维修立项，维修资金总额控制在 80 万元以内。完工后经长沙乐为会计师事务所审计，省国税局与 2012 年 12 月 31 日批复财务决算，同意交付使用资产 79.6558 万元。

2. 道县国税局综合业务办公用房维修

2012 年 6 月 4 日，省国税局批复维修立项，维修面积 4200 平方米，投资估算 420 万元。2014 年 8 月 20 日批准开工，面积调整为 4266 平方米，中央财政拨款 419.8805 万元。2017 年 10 月 19 日，省国税局批复竣工财务决算，审定维修投资总额 419.878 万元。

3. 零陵区国税局综合业务办公用房维修

2013 年 6 月 5 日，省国税局批复维修立项，维修面积 2038 平方米，投资估算 196 万元。2015 年 10 月批复开工；2016 年 8 月完成竣工验收。经湖南天平正大会计师事务所审核，省国税局于 2018 年 5 月 25 日批复财务决算，审定投资总额 195.89 万元。

4. 江永县国税局职工食堂维修

2013 年 6 月 6 日，省国税局批准维修立项，维修面积 892 平方米，投资估算 86 万元。2014 年 5 月 6 日批复开工，中央财政拨款 86 万元。竣工后经湖南天平正大会计师事务所审核，省国税局于 2017 年 8 月 1 日财务决算批复，审定交付使用资产 86 万元。

5. 祁阳县税国局综合业务用房维修

2013 年 6 月 6 日，省国税局批复立项，维修面积 5291 平方米，投资额 471 万元。2014 年 10 月 16 日批准开工，调整投资额为 470.6 万元，中央财政拨款。竣工后经湖南天平正大会计师事务所审核，省国税局于 2017 年 10 月 20 日财务决算批复，审定交付使用资产 470.68 万元。

6. 冷水滩、零陵、祁阳、东安、江华等县（区）7 个税务分局综合业务办公用房维修

2013 年 6 月 6 日，省国税局同日批复永州市冷水滩区国税局城区税务分局、仁湾税务分局和零陵区国税局珠山税务分局，祁阳县国税局黎家坪、白水税务分局，

东安县国税局芦洪市税务分局，江华县国税局码市税务分局7个基层单位综合业务办公用房维修立项。2014年5月6日，一并批复同意开工。此批项目维修竣工后，省国税局分别于2017年5月23日批复冷水滩区城区税务分局财务决算44万元、仁湾税务分局28万元、零陵区珠山税务分局50万元、祁阳县黎家坪、白水税务分局各50万元；8月1日批复东安县芦洪市税务分局50万元；11月7日批复码市税务分局项目财务决算50万元。上述维修资金均为中央财政拨款。

7. 宁远县国税局综合业务办公用房维修

2013年6月经省国税局批复立项，维修面积4116平方米，投资额为410万元。2015年9月批复开工，核定维修面积4116平方米，投资额409.97万元。2017年11月竣工验收。

8. 东安县国税局综合办公大楼维修

2014年5月29日，经《湖南省国家税务局关于2014年第一批34个维修项目立项的批复》立项。2016年5月20日批准开工，维修面积6121平方米，中央财政拨款490万元。2017年10月维修竣工并验收；11月申请工程结算审核。

9. 新田县国税局综合业务用房维修

2014年5月经省国税局批复立项，维修总面积5597平方米，投资额226万元；2016年5月批复开工，核定面积3309平方米，投资额226万元。2017年10月竣工验收，2018年4月完成工程结算初审。

四、税务服装管理

1992—1994年，全区税务服装归口地区税务局计划会计科统计管理，由省税务局统一定做与组织发放。税务机构分设后，根据国家税务总局《关于加强着装管理的通知》和《关于机构分设后着装管理有关事项的通知》及省国税局等有关要求，永州市国税局先后组织分批次的税务服装量身定做与换装工作。

1996年，全市国税系统按照“统一制作、分级管理”的原则换发服装。由省国税局负责选定服装面料，确定式样，统一制作和付款，市国税局组织全市国税人员服装型号的统计以及质量鉴定、服装运送等工作。税务服装发放的对象主要是直接从事税收征管的基层税务人员，标准是每人发放夏装、春秋装各2套，使用3年。此后按省国税局统一要求，定期组织税服换发，市、县（区）国税局财务科负责管理实施。

2007年6月4日，国家税务总局和财政部联合印发《税务工作人员制式服装管理办法》（国税发〔2007〕63号），对制式税服的面料、标志、制作和着装范围、使用管理等作出具体规定。2008年，全市国税系统贯彻落实全国税务系统制服改革和省国税局税务服装工作会议精神，组织开展新税务制服的换装工作。新式税务制服（2007式制服）分春（秋）、夏、冬三季分别配置，着装对象为直接从事税收征管的税务人员，换装种类包括春秋装（含上衣、衬衣、裤子，首次换发2套，此后每3年换发1套）、夏装（含夹克式衬衣、裤子、裙子）、制式长衬衣（含长袖外穿衬衣、长袖内穿衬衣）、冬装（含上衣、裤子，首发2套，此后每4年换发1套）、防寒服（每4年换发1套）、帽子及领带、皮带等。服装制作经费由个人负担30%，其余分别由中央财政和地方财政安排解决。2012年，按照国家税务总局关于税务制服增发配置的要求，完成对第一次配发新式税务制服人员进行税服换发工作。

2014年11月17—25日，根据省国税局财务处通知要求，市国税局组织全市国税系统人员开展税务服装制作量体工作，分别做好2014年换发冬服、防寒服和2015年换发春秋服、夏服的各项量体、核对、汇总报送等工作。此次税服换装的面料和标识由国家税务总局统一采购，税服的制作由省国税局采购，费用由各市、县（区）国税局按规定和核报数量支付。

1992式制服

2007式制服

第二节 综合治理与车辆管理

一、社会综合治理

2017年2月，永州市委、市政府再度授予市国税局“全市社会管理综合治理先进单位”（办公室供图）

自1994年起，永州市国税局积极参加地方经济建设各项活动和社会综合治理工作，在安全管理、计划生育、食堂饮食卫生、维护社会稳定等方面持续保持先进行列。其中，市国税局机关2006—2017年连续12年荣获“全市综合治理”先进单位、永州市“社会治安综合治理先进单位”等。

二、车辆使用管理

1992年1月，地区税务局制定《零陵地区税务局机关车辆管理制度》，规定机关公用车辆统一由办公室管理和调度；驾驶员对车辆使用做到勤检查、勤保养、勤擦洗；司机班建立考核登记簿，对每台车的行程、油耗、修理费用等如实登记入册，年终总结评比；司机凭办公室领导派车令或书面派车单出车；科室人员在城内办事和购买30公斤以内物品不派车（骑自行车）；干部职工因特殊情况需要私人用车，须经主持机关工作的局领导批准，并按每公里0.2元标准到财务室缴纳车辆使用费等。

1995年，省国税局先后为各县（市、区）国税局和地市国税局统一配置一台“猎豹”（三菱）越野车。地区国税局通过积极争取，为各县（市）国税局城区税务所（分局）购置一台“猎豹”越野车，方便基层加强税收征管工作。此后，各单位购置新车及旧车处置等，均严格报批程序，由省国税局审批。

2002年5月1日，市国税局印发《永州市国税系统车辆管理规定》，根据省国税局规定核定全市国税系统车辆控制总数为100台，其中市局机关10台。同时明确车辆归口机关服务中心〔县（区）局为办公室〕统一管理，各级领导均不得固定专车。

2002 年永州市国税系统车辆控编数量表

表 7-4　　**单位：台**

单位	与经费挂钩定编数	自费负担数	合计
全市系统	80	20	100
市国税局机关	8	2	10
市稽查局、涉外局	8	2	10
冷水滩分局	7	2	9
芝山分局	7	2	9
凤凰园分局	3	1	4
东安县局	5	1	6
双牌县局	4	1	5
祁阳县局	8	2	10
道县县局	5	1	6
宁远县局	7	2	9
江永县局	4	1	5
江华县局	6	1	7
蓝山县局	4	1	5
新田县局	4	1	5

2005 年 4 月 6 日，印发《永州市国税局机关车辆管理制度》，除明确车辆日常管理、调度使用、维护保养等规定外，对安全驾驶及违章处罚作出 12 条具体规定。2007 年 1 月，按照《湖南省国税局关于进一步加强全省国税系统车辆管理的通知》要求，市国税局对车辆购置、保管、保险及处理处置等作出统一规定，对 10 万元以下的微型车，使用年限在 3 年以下或行驶 10 万公里以内的，一般不予处置；其他车辆使用年限在 5 年以下或行驶 15 万公里以内的，一般不予处置。特殊情况须附相关证明材料，严格按程序报批。

2013 年 5 月 13 日，市国税局印发《机关车辆管理制度》《交通安全规定》《驾驶员管理制度》等，各种机动车辆的配置、调度、维修、保养、供油、事故处理等统一由机关服务中心管理，每台车确定专人负责，并建立车辆管理档案，实行车辆出行凭卡制和下班入库制，节假日和双休日实行车辆值班制。对交通安全及驾驶员等实行9个严禁。

2016年，根据《中央关于全国推进公务用车制度改革的制度意见》和永州市委、市政府办公室印发的《永州市公务用车制度改革总体方案》《永州市市直党政机关公务用车制度改革实施方案》及各县（区）当地政府车改方案等精神，市国税局机关于8月31日按有关规定由市车改办封存待取消的公务用车。宁远县国税局于9月，道县和江华县国税局10月，冷水滩和新田县国税局11月以及零陵、东安、祁阳、双牌、江永、蓝山县国税局于12月封存待取消的公务用车。

2016年8月31日，市国税局机关积极参加地方公车改革，取消公务用车由市车改办封存

（张金山 摄）

2017年4月11日，市国税局向省国税局呈报《永州市国税系统公务用车制度改革实施方案》。全市国税系统按车辆编制122台（其中一般公务用车编制7台，执法执勤用车编制115台），实有车辆112台（其中一般公务用车4台，执法执勤用车108台）。按照市直党政机关和各县（区）当地党政机关公务用车制度改革实施方案，为保障税收工作正常运转，市国税局机关在编制内保留机要通信用车1台、应急用车1台，按不超过编制60%的标准保留执法执勤用车12台。各县（区）国税局按不超过编制70%的标准共保留59台执法执勤用车，即冷水滩和祁阳县国税局各8台，零陵区国税局7台，东安、道县、宁远、江华县国税局各5台，双牌、江永、新田、蓝山县国税局各4台。合计全市国税系统共保留执法执勤用车71台及机要通信、应急用车2台，需处置的公务用车共39台，在审批后即移交地方公务用车主管部门统一评估、处置，车辆处置收入及时上缴国库。对取消公务用车后，按照地方公务用车改革方案，市国税局机关公务人员交通补贴标准为：处级每人每月1040元，科级每人每月650元，科员以下每人每月550元；属于偏远地区的江华、江永县国税局标准为：处级每人每月1200元，正科每人每月750元，副科每人每月700元，科员每人每月650元，科员以下每人每月600元；其他县（区）

国税局补贴标准为：处级每人每月1040元，正科级每人每月650元，副科级每人每月600元，科员每人每月550元，科员以下（含工勤）每人每月500元。经过测算，全市国税系统公务用车改革前的2012—2014年三年平均公务交通总支出费用为1792.44万元；改革后公务交通总支出费用1663.93万元（即交通补贴支出预算为948.93万元，改革后保留公务用车73台运行费用315.07万元，车辆更新统一按10年年均购置费104.45万元，保留司勤人员38名共支出216.24万元，按改革后支出成本5%计算租车费用79.23万元计），年平均节约车辆支出成本为128.5万元，节支率为7.17%。是年6月12日，根据《财政部驻湖南专员办关于湖南省国税局三四级行政单位公务用车制度改革实施方案的审批意见》，省国税局批复永州市《国税系统三四级行政单位公务用车制度改革实施方案》，同意按照规定的车辆用途和数量保留车辆，按规定程序处置待取消的公务用车。自此，全市国税系统除按规定保留部分税收征管、稽查等执法执勤用车外，其他车辆均予处置拍卖。

2017年湖南省国税系统（永州市）车辆编制数明细表

表7-5

单位名称	合计	一般公务用车	执法执勤用车
永州汇总	122	7	115
冷水滩区国税局	12	—	12
零陵区国税局	11	—	11
东安县国税局	8	—	8
祁阳县国税局	12	—	12
道县国税局	8	—	8
双牌县国税局	6	—	6
宁远县国税局	9	—	9
江永县国税局	7	—	7
江华县国税局	8	—	8
新田县国税局	6	—	6
蓝山县国税局	7	—	7
市国税局机关	28	7	21

第三节　税务学会与税收科研

1992年，零陵地区税务学会（1985年6月成立）第二届理事会积极组织开展全区税收理论研究和学术交流活动，当年被湖南省税务学会评为先进单位。1993年，被评为全国先进学会。至1994年9月税务机构分设前，零陵地区税务学会第二届理事会有会员49名，会长邹礼强，副会长张家琳、成资才；秘书处设有专职秘书和专干共3名，秘书长朱五福。1994年9月27日，零陵地区税务局分设为国税、地税之后，地区税务学会随即消失。

2005年4月11日，地改市后的永州市国税局与地税局联合成立永州市税务学会。第一届市税务学会由市国税局牵头，办公地点设市国税局，人员和经费分别由市国税和市地税局选派与分担。经会员大会讨论与表决，通过了《永州市税务学会章程》，选举产生第一任会长（市国税局副局长肖显发）和2名副会长（市地税局总经济师何多珍、市国税局总会计师陈洪贵）。第一届市税务学会设顾问3名，分别由永州市政府常务副市长崔永平、市国税局长袁北屏、市地税局长杨兴明担任；设秘书长1名，由市国税局助理调研员陈爱国担任；设副秘书长2名，分别由市地税局、国税局办公室主任担任。首届常务理事由26人组成，其中，市国税局10人，市地税局12人，另分别聘请市委综合调研室主任、市委宣传部社科联主席等担任；理事会成员共91人，其中，国税系统34人，分别由局领导、机关科室负责人、县（区）局长等组成；地税系统41人；政府部门5人；湖南科技学院1人；工商企业负责人10人。市税务学会每届为3年，会长分别由市国税局、地税局领导轮换担任。

第一届市税务学会建立健全管理制度，加强基础建设与学术研究。学会秘书处先后制定了理事选举与增补、财产经费管理、学术研究奖励等制度与办法。市国税、地税局每年分别拔付专项经费，交叉选派会计、出纳，国税局专门安排2间办公室、2台电脑等用于学会办公，保障学会各项活动正常开展。2005年至2008年上半年，市税务学会常务理事、理事成员在湖南省税务学会主办的《税收参考》发表理论调研文章30余篇。同时，每年承担省、市税收专题调研任务，共培训基层文秘人员150余人次。

2008年8月20日，永州市税务学会召开第二届会员代表大会，选举产生第二届税务学会理事、常务理事及会长、副会长等。聘请市政府常务副市长唐松成为名誉顾问，市地税局局长谷一飞、党组书记杨兴明、市国税局局长林小平为顾问。选举市地税局总经济师何多珍为会长，市国税局副局长张紫英、助理调研员陈爱国为副会长，市地税局办公室主任肖冬旺为秘书长；常务理事 21 名，理事 77 名。此后三年间，市税务学会搭建税收理论交流平台，组织开展专题调研，解决了国税、地税局税收业务协作、税收征管协作等问题 20 多个，编辑《论文选集》2 册，先后有 18 篇调研文章被省学会或省国、地税局期刊采用，20 篇调研论文参加省优秀调研论文评选，取得了较好的税收调研成果。

2008 年 8 月 20 日，永州市税务学会第二届会员代表大会

（办公室供图）

2011 年 9 月 28 日，市税务学会第三届会员代表大会暨理事会第一次会议在市国税局召开。省税务学会会长陈素娥到会并讲话，秘书长李晓梅致贺词。大会讨论修改了章程，自此届起，每四年召开一次会员代表大会。常务理事和理事会成员作了较大调整，以市国税局单独承办永州市税务学会的各项业务活动（市地税局因单独成立永州市地方税收研究会，除受聘一名局领导担任市税务学会副会长、办公室一名担任副秘书长之外，其他不再参与市税务学会理事会成员）。聘请市政府常务副市长周德睿为名誉会长，市国税局局长傅扬帆、市地税局局长谷一飞为顾问。市国税局总经济师李济民担任会长，调研员张紫英、市地税局副局长唐双祁为副会长；秘书长由市国税局办公室主任眭荐军兼任。本届设常务理事 16 名，理事 50 名，由市国税局科长以上及各县（区）国税局长等担任。

2011—2012 年，第三届市税务学会修订完善《永州市税务学会秘书处工作职责》《秘书处财务管理规定》《税务学会工作会议制度》《调研成果奖励办法》等工作制度。市国税局每年拨付学会经费 49 万元，支持学会各项活动开展。针对税收工作的重点和难点问题，结合永州国税实际，先后组织《构建新型税收征管模式》《关于推进税源专业化管理的探讨》等课题调研。在全市国税系统形成以办公室为中心，在各县（区）国税局、市局直属机构、机关各科室确定专人负责税收调研工作税收科研工作机制。2012 年 9—10 月，全市国税系统组织开展调研竞赛活动，每个县（区）局和市局直属机构上报 2 篇以上的税收调研论文，市局机关各科室上报

1篇以上的税收调研论文，先后共征集到调研文章81篇，经过初审、复审和专家审定，共评选出一等奖2名，二等奖4名，三等奖8名。期间，组织专门力量编写了《绿色永州　魅力国税》一书，收集整理全市国税系统自2011年以来税收征管、纳税服务、队伍建设、创先争优等内容，采用图文并茂方式，全方位、立体式地总结和推介永州国税，共印发500册免费赠送给地方党政领导和有关部门及部分纳税人。

2013年4月11日，永州市税务学会召开第三届理事会第三次会议，学会顾问、常务理事和理事共48人参加。本次会议调整和增选了部分常务理事、理事及秘书长。此后，组织学会理事会成员开展调研竞赛活动，共征集到调研论文57篇。期间，市税务学会先后组织开展“走基层、排风险、解难题”主题调研和“诚挚服务、共促发展”主题实践等活动，有效提升学会的影响力。当年重点组织《税收保障机制研究》专题，形成了较高质量的调研报告。学会秘书处将工作动态和调研成果上报省局科研所，分别被省国税局《税收参考》采用10余篇，被《学会动态》采用7篇，学会理事成员在省级以上刊物发表调研文稿20余篇。

2015年9月21日，永州市税务学会第四届一次理事会召开，湖南省税务学会会长陈素娥（中）等到会并讲话　（办公室供图）

2015年9月21日，永州市税务学会召开第四届会员代表大会暨第一次理事会议，省税务学会会长陈素娥、副秘书长黄岚以及永州市民政局、社科联等有关领导出席了会议。会议听取了第三届学会工作报告，通过修订后的学会章程和学会财务管理制度等，选举产生新一届学会理事、常务理事、会长、副会长。市国税局局长傅扬帆为顾问，市国税局调研员肖显发担任会长，调研员蒋南毅、副调研员欧阳辉亮担任副会长。常务理事由16人组成；理事会由市局机关科室负责人以上和各县（区）国税局长及部分企业代表等共46名成员组成。是年10月，学会组织全市税收科研人员共30余人进行税收调研工作专题培训。12月，在江华县召开全市国税系统2015年度税收科研课题研讨会暨2016年工作思路座谈会，由市税务学会组织，各县（区）国税局主管办公室工作的局领导、办公室主任及部分代表参加研讨与交流。当年，市税务学会秘书处将工作动态和调研成果上报省局，被《税收参考》采用6篇，《学会动态采用》3篇。年底组织完成全市国税系统税收科研评选，共收到85篇税收论文，分别评选出一二三等奖。

2016年4月13—14日，市税务学会先后在东安和宁远县召开税收科研工作片区会议，专题研究部署税收科研工作。市国税局确定“互联网+税务”侧重税收征管方向、深化基层国税地税征管合作、新形势下基层国税离退休干部管理3个重点科研课题，先后参与的《基于“互联网+”的电子商务税收征管探讨》获得国家税务总局科研所的优秀奖，《新形势下基层国税离退休干部管理》入选总局科研所的论文汇编。同时主动承接省税务学会安排的党建征文演讲比赛任务，代表省税务学会参加省社科联举办的“两学一做”党建征文比赛，选送的《党旗飘飘耀税徽》征文获得优秀奖，永州市国税局选派的演讲选手代表省国税局参加省社科联“两学一做”党建演讲比赛，夺得二等奖。当年被省国税局《税收参考》采用调研文稿10篇，《学会动态》采用2篇。

2015年12月8日在江华县召开全市税收科研会及新年工作思路座谈会，专题研究新一年国税工作重点　　（办公室供图）

2017年3月30日，市国税系统税收宣传暨税收科研工作会议在祁阳县召开，市税务学会会长肖显发、副会长欧阳辉亮及学会秘书处、北6县（区）局主管局领导、办公室主任、宣传骨干等参加。会议专项部署国税宣传与税收科研工作。市局确定《新形势下加强基层税务机关党建工作研究》为当年重点科研课题，并主动承接省税务学会年度湖南省国税系统基层税务机关党建暨推

2017年6月1日，湖南省税务学会加强基层税务机关暨离退休干部队伍党建工作座谈会在永州召开

进离退休干部队伍党建工作课题座谈会。5月30日至6月1日，来自国家税务总局、海南省国税局、江苏无锡市地税局、湖南省税务学会的领导以及长沙、衡阳、常德、郴州、娄底、怀化等市州税务学会代表40余人齐聚永州，参观永州市国税局机关党建现场及老干部活动中心等，充分交流经验。是年，被省国税局《税收参考》采用调研信息3篇，《学会动态》采用2篇。年内编印《潇湘税韵》期刊2期，每期印发500余册，免费赠送给全省国税系统和永州市各部门单位等，社会反响良好。同时组织全市国税系统分管税务学会的局领导、办公室主任、文秘人员及市局机关各科室兼职信息员等共70余人，先后开展税收科研课题和税收宣传工作培训，既提升税收调研能力，也为税收科研工作储备了人才资源。

2005—2018年永州市税务学会历届负责人一览表

表7-6 **单位：人**

届别（时段）	顾问	会长	副会长	秘书长	理事人数
第一届 2005年4月11日 至2008年8月19日	崔永平、袁北屏、杨兴明	肖显发	何多珍、陈洪贵	陈爱国	91（常务26）
第二届 2008年8月20日 至2011年9月27日	唐松成、谷一飞、杨兴明、林小平	何多珍	张紫英、陈爱国	肖冬旺	77（常务21）
第三届 2011年9月28日 至2015年9月17日	周德睿、傅扬帆、谷一飞	李济民	张紫英、唐双祁	眭建军	50（常务25）
第四届 2015年9月18日 至2018年	傅扬帆、曾立春	肖显发	蒋南毅、欧阳辉亮	周　斌 刘玉铁	46（常务16）

第四节　税务办公自动化

1992—2000年间，税务系统逐步启用计算机，由文字打印、产生统计报表等逐年发展到局域网、系统管理和覆盖到税收征管的各个方面，但尚未应用到系统办公自动化。

2001年10月11日，根据省国税局的统一部署和永州市国税系统税收信息化建设要求，市国税局制定《永州市国税系统办公自动化建设实施方案》，并组织开展培训和各项基础工作。12月1日，市国税局机关正式开通使用公文处理系统（简称“ODPS”），实现与省国税局公文的远程电子收发，机关公文承办、审阅、发送等都通过电子公文系统处理，促进管理水平和工作效率明显提高。

2002年1月1日起，市国税局机关发文实行无纸化办公，文件传送、阅文、办文、批文等均通过电子网络系统，无特殊情况办公室不再审核纸质文件。同时，组织对各县（分）局全面推广使用办公自动化进行培训与网络搭建，并加大对办公自动化和税收信息化建设的投入，计算机配备逐步达到市局机关工作人员人手1台，县（分）局机关10台以上，征收分局、农村税务所4台以上，保障日常办公与税收征管所需。

2003年3月，全市国税系统12个县（分）局和市局稽查局共13个单位开通公文处理系统，电子公文得以顺畅地在总局、省局、市局、县（分）局、基层税务所之间远程即时传输，进一步规范公文管理，加快公文运转速度，提高办文办事效率。4月1日起，市局文件（除机要件外）一律通过公文处理系统分发各单位，各级上报市局的各类请示、报告也通过公文处理系统传送。同时对所有公文同步启用档案管理系统。2006年1月1日，全市国税系统内停止使用公文主题词，统一按国家税务总局的公文处理系统运行。

2011年10月，全市国税系统统一启动“综合办公信息系统”上线工作。该系统由国家税务总局委托中软公司开发、设计的税务行政管理系统，包含文件管理、信息服务、工作安排、信访管理、督查督办、会议管理、信息采编、宣传管理等8个业务模块，基本涵盖税务行政办公的主要业务。12月5—7日，市国税局分2批次分别对各县（区）国税局办公室、信息中心和市局3个直属机构进行师资人员培训，并对市局机关及直属机构人员全员培训。

2012年1月7日，市国税局师资人员集中到省国税局进行业务数据迁移，将2001年以来全市国税系统在原公文处理系统中产生的电子文件全部迁移到综合办公信息系统中，并进行数据验证。1月9日，税务综合办公信息系统正式运行。上线前后，市局办公室、信息中心负责逐级培训与维护管理，确保每个工作人员能正确使用该系统，保障正常运行。3月16日，省国税局发出《湖南省国家税务局关于税务综合办公信息系统上线工作的表彰通报》，永州市国税局被表彰为全省“税务综合办公信息系统上线工作先进单位”，江永县国税局曾林君被表彰为全省“税务综合办公信息系统上线工作先进个人”。

截至2017年年底，全市国税系统税务综合办公信息系统运行良好，行政效率和服务效能稳定提高，发挥了行政管理整体效益，全市税收管理信息化工作稳步在地方单位的前列。当年市国税局机关综合办公信息系统正式发文442件，非正式发文269件，收文2179件，发布《永州国税通讯》43期。

第五节 档案管理利用

自1992年起，零陵地区税务局狠抓档案室达标升级，充分利用档案资料为税收工作服务。地区税务局先后建立完善档案工作领导小组、档案鉴定小组、保密委员会等领导机构，并下发《关于加强档案工作管理的通知》，逐步形成一整套档案工作制度与规则。9月上旬，全区县（市）税务局办公室主任和主管办公室工作的局领导在道县召开办公室工作现场会，对加强档案建设作了专项研究和部署。与此同时，在机关人员编制、经费紧张的情况下，地区局机关选配专职档案员，各县、市局都确定兼职档案员，并加强业务培训。9月下旬，地区局组织全区税务系统档案员到郴州地区参观学习，月底又在江永县召开档案工作现场会，组织人员进行业务交流，统一全区税务系统档案建设的基本标准与资料、卷宗整理办法等。各县、市局在人员、经费、办公用房等十分紧缺的条件下，把档案建设作为“三基”建设的重要内容狠抓落实，分别抽调专人，挤拨专款，腾让专房，突击收整资料卷宗，不断充实和完善档案室的基础设施与配套管理。至11月底，各县、市税务局和地区局机关共12个档案室均经当地档案部门验收合格，全部达到省标三级以上。其中，冷水滩市、江永、道县、江华县税务局机关档案室已达到省标二级；道县城南、寿雁、祥林铺3个税务所档案室已达省三级标准。地区税务局综合档案室先后经地区档案局和省档案局检查验收，分别获评97.5分和97分成绩，被授予省三级档案室。

1993年，税务档案建设再上新台阶。7月上旬在冷水滩市召开全区基层档案建设现场会后，各县（市）局加快税务档案室建设步伐，组织力量狠抓基础工作。9月27日，地区税务局机关综合档案室经联合检查验收获得99分，成为地直单位当年第一个达省标二级的单位。至年底，11个县（市）税务局机关综合档案室中已有9个达省二级标准，2个达省三级标准；100个税务所中有45个所的档案室达标升级（其中二级24个，三级21个）。

1994年9月，地区税务局机构分设时，为保证档案资料的完整和连续性，原机关综合档案室划归零陵地区国家税务局持续管理。1996年4月，地改市后的永州市国税局负责全市国税系统的档案建设与管理，档案工作持续稳定发展。

1997年8月，市国税局机关整体搬迁至冷水滩区的新综合楼办公，专门建立档案库室宽敞、柜架等设施齐全的新型档案库室。经过近3个月紧张工作，于当年11

月晋升为省一级档案室。

2000 年 10 月 18—19 日，全市国税系统首届文书档案立、赛卷活动在市国税局举行。来自 12 个县（分）局机关综合档案室的 300 余卷卷宗，经过省、市档案馆员等组成的评委逐一打分评定，江华县国税局以 97 分的成绩夺得一等奖，祁阳县局和市国税局一分局获得二等奖，江永、宁远县局及二分局获三等奖。

2001 年，市国税局将原有的 2000 年以前的档案卷宗移交给市档案局，共移送文书档案 632 卷（其中，零陵地区税务局文书档案永久卷 84 卷、长期卷 84 卷，永州市国税局文书档案永久卷 309 卷、长期卷 155 卷）。

2003 年 10 月，市国税局机关搬迁至新国税大楼办公，建立了高标准的档案室。2009 年，市国税局档案室被永州市档案局评为“档案工作优秀单位”。

2014 年，市局国税机关以创建档案工作规范化管理省特级为目标，建立面积达 196 平方米的现代档案专用库室，实现“档案库房、办公室、整理阅览室”三分开，添置密集型档案架 20 组 40 列，配备空调、去湿机、温湿度自控仪、防磁柜、消毒柜等设备，达到“十防”要求。同时，购置档案整理相关的计算机、打印机、复印机、照相机、光盘刻录机、扫描仪等硬件设备，实现微机、复印、扫描、刻录、打印一体化的现代化综合档案管理。同时，充分利用税务综合办公信息系统软件，将 2001 年以来的室藏永久保存期限纸质文书档案全部进行电子数字化处理，将所有实物档案拍成电子数码照片，历史照片全部扫描成电子文件，全部档案目录录成电子文档，存储于档案专用计算机系统中，建立较完善的文书档案管理数据库，实现档案管理与公文处理系统的一体化，纸质档案和电子档案应用同步，成功建立电子虚拟档案室，使档案信息资源进一步得到准确、方便、快捷地利用。至年底，市国税局机关档案室库存档案所属期间跨度 30 余年，共有 5010 卷（盒），主要分为文书档案、会计档案、实物档案、特殊载体档案、科技档案、业务档案、人事档案 7 类。另有图书资料 438 册，文件汇编 93 盒。编有《全宗介绍》《案卷目录》《归档文件目录》等检索工具，编写了《组织机构沿革》《大事记》《基础数字汇编》《档案利用实例汇编》等，拍摄了史记式专题片《税徽耀潇湘　文明著担当》，设置了荣誉陈列室等。是年 11 月 21 日，市国税局综合档案室顺利通过省档案局组织的档案工作规范化管理“省特级”评估验收。

2015 年，全市国税系统积极开展机关档案规范化管理达省特级工作。4 月 10 日，《湖南国税通讯》刊发《永州市局“三提三抓三规范”打造档案管理“省特级”》专刊，向全省国税系统推荐永州市国税局创建省特级的经验。7 月 7—10 日，市国税局在蓝山县国税局举办由市档案局专家主讲的档案规范化管理实务操作培训班，全市国税系统档案工作分管局领导、档案管理员等 40 余人参加培训。12

2014 年 11 月 20 日，永州市国税局档案室评上“省特级”，省档案局领导为市国税局局长傅扬帆授牌 （办公室供图）

月 18—23 日，东安、双牌、蓝山、宁远、江华等 5 个县局机关档案室通过省特级档案室评估验收。2016 年 12 月 6 日，冷水滩、祁阳、新田、道县、江永 5 个县（区）局机关档案室通过省特级档案室评估验收。至此，全市除零陵区国税局因受办公用房条件限制外，10 个县（区）国税局全部完成机关档案创省特级工作目标。

至 2017 年年底，市国税局综合档案室存有文书档案 725 盒，会计档案 2132 卷，实物档案 278 件，特殊载体档案 112 盒（册），科技档案 233 卷，业务档案 2310 卷。另有图书资料、文件汇编等重要税收业务图文档案。市国税局连续 7 年被湖南省档案局评为“全省档案宣传工作先进单位”。办公室档案员伍卫国先后被永州市委办公室表彰为 2014 年度、2017 年度“全市档案工作先进个人”。2018 年 7 月，市国税局与市地税局机构合并后，原市国税局综合档案室所有档案资料全部移交市档案馆管理。

第八章　文明创建

第一节　创先争优活动

一、"1512"创先争优活动

1995年3月27日，湖南省国税局发出《关于开展"1512"创先争优活动的通知》，决定在全省国税系统中评选出10名"优秀国税局长"、50名"优秀国税所长"、100名"业务能手"、200名"优秀专管员"。4月10日，零陵地区国税局向各县（市）局发出《关于开展"1512"创先争优和"爱祖国、爱税收、爱岗位、树立税务新形象"活动的通知》，并成立"1512"和"三爱一树立"活动领导小组，由局长曹承斌任组长、副局长贺正国任副组长，鲁连甫、曾浩东、蒋德松、陈爱国、阳辉亮、欧阳丽君、吕致清、吴春元为成员。随后制定下发活动实施方案及优秀县（市）国税局长、优秀国税所长、各项能手等评选条件。4月20日，地区国税局召开动员大会，专项部署全区国税系统"1512"和"三爱一树立"创先争优活动，动员全体国税人员努力学习，积极工作，创先争优，在不同岗位上为税收事业多做贡献。通过层层开展技术竞赛和推荐评选，1996年1月17日，省国税局表彰通报，授予新田县国税局局长肖显发为全省"优秀国税局长"称号；张一明、

1996年2月9日，全区国税工作暨创先争优表彰大会召开，肖显发、周能光、何建新（自左至右）被授为"优秀国税局长"称号

朱爱国、肖炳煌、刘层峰、林木森为全省“优秀国税所长”称号；陈建国、廖利民为全省“填票能手”；严海波、胡新为全省“会统能手”；罗建文、谢伍寿为全省“稽查能手”；刘华、蒋文生等15人为全省“优秀专管员”。是年2月1日，地区国税局发出表彰决定，授予肖显发、周能光、何建新为全区“优秀国税局长”；张一明、张光荣、朱爱国、肖炳煌、朱贤辉、刘层峰、林木森、邬红标、欧鸿鲲、王阳书10人为“优秀国税所长”；陈建国、廖利民、邓小波、易辉、成卫民、彭彬6人为“填票能手”；罗建文、谢伍寿、唐广东、贺赛斯、郑建军、欧阳锋6人为“稽查能手”；严海波、胡新、陈新华、邹向阳、陈玲珍、谢矫龙、周谟全、钟拥军8人为“会统能手”；刘华、蒋文生、蒋德发等30人为“优秀专管员”。

1997年4月30日，省国税局表彰决定，授予道县国税局局长周能光为全省“优秀国税局长”；张一明、董敏玲、郑侃颖、蔡文旺为“优秀国税所长”；谭建军、张国元、蒋秀德、王冰玲、申荣华、谢矫龙、李瑞林为全省“岗位能手”；罗建文、邓劲松等15人为全省“优秀专管员”。5月4日，省国税局通报表彰，冷水滩区国税局罗建文被国家税务总局评为全国税务系统“税收征管能手”。是年，市国税局表彰决定，授予周能光、黄其林、申又铭为全市“优秀国税局长”；张一明、董敏玲、郑侃颖、蔡文旺、蒋亮生、彭俊星、唐良柒、林木森、欧阳铁军、邱永珍为全市“优秀国税所长”。

1998年，省国税局改进“1512”活动评选项目，除继续评选优秀国税局长、优秀税务所长（征收分局长）以外，不再评选“稽查能手”“岗位能手”，统一评选“优秀国税工作者”。是年，冷水滩区国税局局长黄其林被省国税局表彰为全省国税系统“优秀国税局长”；邓小波、刘叙国等24人被评为全省国税系统“优秀国税工作者”。

二、岗位能手评选

1999年6月，根据省国税局暂停开展“1512”活动的决定，市国税局开展评选“十佳”国税工作者和“岗位能手”活动。是年，新田县国税局征收科高磊夫被湖南省青年职工工作委员会授予1998年度“湖南省青年岗位能手”。彭志义等82人被评为1999年度全市国税系统“优秀国税工作者”；廖九香等13个税干家庭被评为“五好文明家庭”。

2001年上半年，市国税局在各县（分）局推荐的基础上，评选出江华县国税局、祁阳县国税局办税服务厅、蓝山县国税局新圩税务所为实践“三个代表”先进单位；市国税局芝山分局局长欧阳铁军、江华县国税局计征科科长谢矫龙、宁远县国税局禾亭税务所所长刘向阳、道县国税局财务科科长郑冠春为实践“三个代表”

先进个人。10月29日至11月4日，在全市11个县（分）局组织实践“三个代表”先进事迹巡回报告会，大张旗鼓地开展“宣传先进典型、学习先进典型”活动，唱响“实践三个代表、做好国税工作”的主旋律。

2002年，贯彻省国税局《关于在全省国税系统办税服务厅和税务所中开展争创“四优”文明创建活动的通知》，市国税局组织开展“四优”文明建设活动和“优秀国税工作者”评选活动，全市国税系统涌现出一批爱岗敬业、务实创新的优秀税务工作者。经过逐级推荐，双牌县国税局办税服务厅被评为全省国税系统“四优”办税厅；祁阳县国税局白水分局、零陵区国税局珠山分局被评为全省国税系统“四优”税务所（分局）；何永东等12人被省国税局授予“优秀国税工作者”称号。

2003年，市国税局组织“必备的税政业务知识、涉税法律法纪知识、计算机应用知识”（简称“三项知识”）学习竞赛活动，11个县（区）国税局共121人参加统一考试，平均成绩为89.71分。通过笔试和抢答赛，江华县国税局、宁远县国税局、市国税局稽查局及东安、双牌、江永县国税局共6个单位获综合成绩前6名；肖静琳等21人获个人前20名，并被授予全市国税系统“学习尖子”。9月27日，市国税局抽选30名学习尖子，赴邵阳市参加全省国税系统“三项知识”竞赛，取得笔试第三名；10月20日，参加全省国税系统“三项知识”抢答赛，综合笔试成绩等获得团体三等奖；唐清华、李永妮等10人获得全省国税系统“三项知识”竞赛学习尖子（全省前105名）。

2004年起，全市国税系统以开展各项“岗位能手”创建评选活动为主，引导干部职工以组织收入为中心，勤奋学习，苦练硬功，积极争创管理规范、执法文明、服务优良的先进集体和爱岗敬业、无私奉献、争创一流的先进个人。是年，在省公安厅、省国税局、省地税局联合开展的全省打击涉税违法犯罪专项活动中，市国税局欧阳辉亮、祁阳县国税局伍春生被授予全省“先进个人”。廖利民、李靖、易宝华、刘红被评为全省国税系统“优秀国税工作者”。李明翠被省青工委评为“青年岗位能手”。周逸轩、蒋国华等6人被省国税局评为综合征管软件推广应用工作“先进个人”。袁北屏、李志敏等5人被省国税局评为全省金税工程“先进个人”。市国税局评选表彰13名“青年岗位能手”（陈新华、蒋双林、李经纬、荣颇、刘旭、蒋琳、何子贵、曾杰、盘继庚、唐正、周建君、朱志力、李明翠）和13个“学习型家庭”（封莉群、张一明、曾小忠、宋纪元、汤汉梧、何正湘、罗小燕、盘爱平、邓海平、周建平、周运泰、雷海军、周斌）。周斌家庭被省国税局表彰为首届“全省国税系统学习型家庭”。

2005年，全省国税系统综合征管软件等三大系统整合推广应用，刘雁飞、郭林、李晓娟、于亦伟、龚芳、李新民被省国税局评为先进个人。江华县国税局李桂香在全省综合征管软件操作能手竞赛中荣获三等奖。市国税局评选表彰2015年度各项能手："党务工作能手"李林先（冷水滩区）；"人教工作能手"伍余（祁阳县）、唐川生（局机关）；"监察工作能手"蒋海鸥（零陵区）；"写作能手"阮红燕（江永县）、盘爱平（局机关）；"后勤事务能手"张宏（双牌县）、刘春梅（局机关）；"流转税业务能手"曾晓东（零陵区）；"所得税业务能手"廖九香（冷水滩区）、魏忠（局机关）；"涉外税业务能手"刘淑芳（东安县）；"政策法规业务能手"袁俊文（宁远县）；"计统业务能手"桂阳生（江华县）；"数据管理能手"陶霞（祁阳县）；"税收管理能手"盛清华（零陵区）、甘义华（江华县）、刘格玲（蓝山县）；"办税服务能手"陈新华（冷水滩区）、罗凤玲（道县）、刘亚雄（新田县）；"稽查业务能手"谢伍寿（市稽查局）、朱志力（市稽查局）、蒋海波（东安县）；"车购税业务能手"刘萍（大，市局办税服务厅）；"信息技术能手"王国刚（蓝山县）；"综合征管软件操作能手"刘雁飞（祁阳县）、秦洁（双牌县）、何进平（宁远县）、唐凌云（局机关）；"驾驶技术能手"蒋继祥（江华县）。

2006年度全省国税系统"优秀岗位能手"永州市共8名：王国刚（蓝山县）、蒋海波（东安县）、刘振源（江华县）、李佳妹（江永县）、张文明（零陵区）、文君（祁阳县）、周斌（市国税局）、李忠玉（宁远县）。市国税局评选表彰"优秀岗位能手"28名：祝利国、周铁山、胡小明（冷水滩区）；欧阳江萨、张卫东、刘中宜（零陵区）；伍余、段晟宇、伍卫国（祁阳县）；刘淑芳、蒋海波（东安县）；严海波、秦洁（双牌县）；郑冠春、周湘军（道县）；蒋连生、卢玉梅（江永县）；冯忠林、刘华（江华县）；盘继庚、李忠玉（宁远县）；胡平国、刘真（新田县）；王国刚、钟玉英（蓝山县）；雷海军、王品智（市局稽查局）；刘萍（大，市办税服务厅）。

2007年度全省国税系统岗位能手："行政管理能手"唐绍军（市国税局机关党办主任）、史冬冬（冷水滩区国税局人教科长）；"征收管理能手"唐耀斌（零陵区国税局收入核算科科长）、李立新（双牌县国税局办税厅副主任）、唐荣芬（东安县国税局政策法规科副科长）、李雪平（道县国税局征收管理科副科长）、徐英（江华县国税局收入核算科副科长）、奉勇军（宁远县国税局征收管理科科长）。

2008年度全省国税系统操作能手：李桂香（江华县国税局办税厅）、敖智勇（零陵区国税局办税厅）获全省税务登记岗"综合征管软件操作能手"；李忠玉（宁远县国税局办税厅）获全省代开发票岗"综合征管软件操作能手"。2009年度全省国税系统综合征管软件应用操作能手：李忠玉（宁远县国税局办税厅）获"综合征管软件发票代开岗应用操作能手"；唐荷玉（冷水滩区国税局）获"综合征管软件申报征收岗应用操作能手”。2010 年度全省国税系统综合征管软件应用操作能手：李忠玉（宁远县国税局办税厅）、陈新华（冷水滩区国税局办税厅）、李凤銮（江华县国税局办税厅）。2011—2012 年度省国税局表彰永州市岗位能手：市国税局机关唐星林、曾杰、刘淑芳、李明翠，李桂香（江华县），蒋林植（东安县），唐冰琳（道县）。

2012 年 3 月 20 日，全市国税系统先进典型事迹巡回报告会在冷水滩进行　　（办公室供图）

2014 年 11 月，市国税局在永州市委党校报告厅组织全市税收业务基础知识考试竞赛，共 165 人参加。宁远、新田、双牌、祁阳、江华 5 个县国税局荣获“优秀学习型单位”，奉勇军等 6 人荣获“优秀学习尖子”，曾晓东等 48 人荣获“优秀学习干部”。2015 年 7 月 30—31 日，市国税局分别在市委党校和市国税局机关组织全市系统“岗位大练兵、业务大比武”竞赛活动，共 96 人参加笔试和实务测试，最终宁远、双牌、祁阳 3 个县国税局荣获“优秀单位奖”，邓海平等 17 人荣获“岗位业务能手”。8 月 28—30 日，市国税局选送管理评估、纳税服务和税务稽查三类岗位共 12 名业务骨干参加全省国税系统“岗位大练兵、业务大比武”竞赛活动，纳税服务岗位的欧阳芳（宁远）和何敏（双牌），税务稽查岗位的谢伍寿（市局稽查局）荣获“湖南省国税系统岗位业务能手”。2016 年 8 月 6 日，市国税局在市委党校组织全市系统“岗位大练兵、业务大比武”竞赛，共 232 人通过统一考试，宁远、双牌、冷水滩、东安、江华 5 个县（区）国税局获优胜单位；伍余等 21 人入列“素质提升‘115’工程——岗位能手项目”人员名单。9 月 19—20 日，通过业务竞赛和组织推荐，市国税局选派21名业务骨干参加全省国税系统业务大比武竞赛，最终税务稽查岗的胡艳林（宁远）、纳税服务岗的蒋海波（东安）、信息技术岗的聂军（市国税局）入列全省国税系统“素质提升‘115’工程——专业骨干项目”人员。2017年7月8日，市国税局再次组织全市系统“岗位大练兵、业务大比武”活动，53人通过考试竞赛，宁远、道县、东安、江华、新田5个县国税局荣获“优胜单位奖”；蒋海波等12人入列“素质提升‘115’工程——岗位能手项目”。9月23—24日，市国税局推选6名选手参加全省国税系统纳税服务类业务大比武决赛，经机考和现场竞技，永州市国税局获得团体三等奖；蒋海波（东安）获个人优胜奖。

三、绩效管理考核

自2014年1月1日起，国家税务总局在总局机关和部分省国税局等开展税务绩效管理试点，当年7月1日起在全国税务系统试行税务工作综合考评机制。永州市国税系统自2014年7月开始试行绩效管理，2015年全面推广实施。根据《全国税务系统绩效管理办法》，市国税局制定完善细则，分别组织对所属单位及个人进行绩效考评，按照个人自评、平时考评与年度考评相结合等方式，综合评选出年度绩效管理先进单位与个人，作为评价业绩、干部任用、公务员年度考核等方面的重要依据。历年绩效管理考评先进单位名单如下。

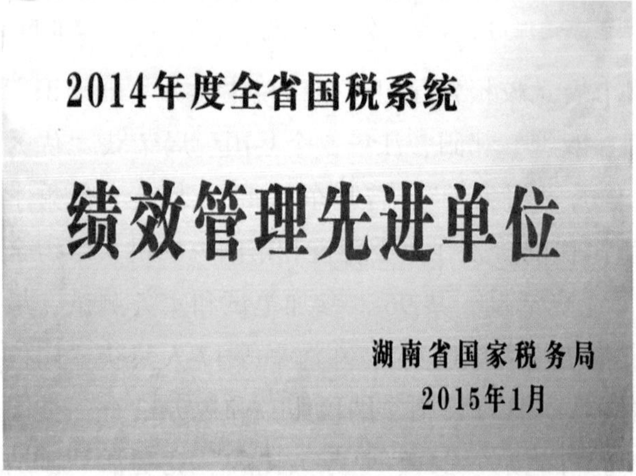

2014年度获得全省国税系统“绩效管理先进单位”（办公室供图）

2014年，在全省14个市州局绩效考评中，永州市国税局排名前3位，被评为“2014年度全省国税系统绩效管理先进单位”。全市国税系统中，双牌、祁阳、江华3个县国税局被评为“2014年度全市国税系统绩效管理先进单位”。在市局机关和直属单位考评中，市局办公室、监察室、机关党办工会、纳税服务科、收入核算科、征收管理科6个科室被评为“2014年度绩效管理先进科室”，市局稽查局被评为“2014年度全市国税系统绩效管理先进单位”。

2015年度绩效考评，双牌、宁远、江华、蓝山、东安5个县国税局荣获“2015年度全市国税系统绩效管理先进单位”。市局稽查局、人事科、征收管理科、纳税服务科、监察室、办公室、信息中心、收入核算科获评“2015年度绩效管理先进科室”。

2016年，永州市国税局获得“2016年度全省国税系统绩效管理先进单位”。宁远、双牌、冷水滩、蓝山、新田5个县（区）国税局获得全市国税系统“2016年度绩效管理先进单位”。市国税局机关党办工会、监察室、办公室、教育科、信息中心、纳税服务科、征收管理科、稽查局、收入核算科获得“2016年度绩效管理先进科室”。

2017年，永州市国税局绩效考评成绩列全省前二位，被授予“2017年度全省国税系统绩效管理先进单位”。在全市11个县（区）绩效考评中，双牌、冷水滩、东安、祁阳、江华5个县（区）国税局获得全市“2017年度绩效管理先进单位”。市国税局机关人事科、办公室、机关党办工会、市国税局稽查局、纳税服务科、征收管理科、货物和劳务税科、信息中心获得“2017年度绩效管理先进科室（单位）”。

2017年2月9日，在永州市经济工作会议上，市国税局被市委、市政府表彰为“2016年度绩效评估优秀单位”。图前排左二为曾立春局长领奖（办公室供图）

第二节 国税文化建设

1997年8月，市国税局机关整体搬迁到冷水滩区河东新机关大院后，先后建立新图书阅览室、电脑培训室、健身房、机关服务中心、国税文化活动中心等，围绕税收中心工作，积极创建国税文化，丰富税干生活，促进国税管理。

1999年，市国税局机关及全市国税系统适时开展丰富多彩的国税文化活动，先后举办庆元旦、市国税局机关与基层迎春联欢、税企联谊、全省国税系统政工干部游艺联欢、与市总工会合办“国税杯”卡拉OK大奖赛、“庆七一党员干部话税收”、全市系统首次宣传工作会议机关与基层人联欢、新中国成立50周年歌咏大合唱、篮球比赛、板报比赛、征文比赛等各类文化体育活动28次。分别参加全省国税系统首届篮球赛获得男子第五名；永州市首届全民健身体育运动会男子篮球赛获第三名；全省国税系统演讲比赛获二等奖。市国税局机关“百米宣传长廊”重大活动图片展及各科室黑板报定期比赛等，形象直观，勤换常新，鼓舞人心。同时建立扩充图书阅览室、老干活动室、荣誉室、娱乐室、健身室、国税文化中心等，新增图书1800余册（套），既丰富员工文化生活，陶冶情操，又增强了国税机关的凝聚力和队伍的战斗力，促进各项工作任务圆满完成。

2009年1月20日，市国税局机关迎春联欢晚会，新老领导同台演唱

2000年4月起，市国税局组织开展“个、十、百、千、万”活动，即每人每年参加1个以上学习兴趣小组，读10本书、写10篇心得体会，保证300个小时的政治理论和业务学习时间，在报刊上发表4000字以上的文稿，记50000字以上的学习笔记，激励国税人员自觉学习，勤奋工作。9月21日起，市国税局与市摄影家协会等联合在冷水滩城区举办“迎国庆《国税与百姓》摄影作品展”，共展出108幅比赛入选作品，全面展示国家税收与经济、文化、人民生活等方面的成就及关系。

2002年，市国税局大力开展精神文化、物质文化、行为文化、制度文化建设，进一步丰富文明创建活动。年初制定下发《永州市国税系统文明创建活动管理办法》及相关制度，完善创建管理体系，并确定芝山国税分局珠山税务所、祁阳县国税局办税服务厅、宁远县国税局九嶷山税务所、江华县国税局白芒营税务所等单位为国税文化和文明创建重点单位，引领文明创建，加强督促管理，促进规范化落实。同时在全市国税系统积极开展自编自演、扶贫帮困、公益文化等活动，当年共捐资助学26名学生，资助特困家庭及学生等共29.69万元。在永州市庆“七一”文艺会演中，市国税局选送的《花儿朵朵向阳开》节目荣获二等奖。11月在市文明委举办的全市文明单位首届“长丰猎豹杯”文艺会演暨社区文化艺术节中，市国税局自导自演的《玩火者》哑剧获第一名。

2003年4月，市国税局机关率先成立英语、电脑、文学、摄影、羽毛球等15

个文化兴趣小组，分别开展文化活动。各县（区）国税局因地制宜建立各类文化兴趣小组。2005年6月10日，全市国税系统举办“税务英语”竞赛暨英语专业专升本报考选拔考试，共200余税务干部参加。7月18—19日，组织开展全市国税系统“加强党风廉政文化建设，纪念长征胜利70周年，抗日战争胜利60周年，弘扬中华民族优秀传统文化”书画诗词作品评选活动，评比和表彰了国税业余文化优秀者。2009年3月23日至4月10日，市国税局机关首届奇石、摄影、书画文化艺术作品展在市局办公楼一楼大堂进行，布展作品共200余幅（件），展示国税机关文化兴趣小组及个人收藏等多品类文化成果。省国税局副局长张社安及市直单位、社会群众等观展后，对永州国税文化给予高度评价。

2010年9月30日，“道德永州·书香国税”演讲比赛在永州市广电中心举行，市国税局第一稽查局潘清斌荣获第一名。2013年8月7—9日，全市国税系统“廉洁从税”廉政文化作品展在市局机关办公楼一楼大厅开展。经市纪委领导以及市文联、书法协会、摄影协会专业人士选评后，共评选出优秀书画作品25幅、摄影作品25件、征文24篇、短信61条。2014年，组织推动全市国税系统开展“道德讲堂”建设活动。市国税局机关及各县（区）国税局从年初开始，分别建立“道德讲堂”，定期授课讲座。5月，永州市委宣传部“道德讲堂”建设推进会在双牌县国税召开现场会，市委常委、宣传部部长石艳萍到会并讲话，省、市新闻媒体等现场采访宣传报道了国税“道德讲堂”的成果与经验。

2015年，全市国税系统系统开展“廉政文化精品项目”“最有特色纪检日活动”“优秀廉政党课”等评选活动。新田县国税局“弘扬廉政文化　共建和谐国税”、道县国税局“扬爱莲精神　树廉洁新风”、祁阳县国税局“春风化雨细无声　廉政文化铸税魂”、双牌县国税局“和美阳明　清廉税苑”、零陵区国税局“承柳子精神　扬清廉之气”等获得廉政文化精品项目；冷水滩区、东安、宁远、江华县国税局获得最有特色纪检日活动优秀单位；宁远、蓝山、江永县国税局获得廉政党课优秀单位；新田、祁阳、蓝山、双牌、江华县国税局获得全市国税系统廉政文化建设成果及警示教育巡展优秀组织单位。

2016年6月，市国税局机关组织开展“最美办公室”评选活动，按照布局合理、卫生整洁、文化氛围和精神风貌四大项综合评分，共评选出大企业和国际税务管理科（1104室）、人事科（1405室）、所得税科（1203室）、机关服务中心（1205室）、办公室（902室）、财务管理科（1305室）6间“最美办公室”，并授予流动红旗。

2017年8月3日，市国税局召开全市国税系统“培育好家风、传承好家训、弘扬好学风”活动表彰大会，经各县（区）国税局推荐和市国税局审定，对表现突出、成绩优异的张一明等5个家庭，敖文轩等16名学生予以表彰。9月22日，全市国税系统“培育好家风　传承好家训”主题演讲比赛在市国税局进行，21名选手经过激烈角逐，邓巧宁等8人分别获得一、二、三等奖。同时对从78篇征文中，评选出《此情绵绵无绝期》等13篇优秀文章。

2017年9月28日，全市国税系统“迎国庆”文艺会演在永州广电中心举行

第三节　文明单位建设

一、创建“青年文明号”

1995年9月，零陵地区国家税务局与共青团零陵地委响应国家税务总局和共青团中央的倡议，在全区国税系统开展创建“青年文明号”活动。创建活动主要在35岁以下青年税务干部占70%以上的基层单位中开展，重点是征收一线的税务所、税务分局、稽查局、征收柜台、开票柜台等青年集体或其他青年岗位。通过创建“青年文明号”活动，引导国税青年干部、职工立足本职岗位，勤奋工作，文明服务，树立敬业意识和创业精神，增强从事税收工作的光荣感和责任感，提高思想素质和业务技能，展现国税良好的职业形象和当代青年税务工作者的精神风貌，推动国税系统文明建设。从10月份起，各基层国税机关围绕“青春献税收，文明建功

业”的创建主题，紧密结合青年特点和国税工作实际，采取多种方式实施创建“青年文明号”活动。一是以《爱国主义教育实施纲要》为指导，开展“爱祖国、爱税收、爱岗位，树立税务新形象”活动；二是加强对青年的政治思想教育和职业道德教育，提高职业文明素质和职业道德水平；三是围绕税收中心工作，引导青年在税收征管工作中创造一流业绩、争取当先进，为深化税制改革、完成税收任务作贡献；四是对青年进行业务培训，提高业务能力和技术水平，适应税制改革、征管改革和高度信息化的税收征管工作需要。通过积极创建和督查落实，全区国税系统涌现出一批地（市）级以上“青年文明号”先进集体。

1996 年 5 月，市国税局冷水滩分局城区三税务所荣获湖南省“青年文明号”。7 月 1 日，共青团永州市委与市国税局联合表彰 1995 年度市级“青年文明号”，冷水滩分局城区三税务所、黄阳司税务所、芝山分局水口山税务所等 15 个基层单位获首批市级“青年文明号”。1997 年，芝山分局办税服务厅获省“青年文明号”。1999 年 5 月，市国税局一分局（原冷水滩分局）城区一税务所获得省“青年文明号”。10 月 20 日，团市委与市国税局联合表彰 1998 年度市级“青年文明号”，市国税局一分局城区一税务所、二分局（原芝山分局）三税务所、祁阳县国税局办税服务厅等 11 个基层单位获市“青年文明号”。2004 年 10 月，市国税局被湖南省青年工作委员会授予“湖南省十年‘青年文明号’”活动优秀组织奖。东安县国税局芦洪市税务所、双牌县国税局纳税服务中心被授予省“青年文明号”。2005 年，零陵区国税局办税厅、珠山税务分局，冷水滩区国税局城区分局，祁阳县国税局办税厅，新田县国税局办税厅，双牌县国税局办税厅，东安县国税局芦洪市税务所被授予省“青年文明号”。2008 年 5 月，双牌县国税局办税服务厅被国家税务总局、共青团中央授予全国“青年文明号”。

二、创建文明单位（系统）

1996 年 3 月起，零陵地区国家税务局印发《关于创建文明国税系统的意见》，组织各县（市）国税局紧密结合国税工作实际，扎实开展文明创建活动。7 月，省国税局授予新田县国家税务局为“文明单位”，芝山区国税局水口山税务所等 23 个税务所（征收分局）为“文明税务所”（文明征收分局）。

1997 年 1 月 29 日，市国税局印发《永州市国税系统“九五”期间社会主义精神文明建设规划》，提出 9 项目标任务。2 月 24 日，转发《国家税务总局关于印发〈全国税务系统加强社会主义精神文明建设实施意见〉的通知》。3 月中下旬，市国税局组织对申报 1996 年省局级文明税务所（征管分局）的单位进行检查验收。4 月 2 日，评选并表彰 26 个 1996 年度市局“文明税务所（征收分局）”。4 月 30 日，省国税局表彰1996年度“文明国税征收分局（所）”，永州市芝山区国税分局珠山税务所等13个单位受到表彰。1998年，全市11县（区）国税局和市国税局机关全部被评为市级以上文明单位，实现了“满堂红”。

1999年，市国税局深入开展创建国税“文明单位”（系统）活动，大力争创市、省级文明单位。5月，市国税局被永州市委、市政府授予市级“文明单位”称号；市国税二分局（芝山区局）被评为湖南省“文明单位”。7月21日，省国税局表彰1998年度文明单位等，授予永州市国税一分局（冷水滩区局）为“文明单位”；市国税局二分局三税务所、东安县国税局二征收分局、宁远县国税局一征收分局、双牌县国税局江村征收分局、江永县国税局一征收分局等6个单位为全省国税系统“文明征收分局（税务所）”。12月，永州市委宣传部、市文明办等联合组织对市国税系统创建“文明行业（系统）”考核验收，认定市国税系统创建意识强，领导重视，目标明确，措施落实，工作扎实，效果明显，决定推荐市文明委予以认定。2000年4月，市国税局被市委、市政府授予“文明系统”。5月20日，市国税局表彰国税系统12个基层“文明单位”。11月29日，永州市国税局被湖南省委、省政府授予省级“文明单位”称号。

2000年11月29日，永州市国税局荣获湖南省“文明单位”称号 （办公室供图）

2001年，市国税局在制度建设、规范管理、国税文化等方面进行大胆探索实践，整体文明程度稳步提高。8月，省级文明单位复查验收顺利通过，市国税局连续两年保持省级“文明单位”称号。是年，宁远县国税局被湖南省委、省政府授予省级“文明单位”称号。2002年，市国税局按照省市有关标准组织检查验收，对市国税局冷水滩分局城区税务所等13个单位授予2002年度“文明单位”称号。是年，江华县国税局被省委、省政府授予“文明单位”称号。

2003年3月起，市国税局在全市国税系统广泛开展以“优良的办税场所、优良的业务素质、优良的服务水准、优良的社会形象”为内容的“四优”文明单位创建活动，进一步激发各个基层单位和税务人员的工作积极性与创造性，促进各项工作任务优质高效完成，涌现出一批爱岗敬业、务实创新、文明法治、廉洁高效的先进集体和先进个人。当年，全市国税系统有46个单位、个人受到市级以上的表彰与奖励。其中，祁阳县国税局白水分局、新田县国税局办税厅、双牌县国税局办税厅、零陵区国税局珠山分局被省国税局授予全省国税系统“四优”文明单位。2005年10月，在全省国税系统思想政治工作会议上，新田、蓝山县国税局被表彰为2004年湖南省“文明单位”；东安县国税局芦洪市税务所、双牌县国税局办税服务厅被授为湖南省“青年文明号”；道县国税局道江税务分局、江永县国税局办税服务厅、宁远县国税局舜陵税务分局被评为湖南省国税系统2004年度“四优”文明单位；市国税局稽查局被评为湖南省国税系统2004年度“学习型示范单位”。是年12月31日，永州市国税局机关被中央文明委命名表彰为“全国精神文明建设工作先进单位”。

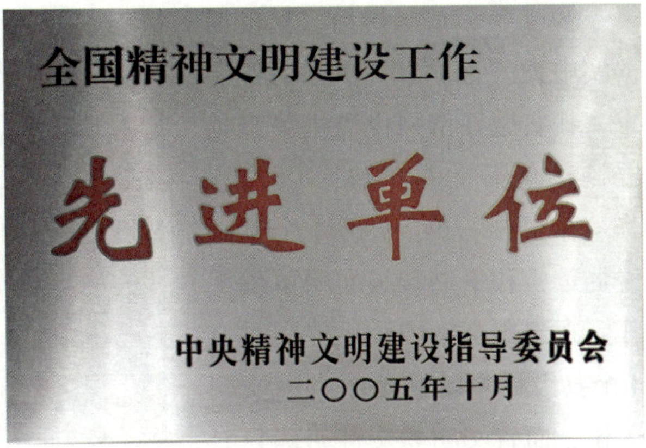

2005年12月，永州市国税局荣获中央文明委“全国精神文明建设先进单位”奖牌 （办公室供图）

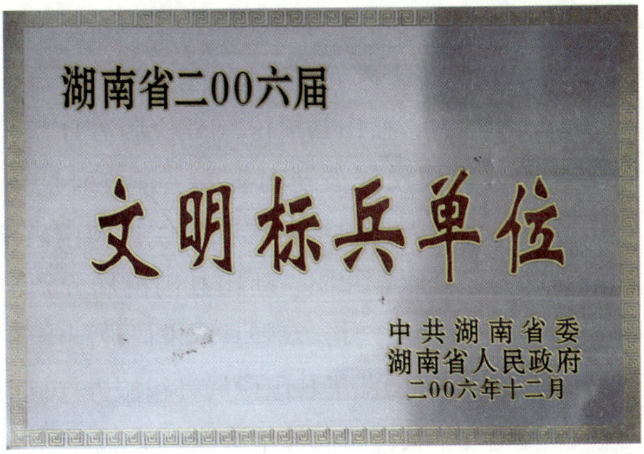

2006年12月，永州市国税局荣获湖南省“文明标兵单位” （办公室供图）

2006年12月，市国税局被湖南省委、省政府授予“湖南省2006届文明标兵单位”称号；宁远县国税局、新田县国税局再度被湖南省委、省政府授予省级“文明单位”称号，道县国税局同时被授予省级“文明单位”称号。2007年，江华县国税局被国家税务总局授予“全国税务系统文明单位”称号。2008年1月，江华县国税局被湖南省委、省政府授予“文明单位”称号；5月双牌县国税局办税服务厅被国家税务局、共青团中央授予“青年文明号”。

2009年1月，永州市国税局（机关）被中央文明委授予“全国文明单位”称号；4月，国家税务总局发出通报予以表彰。2010年12月，冷水滩区国税局、江永县国税局分别被湖南省委、省政府授予省级“文明单位”称号。2012年12月，宁远县国税局、新田县国税局被湖南省委、省政府授予“湖南省2012届文明单位”称号；零陵区国税局被湖南省委、省政府授予“文明单位”称号。

2009 年 1 月，永州市国税局荣获“全国文明单位”奖牌（办公室供图）

2014 年，市国税局认真贯彻落实中央、省、市文明委工作要求，扎实做好市国税局机关当年复核“全国文明单位”以及江华、祁阳、东安、双牌 4 个县国税局重检和争创省级文明单位工作。在当年全市国税系统同时有 4 个县级局重检和争创省级文明单位，而省文明委文件明确只有 3 个创建指标的情况下，市国税局等经过扎实创建和努力争取，最终江华县国税局被评为湖南省“文明标兵单位”，祁阳、东安、双牌 3 个县国税局为湖南省“文明单位”。

2015 年 3 月，蓝山县国税局办税服务厅被全国妇联授予“巾帼文明岗”称号。12 月，宁远县国税局被湖南省委、省政府授予“湖南省 2015 届文明单位”称号。2016 年 3 月，双牌县国税办税服务厅被湖南省文明委授予“湖南省文明窗口单位”称号。12 月，江永、祁阳、新田县国税局分别被湖南省文明委授予“湖南省文明单位”称号。2017 年 3 月，双牌县国税局被湖南省文明委授予“湖南省文明标兵单位”称号。4 月，双牌、江华县国税局办税服务厅同时被全国妇联授予“巾帼文明岗”称号。11 月，江华县国税局被中央文明委授予“全国文明单位”称号。是年年底，蓝山县国税局被湖南省文明委授予“湖南省文明单位”称号。至此，全市国税系统 11 个县（区）国税局和市国税局全部为省级以上文明单位。其中，市国税局机关自 2009 年 1 月被中央文明委授予“全国文明单位”后，历经多次复核、复检，至 2018 年 7 月连续 9 年保持这一最高荣誉。

2015 年 2 月 25 日，永州市委、市政府隆重召开 2014 年度综合表彰大会，市国税局荣获 5 项先进单位，其中绩效考核、综合治理、党建工作等排名第一。图中站立者右三为局长傅扬帆在领奖（办公室供图）

1992—2018 年永州市国税系统获省部级以上荣誉表

表 8-1

获奖时间	获奖者	荣誉名称	授奖单位
1992 年 2 月	零陵地区税务局	全国税法宣传教育活动先进集体	国家税务局、全国总工会、团中央、全国妇联
1995 年 3 月	地区税务局曾浩东	全国税务纪检监察先进工作者	国家税务总局
1998 年 12 月	永州市国税局二分局	湖南省文明单位	中共湖南省委、省政府
2000 年 5 月	黄其林（冷水滩区局）	劳动模范	湖南省政府
2000 年 11 月	永州市国家税务局	湖南省文明单位	中共湖南省委、省政府
2001 年	宁远县国家税务局	湖南省文明单位	中共湖南省委、省政府
2001 年	李顺阳（市国税局）	全国税务系统先进工作者	人事部、国家税务总局
2002 年 9 月	江华县国家税务局	湖南省文明单位	中共湖南省委、省政府
2003 年 9 月	零陵区国税局珠山税务所	模范职工小家	中华全国总工会
2003 年 8 月	欧阳铁军（零陵区国税局）	全国税务系统优秀税务工作者	国家税务总局
2004 年	祁阳县国家税务局	湖南省模范职工之家	湖南省总工会
2004 年	蓝山县国家税务局	湖南省文明单位	中共湖南省委、省政府
2004 年	新田县国家税务局	湖南省文明单位	中共湖南省委、省政府
2005 年	祁阳县国家税务局（办税服务厅）	巾帼文明岗	中华全国妇女联合会
2005 年 12 月	永州市国家税务局	全国精神文明建设工作先进单位	中央文明委
2006 年 12 月	永州市国家税务局	湖南省 2006 届文明标兵单位	中共湖南省委、省政府
2006 年 12 月	宁远县国家税务局	湖南省文明单位	中共湖南省委、省政府
2006 年 12 月	新田县国家税务局	湖南省文明单位	中共湖南省委、省政府
2006 年 12 月	道县国家税务局	湖南省文明单位	中共湖南省委、省政府
2007 年	江华县国家税务局	全国税务系统文明单位	国家税务总局
2008 年 1 月	江华县国家税务局	湖南省文明单位	中共湖南省委、省政府
2008 年 5 月	双牌县国税局办税服务厅	青年文明号	国家税务总局、共青团中央
2009 年 1 月	永州市国家税务局	全国文明单位	中央文明委
2009 年 12 月	江华县国家税务局	湖南省文明窗口单位	湖南省文明委

续表8-1

获奖时间	获奖者	荣誉名称	授奖单位
2010年2月	永州市国家税务局	全省“企业服务年”活动优秀服务单位	湖南省政府
2010年12月	新田县国家税务局	湖南省2010届文明单位	中共湖南省委、省政府
2010年12月	冷水滩区国税局	湖南省文明单位	湖南省文明委
2010年12月	江永县国家税务局	湖南省文明单位	湖南省文明委
2011年6月	永州市国税局机关党委	先进基层党组织	中共湖南省委
2011年	祁阳县国家税务局	湖南省2011届文明窗口单位	湖南省文明委
2012年6月	永州市国税局机关党委	全国创先争优先进基层党组织	中共中央组织部
2012年12月	宁远县国家税务局	湖南省2012届文明单位	中共湖南省委、省政府
2012年12月	道县国家税务局	湖南省2012届文明单位	中共湖南省委、省政府
2012年12月	零陵区国家税务局	湖南省文明单位	中共湖南省委、省政府
2013年4月	永州市国家税务局	湖南省五一劳动奖状	湖南省总工会
2013年4月	欧阳辉亮（市国税局）	湖南省优秀工会工作者	湖南省总工会
2013年4月	零陵区国家税务局	湖南省模范职工之家	湖南省总工会
2013年	甘义华（江华县国税局）	税务标准化工作先进个人	国家税务总局
2014年10月	傅扬帆（市国税局）	全国税务系统先进工作者	人社部、国家税务总局
2014年12月	江华县国家税务局	湖南省文明标兵单位	湖南省文明委
2014年12月	祁阳县国家税务局	湖南省文明单位	湖南省文明委
2014年12月	东安县国家税务局	湖南省文明单位	湖南省文明委
2014年12月	双牌县国家税务局	湖南省文明单位	湖南省文明委
2015年3月	蓝山县国家税务局	巾帼文明岗	中华全国妇女联合会
2015年12月	宁远县国家税务局	湖南省2015届文明单位	湖南省文明委
2016年3月	双牌县国家税务局	湖南省文明窗口单位	湖南省文明委
2016年12月	江永县国家税务局	湖南省文明单位	湖南省文明委
2016年12月	祁阳县国家税务局	湖南省文明单位	湖南省文明委
2016年12月	新田县国家税务局	湖南省文明单位	湖南省文明委
2016年12月	双牌县国家税务局	先进集体	国家税务总局
2016年12月	双牌县国税局工会	湖南省模范职工之家	湖南省总工会

续表8-1

获奖时间	获奖者	荣誉名称	授奖单位
2017 年 3 月	双牌县国家税务局	湖南省文明标兵单位	湖南省文明委
2017 年 4 月	双牌县国家税务局办税服务厅	全国巾帼文明岗	中华全国妇女联合会
2017 年 4 月	江华县国家税务局办税服务厅	全国巾帼文明岗	中华全国妇女联合会
2017 年 5 月	祁阳县国家税务局	全国工人先锋号	中华全国总工会
2017 年 11 月	江华县国家税务局	全国文明单位	中央文明委
2017 年	蓝山县国家税务局	湖南省文明单位	湖南省文明委
2018 年 4 月	龙晓（冷水滩区局）	全国五一劳动奖章	中华全国总工会
2018 年 4 月	龙晓（冷水滩区局）	湖南省先进工作者	湖南省委、省政府
2018 年 5 月	欧阳霆家庭（宁远局）	全国五好家庭	中华全国妇女联合会
2018 年 6 月	骆雄（双牌县局）	敬业奉献类湖南好人	湖南省文明委

说明：1.“省部级以上”荣誉包括省委、省政府、总工会和国家税务总局等以上表彰的单位和个人，不含省税务局等厅局级及以下奖励；

2. 截止到 2018 年 7 月税务机构合并。

第九章　机构队伍

1992年，零陵地区税务局辖2个城市税务局和9个县税务局，即永州市税务局、冷水滩市税务局和东安、祁阳、双牌、道县、宁远、江永、江华、蓝山、新田县税务局。县（市）税务局下辖100个税务所。全区税务系统共有在职人员2297人，离退休人员530人。

1994年9月27日，根据国务院《关于实行分税制财政管理体制的决定》和湖南省税务局《关于零陵地区组建两个税务机构的实施方案》的批复，零陵地区税务局机构分设，分别成立零陵地区国家税务局和零陵地区地方税务局，自此各自按照划分的税收征管范围负责征收管理国家税收与地方税收。1996年4月16日，零陵地区国家税务局改设为永州市国家税务局，同日启用新印章，直至2018年7月。其间，市国税局机关内设机构及县（区）局机构均有变化。

第一节　税务机构

一、零陵地区税务局

1992年，零陵地区税务局为湖南省税务局垂直管理的县处级税务管理机构，垂直管理11个县（市）税务局。地区税务局机关内设机构有办公室、人事科、宣传教育科、流转税科、地方税科、所得税科、征收管理科、计划会计科、监察科、税务检察室、促产办公室，另设有税务学会、机关工会、团工委、招待所。至1994年9月税务机构分设前，地区税务局机关下设13个职能科室，共有在职干部74人、工人10人，离退休11人。

1994年9月27日，零陵地区税务局机构分设，按照分设方案中人员和财产2/3到国税、1/3到地税的比例，地区税务局机关人员划分到地区国税局机关的63人，其中在职53人，退休10人；划分到地税局机关33人，其中，在职32人，离休1人。全区划分到国税系统的在职人员1409人，离退休人员416人；划分到地税系统的在职人员 888 人，离退休人员 114 人。税务机构分设后，地区国税局辖 11 个县（市）国税局，91 个税务所。

1994 年 9 月 27 日，零陵地区税务局机构分设大会

1994 年零陵地区税务局分设前内设机构、人员表

表 9-1

机构	人员	人数
局长室	曹承斌、张家琳、贺正国、刘春洪、廖丁贵	5
办公室	文乐军、阳辉亮、廖在文、欧载恕、刘青年、赵永富、匡代雄、赵纯兵、彭玲辉、王金玉、唐小阳、李明翠、柏娟、崔安明、唐德银、陈运友、叶韶素、蒋红星	18
人事科	鲁连甫、刘进、张紫英、陈美容、彭志义	5
宣教科	唐景平、吕致清、何道书、吴春元、雷建鑫	5
流转税管理科	朱建河、黄光元、陈立阳、周逸轩、周新翠	5
地方税管理科	桂建球、何湖光、杨建清、陈贤信、许立忠、唐芩	6
所得税管理科	唐辉恒、王远玉、何多珍、程灿烂、胡扬芝	5
征管科	欧宣庭、张培荣、唐双祁、唐慧亮、李满玉、李志敏、盘海源、邓代志、甘永平	9
监察科	曾浩东、周万生、欧富强、李玉环、赵文华	5

续表9-1

机构	人员	人数
计会科	蒋德松、邓景芝、左亚林、匡安秀、刘先明、刘克勤、刘春梅、黎金元、陈江平、吴艳丽、文方明	11
促产办	潘清栋、唐广联、唐素云	3
机关工会	唐怀德、欧阳丽君、欧阳凤霞	3
税务学会	陈爱国、肖冬旺	2
税务检察室室	高安东、唐伟源	2
合计	84人（其中干部74名，工人10名）	84

说明：表中机构、人员至1994年9月26日止

1994年9月分设到零陵地区国家税务局机关人员表

表9-2

机构	人员	人数
局长室	曹承斌、贺正国、张家琳、艾春元（调回）	4
办公室	文乐军、阳辉亮、赵文华、刘青年、赵永富、唐小阳、柏娟、匡代雄、蒋红星、李明翠、崔安明、叶韶素、唐素云	13
人事教育科	鲁连甫、吕致清、张紫英、吴春元、彭志义	5
流转税科	朱建河、黄光元、许立忠、周逸轩、周新翠	5
所得税科	唐辉恒、何道书、胡杨芝、陈贤信	4
征收管理科	陈爱国、唐慧亮、李志敏、盘海源、邓代志、刘春梅	6
监察科	曾浩东、周万生、李玉环	3
计划财务科	蒋德松、邓景芝、匡安秀、刘先明、刘克勤、陈江平、文方明、唐广联	8
机关工会	欧宣庭、欧阳丽君	2
税务检察室	高安东、唐伟源	2
纪检组（与监察合署办公）	唐怀德	1
离退休人员	邹礼强、余世豪、刘忠伦、唐镛、王玉英、欧阳坚、周仲连、洪光耀、刘昆福、朱伍福	10
合计	63人（其中在职53人，退休10人）	

说明：表中机构、人员自1994年9月27日起

1994 年 9 月 27 日，零陵地区税务局机关机构分设前全局人员合影（办公室供图）

1994 年 9 月分设到零陵地区地方税务局机关人员表

表 9-3

机构	人员	人数
局长室	刘春洪、廖丁贵	2
人事科	刘进、陈美容	2
宣教科	唐景平、雷建鑫	2
工会	欧阳凤霞	1
监察科	欧富强	1
学会	肖冬旺	1
地方税科	桂建球、何湖光、唐芩、杨建清	4
所得税科	程灿烂、王远玉、何多珍	3
流转税科	陈立阳	1
征管科	唐双祁、张培荣、李满玉、甘永平	4
计会科	左亚林、吴艳丽、黎金元、欧载恕	4
办公室	廖在文、唐德银、陈运友、彭玲辉、王金玉、赵纯兵	6
促产办	潘清栋	1
离休人员	成资才	1
合计	33 人（其中在职 32 人，离休 1 人）	

说明：表中机构、人员自 1994 年 9 月 27 日起

二、地区（市）国税局机关内设机构

1994 年 9 月 27 日，零陵地区国税局局长曹承斌（右）同副局长艾春元等挂牌

1994 年 9 月 27 日，税务机构分设后的零陵地区国家税务局机关内设 9 个科室：办公室、人事教育科、税政管理一科、税政管理二科、征收管理科、计划财务科、监察室（与纪检合署办公）、机关工会、税务检察室，级别均为正科级。同年 10 月，设置涉外税收管理科（与税政管理一科合署办公）。1995 年 5 月 22 日，成立零陵地区国家税务局稽查局，正科级建制。

1996 年 4 月 16 日，根据湖南省国税局《关于撤销零陵地区国家税务局设立地级永州市国家税务局等事项的批复》，原零陵地区国家税务局改为永州市国家税务局，即日启用新印章。原县级永州市、冷水滩市国税局分别改为芝山区、冷水滩区国税分局。新的地级永州市国税局内设机构保持与原零陵地区国税局内设机构基本一致。7 月 22 日，市国税局机关原涉外税收管理科改设为永州市国税局涉外税务管理分局，负责涉外税收的征收与管理，机构级别为正科级建制；增设永州市国税局信息中心，单位性质为事业单位，负责计算机的管理与服务；原人事教育科分设为人事科、宣传教育科。

1997 年 9 月，依照省国税局《关于调整永州市国家税务局“三定方案”的批复》，市国税局机关按照“以职能定机构、以事定岗位、以岗位定人”的原则，设立 8 个内设行政机构：办公室、税政法规科（合并原税政一、二、三科及法规科）、征收管理科（合并原发票管理所）、计划财务科（加挂直属分局牌子）、思想政治工作办公室（合并机关党委、工会、原宣教科宣传工作部分）、人事教育科（合并老干科、原宣教科教育工作部分）、监察审计室（与纪检组一套人员，合署办公）、稽查局（使用征收编制）。原涉外税务分局继续保留，信息中心仍为事业单位。1998 年 3 月 6 日，根据省国税局《关于省局机关、各地州市有关内设机构名称变更及启用印章的通知》及工作需要，市国税局办公室政务与事务职能分设，增设行政事务管理科（后改为机关服务中心），级别为正科级，具体负责机关行政事务等工作；思想政治工作办公室更名为思想政治工作科。

2001 年 4 月，按照省国税局《关于永州市国家税务局机关机构改革实施方案的批复》，市国税局机关进行机构人事改革，撤销原内设机构及负责人，重设内设机构和竞聘负责人。市国税局机关内设行政职能科室 8 个：即办公室、政策法规科、税政科、征收管理科、计划财务科、人事科、教育科、监察审计室；党务机构 1 个：机关党委办公室，负责党务、工会、青年、妇女工作（工会不作内设机构）；直属机构 2 个：稽查局和涉外税务管理分局；事业机构 3 个：信息管理中心、注册税务师管理中心、机关服务中心。2002 年 5 月 14 日，根据省国税局《关于永州市国家税务局增设税政二科的批复》，市国税局机关增设税政二科，主要负责所得税收管理。原税政科更名为税政一科，主要负责增值税、消费税、营业税等税种的税政业务管理以及金税工程推广管理的牵头工作。2003 年 7 月 31 日，省国税局《关于调整有关内设机构工作职能的通知》，市国税局监察审计室更名为监察室。职能调整后，对领导干部任期经济责任的审计工作由计划财务科组织实施，人事、监察等部门参加。

2004 年 3 月 8 日，省国税局印发《关于永州市国家税务局系统所属机构更名的批复》，将原湖南省永州市国税局稽查局更名为永州市国税局稽查局；永州市国税局涉外税务管理分局改为内设科室，更名为国际税务管理科，其征收职能按照属地管理原则下放到各县（区）国税局负责。2005 年 4 月，根据《湖南省国家税务局〈关于永州市国家税务局进一步规范机构设置明确职责分工方案〉的批复》，市国税局原税政一科更名为流转税管理科，税政二科更名为所得税管理科，计划财务科更名为计划统计科，人事科与教育科合并为人事教育科，另设离退休干部办公室（挂靠人事教育科），市国税局机关的财务管理工作仍由机关服务中心负责；撤销注册税务师管理中心。调整后的市国税局机关内设行政科室 9 个，直属机构 1 个，事业单位 2 个。5 月，增设机关工会。

2006 年 2 月 28 日，成立永州市国税局办税服务厅（车辆购置税，在零陵区办公），属正科级建制，负责车辆购置税的征收管理工作。7 月 5 日，省国税局《关于恢复国家税务工会工作委员会的通知》明确，恢复建立各市（州）、县（区）国家税务工会工作委员会（简称国家税务工会、系统工会）。7 月 6 日，省国税局任命吕致清为永州市国税工会主任（副处级）。随后各县、区国税局分别设立国税工会主任（副科级）。

2008 年 8 月 13 日，《湖南省国家税务局关于永州市国家税务局规范稽查机构设置明确职责分工的批复》明确，永州市国税局稽查局是市国税局的直属机构，为副处级建制。

2008年12月2日，市国税局领导班子成员参加省国税局恳谈会工作汇报

2010年6月29日，根据《湖南省国家税务局关于永州市国家税务局系统规范机构设置明确职责分工方案的批复》，分别成立永州市国税局稽查局（副处级建制）和永州市国税局第一稽查局（正科级建制），均为市国税局的直属机构，于8月25日分别挂牌运行。8月19日，根据省国税局上述批复精神，市国税局调整内设机构和职能配置，原流转税管理科更名为货物和劳务税科，所得税管理科更名为所得税科，计划统计科更名为收入核算科，国际税务管理科更名为大企业和国际税务管理科，办税服务厅（车辆购置税）更名为车辆购置税征收管理分局；撤销人事教育科，分设人事科、教育科、离退休干部科；增设纳税服务科。规范后的市国税局机关内设行政科室12个，直属机构3个，事业单位2个。

自2010年8月至2018年7月5日国地税机构合并，市国税局机关内设机构和直属单位均无变化。

2010—2018年永州市国税局机关、直属单位一览表

表9-4

机构名称	机构属性	机构级别
办公室	内设行政机构	正科级
政策法规科	内设行政机构	正科级
货物和劳务税科	内设行政机构	正科级
所得税科	内设行政机构	正科级
收入核算科	内设行政机构	正科级
纳税服务科（纳税服务中心）	内设行政机构	正科级
征收管理科	内设行政机构	正科级
财务管理科	内设行政机构	正科级
人事科	内设行政机构	正科级
教育科	内设行政机构	正科级

续表9-4

机构名称	机构属性	机构级别
监察室	内设行政机构	正科级
大企业和国际税务管理科	内设行政机构	正科级
机关党委办公室	党群机构	正科级
机关工会	党群机构	正科级
离退休干部科	党群机构	正科级
信息中心	事业单位	正科级
机关服务中心	事业单位	正科级
稽查局（内设科室6个）	直属机构	副处级
第一稽查局（内设科室5个）	直属机构	正科级
车辆购置税征收管理分局	直属机构	正科级

说明：2011年12月，市国税局机关设立机关团委和机关妇女委员会，属群团组织；后根据中组部等通知要求，群团组织不属机关内设机构而自然消失

三、县（区）国税机构

1994年9月27日，零陵地区国税局成立后，按照行政区划设置县级永州市国税局、冷水滩市国税局和东安、双牌、祁阳、宁远、道县、江永、江华、蓝山、新田县国税局，均为正科级单位，由地区国税局垂直管理。各县（市）国税局内设办公室、人事教育股、税政管理股、征收管理股、计划财务股、监察室（与纪检组合署办公），并设置税务稽查局或稽查队（科）机构。基层税务所共91个。

1996年3月15日，根据省国税局《关于东安县国家税务局等撤销税务所组建征收分局的批复》，东安、双牌、道县、江永、宁远、新田、蓝山、江华县国税局撤销原有税务所，组建征收分局。征收分局为副科级单位，内部不设股室，设立若干征收组或征收办公室。3月20日，根据《关于撤销零陵地区国家税务局设立地级永州市国家税务局等事项的批复》，撤销原县级永州市国税局，设立永州市国税局芝山分局；撤销原冷水滩市国税局，设立永州市国税局冷水滩分局。芝山分局和冷水滩分局的内设机构与原有内设机构保持一致，其业务单位、人员编制不变。芝山分局下设城区一、二、三税务所和珠山、水口山、富家桥、黄田铺、邮亭圩税务所；冷水滩分局下设城区一、二、三税务所和凤凰园、黄阳司、普利桥、岚角山税务所。8月，根据《国家公务员暂行条例》及省国税局批准的内设机构和人员编制“三定”方案，市国税局明确县（区）国税局机关设置6个职能科室和工会等党群机构，分四个层次配置人员；县（区）国税局的稽查局、税务检察室、征收分局

（税务所）按撤所建分局时批准的机构设立，均列入基层国家公务员征收管理人员；县（区）国税局的信息中心、票证管理所、事务所等事业单位根据工作需要逐步设立。

1998 年 1 月 23 日，市国税局下发《永州市国家税务局实行人事制度改革的意见》，将永州市国税局冷水滩分局更名为一分局，芝山分局更名为二分局，征管范围不变。两个城区分局的内设机构均设 8 个科室，即办公室、综合业务科、计划财务科、征收科、政工科（与机关党组织、工会一套人员，合署办公）、监察审计室（与纪检组一套人员，合署办公）、稽查局。其他实行县国税局直接征收的新田、双牌县国税局内设机构为 7 个，即办公室、综合业务科、计划财务科、征收科、政工科、监察审计室、稽查局；不实行县局直接征收的祁阳、东安、道县、宁远、江永、江华、蓝山县国税局的内设机构为 6 个。按照精简原则和有关撤并规定要求，将全市原有的 59 个征收分局、12 个税务所撤并为 40 个征收分局、6 个税务所，且各征收分局（税务所）不再以地名命名，而以县（分）局为单位按数码顺序命名（如某某县一征收分局、一税务所等）。1999 年 2 月 6 日，根据省国税局《关于祁阳县、江华县国家税务局撤销、合并、更名征收分局的批复》，祁阳县国税局原 10 个征收分局撤并为 8 个征收分局；江华县国税局原一、二征收分局合并为一征收分局，原五征收分局更名为二征收分局，征管业务范围由县国税局统一调整。7 月 8 日，市国税局下发《关于调整县（分）局内设机构的通知》，统一撤销 11 个县（区）国税局原有的征收科和综合业务科，分别成立征收管理科和税政法规科；撤销一分局（冷水滩区）的个体集贸税收管理科，分别在一、二分局成立城区税务所，负责城区除征管科直接征管的重点税源户以外的纳税户的征收管理工作。是年 8 月 3 日，经省国税局《关于设立永州市国家税务局三分局的批复》，设立永州市国家税务局三分局（即凤凰园经济开发区分局），机构级别为正科级，内设办公室、政工科、业务科、稽查科。2000 年 8 月 23 日，市国税局下发《关于永州市国家税务局三分局分设科室的批复》，撤销三分局（凤凰园）的业务科，增设综合科和征收管理科，综合科对应市国税局计划财务科、税政法规科、涉外分局三个科室的业务，征收管理科对应市国税局征收管理科、信息中心两个科室的业务。

2001 年 5 月 30 日，根据省国税局《关于永州市国家税务局机关机构改革实施方案的批复》，永州市国税局原一、二、三分局分别更名为永州市国税局冷水滩分局、芝山分局、凤凰园分局，更名后征管范围和职责不变。另将全市国税系统原有的 44 个征收分局、税务所撤并为 38 个税务所。凤凰园分局、新田县国税局因人员、税源相对集中，不再下设税务所，由县（区）国税局直接征收。7 月 6 日，撤销永州市城区 3 个分局的稽查科，由永州市国税局稽查局负责稽查，形成大稽查格局。2002年3月1日，市国税局下发《关于永州市国家税务局凤凰园分局增设综合业务科的批复》，凤凰园分局增设综合业务科，人员编制由分局内部调剂。12月，经省国税局批准，凤凰园国税分局（原市国税局三分局）撤销，其人员分别并入冷水滩分局和市国税局机关。2004年3月8日，经省国税局《关于永州市国家税务局系统所属机构更名的批复》同意，永州市国税局冷水滩分局更名为永州市冷水滩区国税局，芝山分局更名为永州市芝山区国税局，其他9县国税局均取消冠“湖南省”，直接以某某县（区）冠名。

2005年3月，根据国家税务总局《关于进一步规范国家税务局系统机构设置明确职责分工的意见》等精神，全市11个县（区）国税局和市国税局稽查局的内设机构调整完成，原38个税务所合并为14个税务分局、2个税务所；各县（区）国税局撤销法规科，其职能并入综合业务科，原计征科的部分职能并入综合业务科，其余职能转入更名后的计统科，政工科更名为人事教育科，新设办税服务厅、税源管理科等内设机构。各县（区）国税局的内设机构、直属机构、事业单位级别为正股级；属派驻机构的税务分局级别为副科级，税务所级别为正股级。是年8月30日，永州市芝山区国税局更名为永州市零陵区国税局。

2008年8月13日，市国税局下辖的9个县国税局原有的稽查局升格为副科级单位，负责组织实施本县内的税收检查工作。县级稽查局不设内设机构。冷水滩和零陵区两个城区国税局不设稽查局，税务稽查工作由市国税局稽查局负责。直至2018年7月，全市国税系统县级局及内设机构稳定不变。

2008年2月14日，在全市国税工作会议期间，市国税局领导班子成员与各县（区）局等参会人员集聚在市国税局大楼前合影 （办公室供图）

2008—2018 年永州市国税系统县（区）国税局税务机构一览表

表 9-5

单位	机构属性	内设机构及派出机构名称	级别
冷水滩区国税局（湘江东路 50 号）	内设行政机构	办公室、政策法规科、收入核算科、征收管理科、财务管理科、人事教育科、监察室、纳税服务科（办税服务厅）、税源管理一科、税源管理二科、税源管理三科	股级
	事业单位	信息中心	股级
	党群机构	机关党委办公室、机关工会	股级
	派出机构	城区税务分局、仁湾税务分局	副科级
零陵区国税局（中山南路 53 号）	内设行政机构	办公室、政策法规科、收入核算科、征收管理科、财务管理科、人事教育科、监察室、纳税服务科、税源管理一科、税源管理二科	股级
	党群机构	机关党委办公室、机关工会	股级
	事业单位	信息中心	股级
	派出机构	城区税务分局、珠山税务分局	副科级
祁阳县国税局（浯溪镇平安路 15 号）	内设行政机构	办公室、政策法规科、收入核算科、征收管理科、财务管理科、人事教育科、监察室、纳税服务科、税源管理一科、税源管理二科	股级
	党群机构	机关党委办公室、机关工会	股级
	直属机构	稽查局	副科级
	事业单位	信息中心	股级
	派出机构	浯溪税务分局、黎家坪税务分局、白水税务分局	副科级
东安县国税局（白牙市镇八角街 88 号）	内设行政机构	办公室、政策法规科、收入核算科、征收管理科、财务管理科、人事教育科、监察室、纳税服务科、税源管理一科、税源管理二科	股级
	党群机构	机关党委办公室、机关工会	股级
	直属机构	稽查局	副科级
	事业单位	信息中心	股级
	派出机构	白牙市税务分局、芦洪市税务分局	副科级
双牌县国税局（龙泊镇紫金南路 1 号）	内设行政机构	办公室、政策法规科、收入核算科、征收管理科、财务管理科、人事教育科、监察室、纳税服务科、税源管理科	股级
	党群机构	机关党委办公室、机关工会	股级
	直属机构	稽查局	副科级
	事业单位	信息中心	股级

续表9-5

单位	机构属性	内设机构及派出机构名称	级别
道县国税局（道江镇道州北路）	内设行政机构	办公室、政策法规科、收入核算科、征收管理科、财务管理科、人事教育科、监察室、纳税服务科、税源管理一科、税源管理二科	股级
	党群机构	机关党委办公室、机关工会	股级
	直属机构	稽查局	副科级
	事业单位	信息中心	股级
	派出机构	道江税务分局	副科级
江永县国税局（潇浦镇永民路）	内设行政机构	办公室、政策法规科、收入核算科、征收管理科、财务管理科、人事教育科、监察室、纳税服务科、税源管理科	股级
	党群机构	机关党委办公室、机关工会	股级
	直属机构	稽查局	副科级
	事业单位	信息中心	股级
	派出机构	潇浦税务分局、桃川税务分局	副科级
江华瑶族自治县国税局（沱江镇阳华路113号）	内设行政机构	办公室、政策法规科、收入核算科、征收管理科、财务管理科、人事教育科、监察室、纳税服务科、税源管理一科、税源管理二科	股级
	党群机构	机关党委办公室、机关工会	股级
	直属机构	稽查局	副科级
	事业单位	信息中心	股级
	派出机构	沱江税务分局、码市税务分局	副科级
宁远县国税局（舜陵镇九嶷南路198号）	内设行政机构	办公室、政策法规科、收入核算科、征收管理科、财务管理科、人事教育科、监察室、纳税服务科、税源管理一科、税源管理二科	股级
	党群机构	机关党委办公室、机关工会	股级
	直属机构	稽查局	副科级
	事业单位	信息中心	股级
	派出机构	舜陵税务分局	副科级
新田县国税局（龙泉镇商业路66号）	内设行政机构	办公室、政策法规科、收入核算科、征收管理科、财务管理科、人事教育科、监察室、纳税服务科、税源管理科	股级
	党群机构	机关党委办公室、机关工会	股级
	直属机构	稽查局	副科级
	事业单位	信息中心	股级

续表9-5

单位	机构属性	内设机构及派出机构名称	级别
蓝山县国税局（塔峰镇南平路353号）	内设行政机构	办公室、政策法规科、收入核算科、征收管理科、财务管理科、人事教育科、监察室、纳税服务科、税源管理科	股级
	党群机构	机关党委办公室、机关工会	股级
	直属机构	稽查局	副科级
	事业单位	信息中心	股级
	派出机构	塔峰税务分局	副科级

2018 年 7 月 20 日，全国税务系统县级国税局、地税局统一合并挂牌，永州市辖 11 个县（区）国税局、地税局同日全部合并挂牌，分别成立“国家税务总局某某县税务局”。原各县（区）国税局内设机构及 1179 名在职国税人员按期后新的“三定”方案合并于新税务机构运行。

第二节　人事管理

1992 年，零陵地区税务局制定下发《人事制度改革换届实施方案》。3 月 5—30 日，地区税务局抽选 12 名干部，分 3 个工作组先后在新田、江华、蓝山、江永、宁远 5 县进行第二轮人事制度改革的换届工作。通过与 563 名干部职工谈话和民主测评等，重新选聘 5 个县税务局的局领导班子成员，并对股、所骨干进行考察及聘用。5 月，对全区系统地、县（市）税务局机关人员编制进行重新核定和调整，确保 70%以上的税务人员从事基层税收征管。7 月，对地区税务局机关正副科长、主任实行聘任制。同时按照“四化”要求，加强对后备干部的配备与考察，建立后备干部档案资料。11—12 月，地区税务局组织对全区第二轮人事制度改革进行深化完善，增强各级领导班子活力。

1993 年，地区税务局按干部“四化”要求对后备干部配备考察，共考察县（市）税务局后备干部 36 名，按条件提高到副处级干部待遇 12 名，按德才兼备标准配备、提升副科级干部待遇 24 名，副科级提升到正科级 1 名，考察配备县（市）税务局工会主席 9 人，副科局级干部异地交换 2 名。同时对经济专业技术职称组织考核与评审，初级晋升中级职称 9 名，经济员晋升助理经济师和初评定的助理经济师 410 名。组织税务内部招工 2 批，解决税干子女工作 98 名；接收安置大中专毕业生48名及转业、退伍军人17名。另对南六县税务局领导班子进行考察和调整，稳定领导班子和税务干部队伍。

1994年9月21日，省国税局党组批准成立零陵地区国税局党组，任命曹承斌为党组书记、局长。9月27日，零陵地区国税局挂牌成立。税务机构分设后，全区国税系统在职人员1409人，离退休人员416人。是年，按照国家公务员制度和人事部的统一规定，对全区税务人员进行年度工作考评和工资套改，共2418人（次）的工资经过套改得到调整，月增工资额149630元，496名离退休人员套改后月增工资额54262元。

1996年，撤地建市后的永州市国税局组织对各县（区）国税局的领导班子进行调整，选拔任命正、副局长15名，配齐9个县局的纪检组长，批复任命11个县（区）局的工会主席，领导班子趋向年轻化、知识化。7月，市国税局首次对机关干部进行岗位轮换，共提任科（局）长、主任5名，提任副科（局）长5名，轮换科级干部8名。8月30日，市国税局下发《关于成立永州市国家税务局推行国家公务员制度领导小组的通知》，全市先后经考试共录用285名国家公务员，对现职888名国家干部进行公务员过渡审批，并对新录用的285名公务员进行入门培训与考试。

1997年4月4日，省国税局调整永州市国税局主要领导任职，免去曹承斌局长职务，续任市国税局党组书记；任命李顺阳（原道县县长）为局长、党组副书记。5月，市国税局党组研究决定在全市国税系统公开选拔10名基层人员到市国税局机关工作。经宣传发动和资格审查，全市11个县（区）国税局的108人参加综合知识笔试，前30名进入面试，最终10名优胜者于8月1日调入市国税局机关，主要充实到稽查等部门工作。9月11—16日，市国税局机关进行以“精简机构、压缩编制、各类人员竞争上岗”为主要内容的人事制度改革。内设科室由原16个精简为10个，行政编制由原60个压缩为55个，10个科长职位和17个副科长职位全部实行公开竞聘，其他岗位实行双向选择，优化组合，组合不上的先学习再视情待岗。通过公开竞聘，原16名科长、主任中，有9人被聘，2人低聘，5人落聘；16名副科长、主任中，13人被聘，1人提任科长，2人被解聘。

1998年1月，全市国税系统全面推行机构、人事制度改革。市国税局下发《永州市国家税务局公开选拔县（分）局局长方案》，公布竞争职位及任职资格条件等。2月6日，组织全市200余名副科级以上干部进行综合知识考试，对符合条件并报名参加局长竞职的48人从中选定前20名进行竞职演讲与测评。通过群众推荐、组织考察、报上级审批等，公开选聘3名县国税局局长。随后市国税局派出工作组分赴各县（区）国税局组织副局长等以上领导职务的公开竞聘，全市重新选拔

38名副局长、工会主席等，其中新提任18名。各县（区）国税局按照市国税局人改方案要求，全面开展对征收分局（税务所）、内设科室负责人的公开竞职及一般工作人员的双向选择，共聘任科所长114名。

1999年，市国税局制定下发《对县（分）局目标管理考核办法》。同时在干部管理上进一步完善竞争上岗机制，创造公开、平等、竞争、择优的用人环境，年内全系统共提拔干部36名，各县（区）国税局范围内轮换岗位560余人次。2000年，加强县（区）国税局领导班子建设，健全对各级领导班子成员的考察监督机制。1月和12月份，市国税局先后两次组织对12个县（区）国税局的领导班子进行考察。7月，由市国税局参与县（区）国税局领导班子民主生活会，并针对班子考察中暴露出来的问题帮助找差距、定目标、制措施、抓落实，促使加强领导班子的思想政治和民主作风建设。

2001年2月15日，省国税局免去曹承斌永州市国税局党组书记职务，李顺阳任局党组书记、局长。是年5—7月，全市国税系统先后进行副处级领导、科（局）长、副科（局）长的竞争上岗和一般干部双向选择为主要内容的人事机构改革，新提任局领导和副处级干部6名，公开选拔科局长10名，市国税局机关向全市国税系统公开招考工作人员13名。2003年，市国税局组织开发《岗位职责考核管理系统》，机关工作人员每天的工作日记都通过计算机在网上记录，月工作计划、总结都通过网上提交，考核办定期从网上调阅有关原始记录和个人及科室的申报资料，进行网上考核记分，实现计算机对市国税局机关工作人员的考核。

2004年6月12日，省国税局宣布永州市国税局主要领导任免，任命袁北屏（原常德市国税局副局长）为永州市国税局党组书记、局长；免去李顺阳党组书记及局长职务。2005年3月19日，组织市国税局机关选调人员考试。4月30日，全市机构人事制度改革基本完成，新提拔县级局班子成员副职6名，市国税局机关正科级领导干部3名、副科级领导干部4名；县级局科室所正职22名，税务分局副职35名，科室所副职58名。

2008年8月1日，省国税局调整永州市国税局主要领导成员，林小平任党组书记、局长，廖健任党组副书记、副局长，免去袁北屏党组书记、局长职务。9月，市国税局修订《永州市国家税务局系统县级局领导班子年度工作目标管理考核暨“优秀领导班子”评比暂行办法》，同时制定下发《科级领导干部竞争上岗及科级后备干部选拔实施办法》。2009年，修改完善“优秀领导班子”评比办法和县级局领导班子年度工作目标管理考核等办法，进一步加强领导班子建设与考评。2010年，组织市国税局机关副科长以上领导干部和各县（区）国税局班子成员共110余名，集中进行作风纪律专项教育培训，邀请省市有关领导、专家学者作专题讲座，并组织参观东安监狱，接受现身说法教育，促使全市国税系统政风行风好转。

2011 年 6 月 1 日，省国税局调整永州市国税局主要负责人，省国税局征管处处长傅扬帆调任永州市国税局党组书记、局长；免去林小平党组书记、局长职务（调回省局收入核算处任处长）。是年，以“素质建设年”为契机，切实加强各级领导班子建设，先后举办三期科局级领导干部培训班；以专业化人才培养为重点，开展多层次、大规模干部教育培训，组建了市级纳税评估人才库。至年底，全市系统共有 45 人取得“三师”资格（即注册税务师、会计师、律师，下同）。

2011 年 6 月 1 日，省国税局副局长张社安（左四）同永州市委副书记唐松成（左三）等宣布永州市国税局主要领导任免，傅扬帆（右一）任局党组书记、局长

2012 年，开展经常性的警示法纪教育和“预防职务犯罪”专题讲座。组织大规模的岗位技能培训和业务竞赛，鼓励干部参加“三师”资格考试，通过考试选拔组建了市级税收法律法规和税务稽查两类人才库。是年，全市系统有 4 人取得“三师”资格，79 人次报考注册税务师单科合格。2013 年，确定为“风险管理年”。从年初开始，市国税局组织各单位认真排查队伍和税收管理中潜在的风险，及时采取措施防范。5 月 20 日至 6 月底，组织开展“走基层、排风险、解难题”主题实践活动。通过专题调研、问卷调查、座谈走访等，共查摆出领导班子、组织收入、征管执法、队伍管理等方面的 15 项风险问题，逐一查纠化解。2014 年，调整充实各级领导干部。先后向省国税局推荐提任 2 名市国税局领导班子成员和 1 名副处级领导干部，市国税局提任 6 名正科级领导干部，并对县（区）国税局“一把手”全

2015 年 12 月 15 日，在市国税局主要领导任免大会上，省国税局副局长皮本固（中）宣布傅扬帆（右二）提任河南省国税局总会计师，曾立春（右一）接任永州市国税局党组书记、局长

部进行岗位轮换，对市国税局机关各科室和市局直属机构负责人进行大范围的轮岗，正科级领导干部调整面达 85% 以上。同时组织全市系统开展税收业务大比武，竞选出 6 名学习业务尖子和 47 名优秀学习型干部。通过笔试、面试和考核考察，选调 8 名优秀年轻干部进入市国税局机关工作。2015 年 3 月 22—28 日，组织全市国税系统 51 名正科级以上领导干部到上海交通大学参加“永州市国税局领导干部综合能力提升研修班”学习培训。通过加强各级执行力文化建设，推行绩效管理、岗责管理、项目管理、台账管理四项管理机制，健全督查督办、情况通报、奖惩问责等，在全市系统形成“马上就办”“办就办好”抓落实的氛围。《中国税务报》、国家税务总局内刊分别推介了永州国税抓执行力建设的经验。12 月 15 日，市国税局党组书记、局长傅扬帆提任河南省国税局总会计师；省国税局任命曾立春（原省国税局机关党办主任）接任永州市国税局党组书记、局长职务。

2017 年 11 月 3 日，市国税局党组研究加强各级领导班子建设工作，局党组书记、局长曾立春（左三）主持党组会议

2016 年，分类分层组织开展领导干部能力素质培训。先后选派领导干部参加总局领导能力培训，组织副科级以上领导干部到湖南大学参加素质提升培训等。同时对部分县（区）局主要负责人进行调整，对多年没有轮换的市国税局科室负责人进行轮岗，轮岗面达到 50%。是年，扎实推进第三步规范津补贴改革、职务与职级并行改革、数字人事改革和养

老保险改革等涉及干部职工切身利益的工作，探索开展团队化管理、公务员考录、青年干部培养等工作，进一步激发队伍活力。

2017 年，落实《加强县区局领导班子建设意见》，全面消化历史超配的领导和非领导职数。积极开展“基层工作月”活动，加强领导与基层干部、机关与基层工作交流。推动个人数字人事考核、单位和部门绩效结果与领导干部评先评优挂钩，出台考核结果与个人绩效奖金等挂钩办法。同时创新干部队伍管理，出台“以师带徒”“百优工程”“工勤人员队伍建设”等制度方案，开展“全市税务系统优秀青年”评选，为各级各类干部搭建了展示舞台与成长平台。

2018 年 7 月 5 日，市国税局与市地税局机构合并挂牌，原市国税局党组撤销，合并成立国家税务总局永州市税务局党委。7 月 20 日，11 个县（区）国税局和市国税局 3 个直属单位同日与地税局合并挂牌。8—9 月，市国税局机关和各县（区）国税局共有在职工作人员 1333 名、离退休人员 502 名，先后与地税局合并于新的国家税务总局永州市税务局。

2018 年 6 月税务机构合并前，永州市国税局领导班子成员：党组书记、局长曾立春（左三），副局长朱建河（左四）、欧鸿鲲（左二）、李靖（左五）、刘小明（左一），纪检组长文方明（右一）

1996—2017 年永州市国税系统在职人员结构表

表 9-6　　　　**单位：人**

时间	总人数（人）	人员结构			
		干部/公务员（含事业干部）	工人/工勤	女	少数民族
1996	1490	940	550	349	—
1997	1507	1449	58	355	90
1998	1517	1452	51	362	99
1999	1540	1483	57	368	96
2000	1462	1394	68	359	92
2001	1287	1225	62	—	—

续表9-6

时间	总人数（人）	人员结构			
		干部/公务员（含事业干部）	工人/工勤	女	少数民族
2002	1320	1216	104	—	—
2003	1369	1256	104	—	—
2004	1340	1236	104	—	—
2005	1375	1249	126	—	—
2006	1380	1252	128	—	—
2007	1378	1250	128	365	106
2008	1372	1244	128	363	100
2009	1368	1242	126	359	100
2010	1375	1250	125	363	99
2011	1378	1256	122	361	102
2012	1368	1247	121	359	103
2013	1374	1253	121	368	107
2014	1376	1255	121	382	108
2015	1373	1252	121	383	108
2016	1369	1248	121	393	105
2017	1361	1246	115	395	111

2018 年 7 月永州市国家税务局合并前机关人员表

表 9–7

机构	人员
局领导副处级人员	曾立春、朱建河、欧鸿鲲、李靖、刘小明、文方明； 刘祥云、吴春元、邓仁霞
办公室	刘玉铁、艾力、肖明剑、伍卫国、张振东、钟小青
政策法规科	邓代志、李志敏、李军玲
货物和劳务税科	欧阳长江、吕绍东、雷海军、胡亚林、蒋海波
所得税科	许立忠、柏娟、魏忠、唐慧光
收入核算科	管金勇、邓宏林、何子贵、李运攀、朱萍、赵建国
纳税服务科	唐星林、刘雁飞、张文明、蒋菁
征收管理科	郭林、蒋国华、刘春梅、郑波、曾杰严、海波、黄振国、郑霞、奉凯、唐洪

续表9-7

机构	人员
财务管理科	李永妮、欧小林、李慧成、王满林、罗小虎、伍伟
人事科	欧阳铁军、唐川生、伍余、邓慧芳
教育科	唐乙庆、尹维锋
监察室	蔡文旺、朱志力、刘华、肖剑波、胡晓春
大企业和国际税务管理科	何积峰、唐伟源、桂阳明、曾晓东、刘淑芳
机关党委办公室（含机关工会）	陈水波、张波、唐慧亮、唐凌云、曹小兰、蒙健
离退休干部科	李明翠、邹慧芳
信息中心	唐峰鹰、李辉、聂军、肖勇、阳寒、刘力
机关服务中心	彭志义、刘莉、唐景文、匡代雄、张金山、秦正元
合计：89人（其中公务员86人，事业干部1人，工勤人员2人）	

说明：1. 市局机关离退休57人未列入；

2. 3个直属机构人员随业务工作列相应章节中

1992—1994年零陵地区税务局副处级以上领导干部任职表

表9-8

姓名	职务	任职时间	注记
邹礼强	党组书记、局长	1992年1月至1994年3月12日	1994年3月12日退休
曹承斌	党组成员、副局长	1992年1月至1994年9月26日	1994年3月13日主持工作
张家琳	党组成员、副局长	1992年1月至1994年9月26日	
贺正国	党组成员、纪检组长	1992年1月至1994年9月26日	
刘春洪	行业工会主任（副处级）	1992年1月至1993年5月27日	
	党组成员、副局长	1993年5月28日至1994年9月26日	
廖丁贵	行业工会主任	1993年5月28日至1994年9月26日	

1994—1996 年零陵地区国家税务局副处级以上领导干部任职表

表 9-9

姓名	职务	任职时间	注记
曹承斌	党组书记、局长	1994 年 9 月 27 日至 1996 年 4 月 15 日	
贺正国	党组成员、副局长兼纪组长	1994 年 9 月 27 日至 1996 年 4 月 15 日	1996 年 3 月 19 日起兼系统工会主任
艾春元	党组成员、副局长	1994 年 9 月 27 日至 1996 年 4 月 15 日	
张家琳	副处级干部	1994 年 9 月 27 日至 1995 年 10 月 25 日	
	党组成员、总经济师	1995 年 10 月 26 日至 1996 年 4 月 15 日	
鲁连甫	助理调研员	1995 年 11 月 28 日至 1996 年 4 月 15 日	

说明：时间自 1994 年 9 月 27 日至 1996 年 4 月 15 日撤地建市

1996 年 4 月 16 日至 2018 年 7 月 5 日永州市国家税务局
历任副处级以上领导干部任职表

表 9-10

时段	姓名	职务	任职时间	注记
1996 年 4 月至 1997 年 3 月	曹承斌	党组书记、局长	1996 年 4 月 16 日至 1997 年 3 月 31 日	
	贺正国	党组成员、副局长兼纪组长	1996 年 4 月 16 日至 1997 年 3 月	
	艾春元	党组成员、副局长	1996 年 4 月 16 日至 1997 年 3 月	
	张家琳	党组成员、总经济师	1996 年 4 月 16 日至 1997 年 3 月	
	肖显发	党组成员、副局长	1996. 5 至 1997 年 3 月	
	鲁连甫	助理调研员	1996 年 4 月 16 日至 1997 年 3 月	
	文乐军	驻厂专管员（副处级）	1996 年 3 月 6 日至 1997 年 3 月	
1997 年 4 月至 2004 年 5 月	李顺阳	党组副书记、局长	1997 年 4 月 1 日至 2001 年 2 月 14 日	1997 年 4 月 4 日到任
		党组书记、局长	2001 年 2 月 15 日至 2004 年 5 月 20 日	
	曹承斌	党组书记（2000 年 1 起兼纪检组长）	1997 年 4 月 1 日至 2001 年 2 月 15 日	2001 年 7 月 16 日提前离岗（副厅级）
		调研员	2001 年 2 月 26 日至 2001 年 6 月 5 日	

续表9-10

时段	姓名	职务	任职时间	注记
1997年4月至2004年5月	贺正国	党组成员、副局长兼纪检组长、工会主任	1997年4月至1999年11月19日	2001年7月16日提前离岗
		调研员	1999年11年20月至2001年6月5日	
	艾春元	党组成员、副局长	1997年4月至2003年7月31日	2003年8月1日调研员
	张家琳	党组成员、总经济师	1997年4月至2001年2月25日	2001年7月16日提前离岗
		调研员	2001年2月26日至2001年6月5日	
	肖显发	党组成员、副局长	1997年4月至2004年5月	
	鲁连甫	助理调研员	1997年4月至2000年2月	到龄退休
	文乐军	副处级干部	1997年4月至2000年12月	到龄退休
	秦东晨	驻厂专管员（副处级）	1998年2月11日至2000年12月	后为副处级干部
	申义铭	党组成员、副局长	2001年5月至2004年5月	
	张紫英	党组成员、纪检组长	2001年5月至2004年5月	
	朱建河	党组成员、总会计师	2001年5月至2004年5月	
	黄其林	副处级干部	2001年5月至2003年12月	提前退休
	陈爱国	副处级干部	2001年5日至2004年5日	
	刘湘江	党组成员、副局长	2003年8月1日至2004年5月	
2004年6月至2008年7月	袁北屏	党组书记、局长	2004年7月7日至2008年7月31日	
	刘湘江	党组成员、副局长	2004年6月至2005年2月17日	2004年6月主持工作
	肖显发	党组成员、副局长	2004年5月至2006年1月3日	
		党组副书记、副局长	2006年1月4日至2008年7月	
	申义铭	党组成员、副局长	2004年5月至2007年7月23日	提前退休
	朱建河	党组成员、总会计师	2004年5月至2004年6月28日	
		党组成员、副局长	2004年6月29日至2008年7月	
	张紫英	党组成员、纪检组长	2004年5月至2008年4月22日	
		党组成员、副局长	2008年4月22日至2008年7月	
	蒋南毅	党组成员、总经济师	2004年9月17日至2008年7月	
	陈洪贵	党组成员、总会计师	2004年9月17日至2008年7月	
	邓赐友	党组成员、副局长	2006年1月至2008年1月31日	

续表9-10

时段	姓名	职务	任职时间	注记
2004年6月至2008年7月	艾春元	调研员	2004年6月至2008年4月28日	到龄退休
	陈爱国	助理调研员	2004年6日至2008年7月	
	吕致清	助理调研员	2005年2月16日至2006年7月5日	
		系统工会主任	2006年7月6日至2008年7月	
2008年8月至2011年5月	林小平	党组书记、局长	2008年8月1日至2011年5月31日	
	廖　健	党组副书记、副局长	2008年8月1日至2009年12月	
	肖显发	党组副书记、副局长	2008年8月至2011年5月	
	朱建河	党组成员、副局长	2008年8月至2011年5月	
	张紫英	党组成员、副局长	2008年8月至2010年4月23日	
		调研员	2010年4月23日至2011年5月	
	蒋南毅	党组成员、总经济师	2008年8月至2009年12月13日	
		党组成员、副局长	2009年12月14日至2011年5月	
	陈洪贵	党组成员、总会计师	2008年8月至2009年7月29日	
	邹华利	党组成员、纪检组长	2008年8月25至2009年12月	
		党组成员、副局长	2010年1日至2011年5日	
	欧鸿鲲	稽查局长（副处级）	2009年12月至2010年3月	
		党组成员、纪检组长	2010年3日至2011年5月	
	李济民	党组成员、总经济师	2010年5月至2011年5月	
	李靖	党组成员、总会计师	2010年5月至2011年5月	
	陈爱国	助理调研员	2008年8月至2011年5月	
	吕致清	系统工会主任	2008年8月至2010年3月	
		副调研员	2010年3日至2011年5月	
	陈爱平	稽查局长（副处级）	2008年8月25至2009年4月30日	
	欧阳辉亮	系统工会主任	2010年3月至2011年5月	
	刘小明	稽查局长（副处长级）	2010年5月至2011年5月	

续表9-10

时段	姓名	职务	任职时间	注记
2011 年 6 月至 2015 年 12 月	傅扬帆	党组书记、局长	2011 年 6 月 1 日至 2015 年 12 月	
	肖显发	党组副书记、副局长	2011 年 6 月至 2013 年 12 月 3 日	
		调研员	2013 年 12 月 3 日至 2015 年 12 月	
	朱建河	党组成员、副局长	2011 年 6 月至 2015 年 12 月	
	蒋南毅	党组成员、副局长	2011 年 6 月至 2014 年 8 月 25 日	
		调研员	2014 年 8 月 25 日至 2015 年 12 月	
	邹华利	党组成员、副局长	2011 年 6 月至 2011 年 11 月 9 日	
	武乐农	党组成员、副局长	2011 年 12 月 22 日至 2012 年 12 日	挂职一年
	欧鸿鲲	党组成员、纪检组长	2011 年 6 月至 2013 年 10 月 14 日	
		党组成员、副局长	2013 年 10 月 14 日至 2015 年 12 月	
	李济民	党组成员、总经济师	2011 年 6 月至 2013 年 10 月 14 日	
	李　靖	党组成员、总会计师	2011 年 6 月至 2013 年 12 月 3 日	
		党组成员、副局长	2013 年 12 月 3 日至 2015 年 12 月	
	刘小明	稽查局长（副处长级）	2011 年 6 月至 2014 年 5 月 9 日	
		党组成员、副局长	2014 年 5 月 9 日至 2015 年 12 月	
	文方明	党组成员、纪检组长	2014 年 5 月 9 日至 2015 年 12 月	
	张紫英	调研员	2011 年 6 月至 2014 年 4 月 25 日	到龄退休
	欧阳辉亮	系统工会主任	2011 年 6 月至 2013 年 12 月 3 日	
		副调研员	2013 年 12 月 3 日至 2015 年 12 月	
	刘祥云	副调研员	2012 年 7 月至 2015 年 12 月	
	吴春元	副调研员	2012 年 7 月至 2015 年 12 月	
	高安东	副调研员	2013 年 1 月 9 日至 2015 年 12 月	
	邓仁霞	系统工会主任	2013 年 12 月 3 日至 2015 年 12 月	

续表9-10

时段	姓名	职务	任职时间	注记
2015年12月至2018年7月5日（国税、地税机构合并）	曾立春	党组书记、局长	2015年12月11日至2018年7月5日	
	朱建河	党组成员、副局长	2015年12月至2018年7月5日	
	欧鸿鲲	党组成员、副局长	2015年12月至2018年7月5日	
	李靖	党组成员、副局长	2015年12月至2018年7月5日	
	刘小明	党组成员、副局长	2015年12月至2018年7月5日	
	文方明	党组成员、纪检组长	2015年12月至2018年7月5日	
	肖显发	调研员	2015年12月至2017年10月	到龄退休
	蒋南毅	调研员	2015年12月至2016年8月22日	到龄退休
	欧阳辉亮	副调研员	2015年12月至2017年9月30日	到龄退休
	刘祥云	副调研员	2015年12月至2018年7月5日	
	吴春元	副调研员	2015年12月至2018年7月5日	
	高安东	副调研员	2015年12月至2016年10月26日	到龄退休
	邓仁霞	系统工会主任	2015年12月至2018年7月5日	

1992—1994年零陵地区税务系统各县（市）税务局局长任职表

表9-11

单位名称	姓名	职务	任职时间
冷水滩市税务局	罗四季	党委书记、局长	1992年1月至1993年3月（1993年4月至1994年10月任党委书记）
	艾春元	局长	1993年3月至1994年9月
永州市税务局	龚行益	党委书记、局长	1992年1月至1994年10月
祁阳县税务局	李名国	党组书记、局长	1992年1月至1993年1月
		党组书记	1993年1月至1994年1月
	易开祯	局长	1993年1月至1994年1月
		党组书记、局长	1994年1月至1994年10月
东安县税务局	秦东晨	党组书记、局长	1992年1月至1994年10月
双牌县税务局	何建新	党组书记、局长	1992年1月至1994年10月
道县税务局	周能光	党组书记、局长	1992年1月至1994年10月

续表9-11

单位名称	姓名	职务	任职时间
江永县税务局	罗昌友	党组书记、局长	1992年4月至1994年10月
江华县税务局	周铁旗	党组书记、局长	1992年4月至1994年10月
宁远县税务局	郑会林	党组书记、局长	1992年4月至1994年10月
新田县税务局	肖显发	党组书记、局长	1992年4月至1994年10月
蓝山县税务局	胡顺安	党组书记、局长	1992年4月至1994年10月

说明：上表自1992年1月起，至1994年10月税务机构分设止

1994年11月至2018年7月永州市（零陵地区）国税系统历任县（区）局长任职表

表9-12

单位名称	姓名	职务	任职时间
冷水滩区国税局(原冷水滩市；地改市后曾为市国税一分局、冷水滩国税分局)	蒋福林	党组书记、局长	1994年11月至1996年3月
	黄其林	党组书记、局长	1996年3月至2001年5月
	蒋南毅	党组书记、局长	2001年5月至2004年10月
	廖　健	党组书记、局长	2004年10月至2006年6月
	何积峰	党组书记、局长	2006年6月至2013年3月
	龙　晓	党组书记、局长	2013年3月至2018年7月
零陵区国税局（原县级永州市；地改市后曾为市国税二分局、芝山区国税分局）	龚行益	党组书记、局长	1994年11月至1995年12月
	申又铭	党组书记、局长	1995年12月至2001年5月
	欧阳铁军	党组书记、局长	2001年5月至2004年11月
	刘小明	党组书记、局长	2004年11月至2010年8月
	刘祥云	党组书记、局长	2010年8月至2013年3月
	邓志民	党组书记、局长	2013年3月至2016年10月
	廖利民	党组书记、局长	2016年10月至2018年7月
祁阳县国税局	易开祯	党组书记、局长	1994年11月至2001年6月
	刘小明	党组书记、局长	2001年6月至2004年10月
	刘祥云	党组书记、局长	2004年11月至2010年8月
	吴春元	党组书记、局长	2010年8月至2013年3月
	彭志义	党组书记、局长	2013年3月至2016年10月
	邓志民	党组书记、局长	2016年10月至2018年7月

续表9-12

单位名称	姓名	职务	任职时间
东安县国税局	秦东晨	党组书记、局长	1994年11月至1998年2月
	唐慧亮	党组书记、局长	1998年2月至2003年12月
	许立忠	党组书记、局长	2003年12月至2007年6月
	龙　晓	党组书记、局长	2007年6月至2013年3月
	赵文华	党组书记、局长	2013年3月全2014年8月
	梁公民	党组书记、局长	2014年8月至2018年7月
双牌县国税局	何建新	党组书记、局长	1994年11月至2001年5月
	文方明	党组书记、局长	2001年5月至2005年6月
	陈贤信	党组书记、局长	2005年6月至2010年5月
	邓志民	党组书记、局长	2010年8月至2013年3月
	骆　雄	党组书记、局长	2013年3月至2018年7月
道县国税局	周能光	党组书记、局长	1994年11月至2001年5月
	何积峰	党组书记、局长	2001年5月至2006年7月
	易宝华	党组书记、局长	2006年7月至2010年7月
	管金勇	党组书记、局长	2010年8月至2014年8月
	欧阳长江	党组书记、局长	2014年8月至2016年10月
	周逸轩	党组书记、局长	2016年10月至2018年7月
江永县国税局	欧阳美旺	党组书记、局长	1994年11月至1998年2月
		党组书记	1998年3月至2001年5月
	刘小明	党组副书记、局长	1998年3月至2001年5月
	刘祥云	党组书记、局长	2001年5月至2004年11月
	吴春元	党组书记、局长	2004年11月至2010年8月
	欧阳长江	党组书记、局长	2010年8月至2014年8月
	彭少波	党组书记、局长	2014年8月至2018年7月
江华县国税局	刘声评	局长	1994年11月至1998年3月
	蒋南毅	党组书记、局长	1998年3月至2001年5月
	李　靖	党组书记、局长	2001年5月至2010年8月
	彭志义	党组书记、局长	2010年8月至2013年3月
	廖利民	党组书记、局长	2013年3月至2016年10月
	贺韶文	党组书记、局长	2016年10月至2018年7月

续表9-12

单位名称	姓名	职务	任职时间
宁远县国税局	郑会林	党组书记、局长	1994 年 11 月至 2001 年 5 月
	刘克勤	党组书记、局长	2001 年 5 月至 2002 年 11 月
	盘海源	党组书记、局长	2002 年 11 月至 2004 年 11 月
	梁公民	党组书记、局长	2004 年 11 月至 2010 年 8 月
	刘京山	党组书记、局长	2010 年 8 月至 2013 年 3 月
	邓代志	党组书记、局长	2013 年 3 月至 2014 年 8 月
	刘　红	党组书记、局长	2014 年 8 月至 2018 年 7 月
新田县国税局	肖显发	党组书记、局长	1994 年 11 月至 1996 年 5 月
	李喜祥	党组书记、局长	1997 年 1 月至 2000 年 7 月
	陈贤信	党组书记、局长	2000 年 7 月至 2001 年 5 月
	管志强	党组书记、局长	2001 年 5 至 2010 年 8 月
	唐峰鹰	党组书记、局长	2010 年 8 月至 2013 年 3 月
	唐绍军	党组书记、局长	2013 年 3 月至 2018 年 7 月
蓝山县国税局	封立章	党组书记、局长	1994 年 11 月至 2001 年 5 月
	刘京山	党组书记、局长	2001 年 5 月至 2010 年 8 月
	管志强	党组书记、局长	2010 年 8 月至 2013 年 3 月
		党组副书记（正科长级）	2013 年 3 月至 2017 年 4 月
	眭荐军	党组书记、局长	2013 年 3 月至 2018 年 7 月
市国税局三分局（凤凰园经济开发区分局）	刘克勤	党组书记、局长	1999 年 8 月至 2001 年 5 月
	邓仁霞	党组书记、局长	2001 年 5 月至 2002 年 12 月（分局撤销）

1992 年零陵地区税务局领导成员及科室负责人一览表

表 9-13

职务 姓名 时间	局长	副局长	纪检组长	工会主任	科室负责人																备注
					办公室	计会科	流转税科	地方税科	所得税科	人事科	宣教科	监察科	征管科	税检室	税务学会	促产办	团工委	机关党总支	计算机室	招待所	
1992 年	邹礼强	曹承斌 张家琳	贺正国	刘春洪（正）唐怀德（副，11 月起）	文乐君（正）阳辉亮（副）廖在文（副）唐怀德（副）	蒋德松（副）邓景芝（副）左亚林（副）	艾春元（正，7 月止）朱建河（正，7 月起）唐镛（副）黄光元（副 7 月起）	桂建球（正）何湖光（副）	唐辉恒（正）何道书（副，1 月至 8 月）程灿烂（副）王远玉（副）	鲁连甫（正）刘进（副）	唐景平（正）吕致清（副）	曾浩东（正）周万生（副）	欧宣庭（正）唐双祁（副）	高安东（正）	朱五福（正）	潘清栋（正）唐广联（副）	阳辉亮（副兼）	何道书（副，自 8 月起）	刘先明（副科级负责人，隶属计会科）	王金玉（副）	科室负责人中的（正）为正职，（副）为副职

1993年至1994年9月26日零陵地区税务局领导成员及科室负责人一览表

表9-14

职务/姓名/时间	局长	副局长	纪检组长	行业工会主任	科室负责人：办公室	计会科	人事科	宣教科	监察室	流转税科	地方税科	所得税科	征管科	税检室	计算机室隶属计财科	机关工会	税务学会	促产办	机关党总支	备注
1993年	邹礼强	曹承斌　刘春洪（5月28日起）张家琳	贺正国	廖丁贵（5月28日起）	文乐君（正）阳辉亮（副）廖在文（副）	蒋德松（副）左亚林（副）邓景芝（副）	鲁连甫（正）刘进（副）	唐景平（正）吕致清（副）	曾浩东（正）周万生（副）	朱建河（正）黄光元（副）	桂建球（正）何湖光（副）	唐辉恒（正）程灿烂（副）王远玉（副）	欧宣庭（正）唐双祁（副）	高安东（正）	刘先明（副科级负责人）	唐怀德（正）	朱五福（正）	潘清栋（正）唐广联（副）	何道书（副）	一九九四年九月二十七日，地区税务局分设为地区国家税务局和地区地方税务局（正）为正职（副）为副职
1994年（1月至9月26日）	邹礼强（至3月12日止）	曹承斌（3月13日主持工作）张家琳　刘春洪	贺正国	廖丁贵	文乐君（正）阳辉亮（副）廖在文（副）	蒋德松（副）左亚林（副）邓景芝（副）	鲁连甫（正）刘进（副）	唐景平（正）吕致清（副）	曾浩东（正）周万生（副）	朱建河（正）黄光元（副）	桂建球（正）何湖光（副）	唐辉恒（正）程灿烂（副）王远玉（副）	欧宣庭（正）唐双祁（副）	高安东（正）	刘先明（副科级负责人）	唐怀德（正）	朱五福（正）	潘清栋（正）唐广联（副）	何道书（副）	

1994年9月27日至1996年4月15日零陵地区国家税务局副处级以上领导干部及科室负责人一览表

表 9-15

类别	职务	1994年9月27日至12月31日（地区国税局成立后）
局领导及副处级干部	党组书记、局长	曹承斌
	副局长	贺正国　艾春元
	纪检组长	贺正国（兼）
	副处级干部	张家琳
科室及正副职	办公室	文乐君（正）阳辉亮（副）
	计财科	蒋德松（正）邓景芝（副）文方明（副）
	人教科	鲁连甫（正）吕致清（副）张紫英（副）
	监察室	曾浩东（正）周万生（副）
	税政一科	朱建河（正）黄光元（副）许立忠（副）
	税政二科	唐辉恒（正）何道书（副）
	征管科	陈爱国（副）唐慧亮（副）
	检察室	高安东（正）
	机关工会	欧宣庭（正）
	计算机室	刘先明（负责人）
	纪检组副组长	唐怀德（副）
		〔注：（正）表示正职，（副）表示副职〕

类别	职务	1995年1月1日至12月31日（5月部分科室人员调整）
局领导及副处级干部	党组书记、局长	曹承斌
	副局长	贺正国　艾春元
	纪检组长	贺正国（兼）
	总经济师	张家琳（10月26日起）
	助理调研员	鲁连甫（11月28日起）
科室及正副职	办公室	文乐君（正）阳辉亮（副）刘克勤（副5月3日起）
	计财科	蒋德松（正）邓景芝（副）文方明（副）
	人教科	鲁连甫（正）张紫英（副）
	监察室	曾浩东（正）李玉环（5月3日起）
	税政一科	朱建河（正）许立忠（副）
	税政二科	唐辉恒（正）胡扬芝（副5月3日起）
	征管科	陈爱国（副）陈贤信（副5月3日起）
	检察室	高安东（正）
	机关工会	唐怀德（正5月3日起）
	稽查局	吕致清（正）周万生（副）唐慧亮（副5月3日起）
	税政三科	黄光元（副5月3日起）
	政策法规科	欧宣庭（正5月3日起）
	离退休科	鲁连甫（正8月22日起）欧阳丽君（副5月3日起）
	发票管理所	陈爱国（正兼）盘海源（副）（均自8月22日起）
	计算机室	刘先明（负责人）
	纪检组副组长	何道书（副5月3日起）

说明：1. 1994年9月27日，原零陵地区税务局分设为零陵地区国家税务局和地方税务局；2. 10月起，地区国税局设立涉外税收管理科（与一科合署办公）

1996 年 4 月 16 日至 2017 年 12 月 31 日永州市国家税务局副处级以上领导干部及科室负责人一览表

表 9-16

职	务	1996 年 1 月 1 日至 7 月 23 日（上半年部分局领导调整）
局领导及副处级干部	党组书记、局长	曹承斌
	副局长	贺正国　艾春元　肖显发（5 月 16 日起）
	纪检组长	贺正国（兼，9 月 4 日起）
	总经济师	张家琳
	系统工会主任	贺正国（兼，3 月 19 日起）
	助理调研员	鲁连甫
科室及正副职	办公室	阳辉亮（副）刘克勤（副）
	计财科	蒋德松（正）邓景芝（副）文方明（副）
	人教科	张紫英（副）欧阳丽君（副）
	离退休科	张紫英（副）欧阳丽君（副）
	纪检监察室	曾浩东（正）何道书（副，正科级）
	税政一科	朱建河（正）许立忠（副）
	税政二科	唐辉恒（正）胡扬芝（副）
	税政三科	黄光元（副）
	征管科	陈爱国（正）陈贤信（副）盘海源（副）
	发票所	陈爱国（正）陈贤信（副）盘海源（副）
	税检室	高安东（正）
	法规科	欧宣庭（正）
	稽查局	吕致清（正）唐慧亮（副）周万生（副）
	计算机室	刘先明（负责人）
	驻厂员	文乐君（副处级，3 月 6 日起）

职	务	1996 年 7 月 24 日至 12 月 31 日（7 月科室负责人调整）
局领导及副处级干部	党组书记、局长	曹承斌
	副局长	贺正国　艾春元　肖显发
	纪检组长	贺正国（兼）
	总经济师	张家琳
	系统工会主任	贺正国（兼）
	助理调研员	鲁连甫
科室及正副职	办公室	吕致清（正）刘克勤（副）李志敏（副）
	计财科	蒋德松（正）邓景芝（副）文方明（副）
	人事科（7 月 22 日）	张紫英（正）彭志义（副）欧阳丽君（副）
	离退休科	张紫英（正）欧阳丽君（副）
	宣教科（7 月 22 日）	阳辉亮（正）吴春元（副）
	纪检监察室	陈爱国（正）何道书（副，正科级）李玉环（副）
	计财科	蒋德松（正）邓景芝（副，正科级）文方明（副）
	税政一科	许立忠（正）邓代志（副）
	税政二科	曾浩东（正）胡扬芝（副，正科级）
	税政三科	黄光元（正）
	涉外分局（7 月 22 日）	朱建河（正）周逸轩（副）
	征管科	唐辉恒（正）陈贤信（副）
	发票所	唐辉恒（正）盘海源（副）
	税检室	欧宣庭（正）唐伟源（副）
	法规科	高安东（正）
	稽查局	唐慧亮（正）周万生（副，正科级）赵文华（副）
	机关工会（9 月起）	文乐君（正，副处级）唐怀德（副，正科级）
	信息中心（7 月 22 日）	刘先明（正）

说明：1996 年 4 月 16 日，经湖南省国家税务局批复，撤销零陵地区国家税务局，设立地级永州市国家税务局

续表 9-16-1

职务	姓名	1997 年 1 月 1 日至 9 月 14 日（上半年市局主要领导调整）
局领导及副处级干部	局长	曹承斌（3 月 31 日止）；李顺阳（4 月 4 日到任）
	党组书记	曹承斌（3 月 31 日起）
	副局长	贺正国　艾春元　肖显发
	纪检组长	贺正国（兼）
	总经济师	张家琳
	系统工会主任	贺正国（兼）
	助理调研员	鲁连甫
	副处级干部	文乐君
科室及正副职	办公室	吕致清（正）刘克勤（副）李志敏（副）
	征管科	唐辉恒（正）陈贤信（副）盘海源（副）
	计财科	蒋德松（正）邓景芝（副，正科级）文方明（副）
	人事科	张紫英（正）欧阳丽君（副）彭志义（副）
	监审室	陈爱国（正）李玉环（副）
	宣教科	欧阳辉亮（正）吴春元（副）
	法规科	高安东（正）
	税政一科	许立忠（正）邓代志（副）
	税政二科	曾浩东（正）胡杨芝（副，正科级）
	税政三科	黄光元（正）
	稽查局	唐慧亮（正）周万生（副，正科级）赵文华（副）
	涉外分局	朱建河（正）周逸轩（副）
	机关工会	唐怀德（正）
	税检室	欧宣庭（正）唐伟源（副）
	信息中心	刘先明（正）
	纪检组副组长	何道书（副，正科级 1 月 10 日起）

职务	姓名	1997 年 9 月 15 日至 1998 年 3 月 5 日（9 月机构人事改革后）
局领导及副处级干部	局长	李顺阳
	党组书记	曹承斌
	副局长	贺正国　艾春元　肖显发
	纪检组长	贺正国（兼）
	总经济师	张家琳
	系统工会主任	贺正国（兼）
	助理调研员	鲁连甫
	副处级干部	文乐君　秦东晨（1998 年 2 月 11 日起）
科室及正副职	办公室	欧阳辉亮（正）刘青年（副）彭志义（副）
	征管科	吕致清（正）高安东（副，正科级）盘海源（副）
	计财科	朱建河（正）文方明（副）刘克勤（副）
	人教科	张紫英（正）欧阳丽君（副）吴春元（副）
	监审室	陈爱国（正）李玉环（副）邓代志（副）
	税政法规科	许立忠（正）胡扬芝（副，正科级）李志敏（副）
	稽查局	蒋德松（正）周万生（副，正科级）赵文华（副）
	涉外分局	唐慧亮（正）周逸轩（副）
	思政办	陈贤信（正）何道书（副，正科级）刘春梅（副）
	信息中心	刘先明（正）
	永发税务师事务所	唐辉恒（正 9 月 30 日起，非内设机构）

续表 9-16-2

职务 \ 姓名 \ 时间		1998 年 3 月 6 日至 1999 年 8 月 15 日（办公室分设行政科，部分科室负责人调整）
局领导及副处级干部	局长	李顺阳
	党组书记	曹承斌
	副局长	贺正国　艾春元　肖显发
	纪检组长	贺正国（兼）
	总经济师	张家琳
	工会主任	贺正国（兼）
	助理调研员	鲁连甫
	副处级干部	文乐君　秦东晨
科室及正副职	办公室	欧阳辉亮（正）李辉（副）
	征管科	吕致清（正）高安东（副，正科级）李宜忠（副）
	计财科	朱建河（正）文方明（副，正科级）刘祥云（副）
	人教科	张紫英（正）彭志义（副）吴春元（副）
	监审室	陈爱国（正）李玉环（副，正科级）邓代志（副）
	税政法规科	许立忠（正）胡扬芝（副，正科级）李志敏（副）
	稽查局	蒋德松（正）周万生（副，正科级）赵文华（副）
	涉外分局	陈贤信（正）周逸轩（副）
	思政科	欧阳丽君（正）何道书（副，正科级）刘春梅（副）
	信息中心	刘先明（正）
	行政科（3 月起）	刘克勤（正）刘青年（副）欧阳铁军（副）

职务 \ 姓名 \ 时间		1999 年 8 月 16 日至 12 月 31 日（8 月部分科室负责人调整后）
局领导及副处级干部	局长	李顺阳
	党组书记	曹承斌
	副局长	贺正国（至 11 月 19 日止）　艾春元　肖显发
	纪检组长	贺正国（兼，至 11 月 19 日止）
	总经济师	张家琳
	调研员	贺正国（11 月起）
	助理调研员	鲁连甫
	副处级干部	文乐君　秦东晨
科室及正副职	办公室	欧阳辉亮（正）李辉（副）
	征管科	吕致清（正）高安东（副，正科级）李宜忠（副）
	计财科	朱建河（正）刘祥云（副）陈江平（副）
	人教科	张紫英（正）吴春元（副）
	监审室	陈爱国（正）李玉环（副，正科级）邓代志（副）
	税政法规科	许立忠（正）胡扬芝（副，正科级）李志敏（副）
	稽查局	蒋德松（正）周万生（副，正科级）赵文华（副）
	涉外分局	陈贤信（正）
	思政科	欧阳丽君（正）何道书（副，正科级）刘春梅（副）
	信息中心	周逸轩（正）唐峰鹰（副）
	行政科	欧阳铁军（正）刘青年（副）
	税侦大队	文方明（正）唐伟源（副）

说明：另有非内设机构——永发税务师事务所，唐辉恒（正）；金税工程服务中心，刘先明（正 1998 年 8 月 3 日起）

续表 9-16-3

职务／姓名／时间		2000 年 1 月 1 日至 2001 年 4 月 30 日（部分局领导调整）	职务／姓名／时间		2001 年 5 月至 2002 年 5 月 22 日（2001 年 5 月机构人事改革后）
局领导及副处级干部	局长	李顺阳	局领导及副处级干部	党组书记　局长	李顺阳
	党组书记	曹承斌（2001 年 2 月 15 日止）		副局长	艾春元　肖显发　申又铭（5 月起）
		李顺阳（2001 年 2 月 15 日起）		纪检组长	张紫英（5 月起）
	副局长	艾春元　肖显发		总会计师	朱建河（5 月起）
	纪检组长	曹承斌（兼 2001 年 2 月 15 日止）		调研员	曹承斌（副厅级）贺正国　张家琳（3 人均于 2001 年 6 月 5 日免职，7 月 15 日起提前离岗）
	总经济师	张家琳（2001 年 2 月 26 日止）		副处级干部	秦东晨；黄其林　陈爱国（2 人 5 月起）
	调研员	贺正国　曹承斌　张家琳（2001. 2. 26 起）			
	助理调研员	鲁连甫（2000 年 2 月退休）			
	副处级干部	文乐君（2000 年 12 月退休）　秦东晨			
科室及正副职	办公室	欧阳辉亮（正）李辉（副）	科室及正副职	办公室	彭志义（正）李辉（副）
	征管科	吕致清（正）高安东（副，正科级）李宜忠（副）		法规科	陈贤信（正）
	计财科	朱建河（正）刘祥云（副）陈江平（副）		税政科	许立忠（正）李志敏（副，正科级）
	人教科	张紫英（正）吴春元（副）		征管科	欧阳辉亮（正）李宜忠（副）
	监审室	陈爱国（正）李玉环（副，正科级）邓代志（副）		计财科	欧阳丽君（正）欧鸿鲲（副，正科级）陈江平（副）
	税政法规科	许立忠（正）胡扬芝（副，正科级）李志敏（副）		人事科	陈爱国（正兼）廖利民（副）唐绍军（副）
	稽查局	蒋德松（正）周万生（副，正科级）赵文华（副）		教育科	吴春元（正）
	涉外分局	陈贤信（正 2000 年 7 月 19 日止）		监审室	吕致清（正）高安东（副，正科级）邓代志（副）
	思政科	欧阳丽君（正）何道书（副，正科级）刘春梅（副）		机关党委办	梁公民（正）魏再社（副，副团级）
	信息中心	周逸轩（正）唐峰鹰（副）		涉外分局	黄其林（正兼）江小平（副）
	行政科	欧阳铁军（正）刘青年（副）盘海源（副 2000 年 2 月 13 日起）		信息中心	周逸轩（正）唐峰鹰（副）
	税侦大队	文方明（正）唐伟源（副）		注税管理中心	何建新（正 2002 年 8 月止）
				机关服务中心	盘海源（正）刘春梅（副）胡文（副）
				稽查局	蒋德松（正）周万生（副，正科级）罗德君（副，正科级）赵文华（副，正科级）唐伟源（副）

续表 9-16-4

职务	姓名	2002 年 5 月 23 日至 12 月 31 日（5 月机构人事调整后）
局领导及副处级干部	党组书记、局长	李顺阳
	副局长	艾春元　肖显发　申又铭
	纪检组长	张紫英
	总会计师	朱建河
	副处级干部	秦东晨　黄其林　陈爱国
科室及正副职	办公室	彭志义（正）李辉（副）唐川生（副 8 月起）
	法规科	陈贤信（正）唐伟源（副 8 月起）
	税政一科	许立忠（正）李志敏（副，正科级）
	税政二科	刘克勤（正 11 月起）黄躜（副 8 月起）
	征管科	欧阳辉亮（正）李宜忠（副 11 月止）蒋国华（副 12 月起）
	计财科	欧阳丽君（正）邓仁霞（副，正科级 12 月起）陈江平（副）何宣（副 11 月起）
	人事科	陈爱国（正兼）廖利民（副）唐绍军（副）
	教育科	吴春元（正）
	监审室	吕致清（正）高安东（副，正科级）邓代志（副）
	机关党委办	梁公民（正）魏再社（副）
	涉外分局	黄其林（正兼）江小平（副）
	信息中心	周逸轩（正）唐峰鹰（副）
	注税管理中心	秦东晨（兼 8 月起）
	机关服务中心	盘海源（正 11 月止）；欧鸿鲲（正 11 月起）刘春梅（副）胡文（副）
	稽查局	赵文华（正）（11 月起）周万生（副，正科级）罗德君（副，正科级）龙晓（副，正科级 11 月起）

职务	姓名	2003 年 1 月 1 日至 12 月 31 日
局领导及副处级干部	党组书记、局长	李顺阳
	副局长	艾春元（7 月 31 日止）刘湘江（8 月 1 日起）肖显发　申又铭
	纪检组长	张紫英
	总会计师	朱建河
	调研员	艾春元（8 月 1 日起）
	副处级干部	秦东晨　黄其林　陈爱国
科室及正副职	办公室	彭志义（正）李辉（副）唐川生（副）
	法规科	陈贤信（正）唐伟源（副）
	税政一科	许立忠（正 12 月 30 日止）李志敏（副，正科级）
	税政二科	刘克勤（正）黄躜（副）
	征管科	欧阳辉亮（正）蒋国华（副）
	计财科	欧阳丽君（正）邓仁霞（副，正科级）陈江平（副）何宣（副）
	人事科	陈爱国（正兼）廖利民（副）唐绍军（副）
	教育科	吴春元（正）
	监审室	吕致清（正）高安东（副，正科级）邓代志（副）
	机关党委办	梁公民（正）魏再社（副）
	涉外分局	黄其林（正兼）江小平（副）
	信息中心	周逸轩（正）唐峰鹰（副）
	注税管理中心	秦东晨（兼）
	机关服务中心	欧鸿鲲（正）刘春梅（副）胡文（副）
	稽查局	赵文华（正）周万生（副，正科级）罗德君（副，正科级）龙晓（副，正科级）董敏玲（副 4 月 1 日起）

续表 9-16-5

职务 \ 姓名 \ 时间		2004 年 1 月 1 日至 12 月 31 日（局领导调整）
局领导及副处级干部	党组书记、局长	李顺阳（5 月 20 日止） 袁北屏（7 月 7 日起）
	副局长	刘湘江（6 月主持工作） 肖显发 申又铭 朱建河（6 月 29 日起）
	纪检组长	张紫英
	总经济师	蒋南毅（9 月 17 日起）
	总会计师	朱建河（6 月 29 日止） 陈洪贵（9 月 17 日起）
	调研员	艾春元
	助理调研员	陈爱国
科室及正副职	办公室	彭志义（正） 李辉（副） 唐川生（副）
	法规科	陈贤信（正） 唐伟源（副）
	税政一科	唐慧亮（正） 李志敏（副，正科级）
	税政二科	刘克勤（正） 黄躜（副）
	征管科	欧阳辉亮（正） 蒋国华（副）
	计财科	欧阳丽君（正） 陈江平（副） 何宣（副）
	人事科	陈爱国（正兼） 廖利民（副） 唐绍军（副）
	教育科	吴春元（正 11 月 4 日止）
	监审室	吕致清（正） 高安东（副，正科级） 邓代志（副）
	机关党委办	梁公民（正 11 月 4 日止）；欧阳铁军（正 11 月 4 日起） 魏再社（副）
	涉外分局（3 月 8 日更名国际税务科）	邓仁霞（正 1 月 5 日起） 江小平（副）
	信息中心	周逸轩（正） 唐峰鹰（副）
	注税管理中心	秦东晨（兼）
	机关服务中心	欧鸿鲲（正） 刘春梅（副） 胡文（副）
	稽查局	赵文华（正） 周万生（副，正科级） 罗德君（副，正科级） 龙晓（副，正科级） 董敏玲（副）

职务 \ 姓名 \ 时间		2005 年 1 月 1 日至 4 月 30 日
局领导及副处级干部	党组书记、局长	袁北屏
	副局长	刘湘江（2 月 17 日止） 肖显发 申又铭 朱建河
	纪检组长	张紫英
	总经济师	蒋南毅
	总会计师	陈洪贵
	调研员	艾春元
	助理调研员	陈爱国 吕致清（2 月 16 日起）
科室及正副职	办公室	彭志义（正） 李辉（副） 唐川生（副 4 月 30 日止）
	法规科	陈贤信（正 5 月 17 日止） 唐伟源（副）
	流转税科	唐慧亮（正） 李志敏（副，正科级）
	所得税科	刘克勤（正） 黄躜（副）
	国际税务科	邓仁霞（正 3 月 1 日止） 江小平（副）
	征管科	欧阳辉亮（正） 蒋国华（副）
	计统科	欧阳丽君（正） 陈江平（副） 何宣（副）
	人事科	陈爱国（正兼 3 月 1 日止） 廖利民（副） 唐绍军（副）
	监察室	吕致清（正 3 月 1 日止） 高安东（副，正科级） 邓代志（副）
	机关党委办	欧阳铁军（正） 魏再社（副）
	信息中心	周逸轩（正） 唐峰鹰（副）
	注税管理中心	秦东晨（兼）
	机关服务中心	欧鸿鲲（正） 刘春梅（副） 胡文（副） 于亦伟（副）
	稽查局	赵文华（正） 周万生（副．正科级） 罗德君（副，正科级） 龙晓（副，正科级） 董敏玲（副）
	车购税征管办	唐乙庆（主持工作）

续表 9-16-6

职务 \ 姓名 \ 时间		2005 年 5 月 1 日至 12 月 31 日 （5 月部分机构人事调整）
局领导及副处级干部	党组书记、局长	袁北屏
	副局长	肖显发　申又铭　朱建河
	纪检组长	张紫英
	总经济师	蒋南毅
	总会计师	陈洪贵
	调研员	艾春元
	助理调研员	陈爱国　吕致清
科室及正副职	办公室	廖利民（正）
	法规科	刘克勤（正 5 月 17 日起）李志敏（副，正科级）
	流转税科	唐慧亮（正）胡文（副）黄躜（副）
	所得税科	龙晓（正）柏娟（副）
	国际税务科	文方明（正 5 月 17 日起）江小平（副）
	征管科	欧阳辉亮（正）蒋国华（副）蔡文旺（副）
	计统科	欧阳丽君（正）管金勇（副）陈江平（副）何杰（副）
	人教科（离退休科）	彭志义（正）唐川生（副）唐绍军（副）周斌（副）
	监审室	邓仁霞（正 3 月 1 日起）高安东（副，正科级）邓代志（副）
	机关党委办	欧阳铁军（正）
	机关工会（增设）	唐峰鹰（正 5 月 10 日起）
	信息中心	周逸轩（正）李辉（副）郭林（副）
	机关服务中心	欧鸿鲲（正）魏再社（副）刘春梅（副）
	稽查局	赵文华（正）唐伟源（副）何宣（副）董敏玲（副）贺韶文（副）
	车购税征管办	唐乙庆（主持工作）

职务 \ 姓名 \ 时间		2006 年 1 月 1 日至 12 月 31 日 （6—8 月部分科室负责人调整）
局领导及副处级干部	党组书记、局长	袁北屏
	党组副书记	肖显发（1 月 4 日起）
	副局长	肖显发　申又铭　朱建河　邓赐友（1 月起）
	纪检组长	张紫英
	总经济师	蒋南毅
	总会计师	陈洪贵
	调研员	艾春元
	助理调研员	陈爱国　吕致清（7 月 5 日止）
	系统工会主任	吕致清（7 月 6 日起）
科室及正副职	办公室	廖利民（正 6 月止）赵文华（正）唐绍军（副）（均 7 月 5 日起）
	法规科	刘克勤（正）李志敏（副，正科级）
	流转税科	唐慧亮（正）胡文（副）黄躜（副）
	所得税科	龙晓（正）柏娟（副）
	国际税务科	文方明（正）江小平（副）
	征管科	欧阳辉亮（正）蒋国华（副）蔡文旺（副）刘春梅（副 7 月起）
	计统科	欧阳丽君（正）陈江平（副）管金勇（副）何杰（副）（均 4 月止）管金勇（正）骆雄（副）贺赛斯（副）（均 4 月起）
	财务科（4 月增设）	欧阳丽君（正）陈江平（副）何杰（副）（均 4 月起）
	人教科（离退休科）	彭志义（正）唐川生（副）周斌（副）唐绍军（副）李明翠（副）
	监察室	邓仁霞（正）高安东（副，正科级）邓代志（副，主任科员 6 月起）
	机关党委办	欧阳铁军（正）唐峰鹰（副）肖静琳（副）（8 月 30 日起）
	机关工会	唐峰鹰（正）欧阳铁军（副）（8 月 30 日起）
	信息中心	周逸轩（正）李辉（副）郭林（副）
	机关服务中心	欧鸿鲲（正）魏再社（副）刘春梅（副）（均 6 月止）廖利民（正）陈水波（副，正科级）（均 7 月起）
	稽查局	赵文华（正 6 月止）管金勇（副 4 月止）；欧鸿鲲（正 6 月 21 日起）唐伟源（副）何宣（副）董敏玲（副）贺韶文（副）
	车购税办税厅	唐乙庆（正 2 月 28 日起）于亦伟（副）陈斌（副）高志钢（副）

续表 9-16-7

职务		2007 年 1 月 1 日至 12 月 31 日 （4、6 月部分科室负责人调整）
局领导及副处级干部	党组书记、局长	袁北屏
	党组副书记	肖显发
	副局长	肖显发 申又铭（7 月 23 日止） 朱建河 邓赐友
	纪检组长	张紫英
	总经济师	蒋南毅
	总会计师	陈洪贵
	调研员	艾春元
	助理调研员	陈爱国
	系统工会主任	吕致清
科室及正副职	办公室	赵文华（正6月19日止）；周逸轩（正6月19日起）肖静琳（副4月起）
	法规科	刘克勤（正4月止）；唐慧亮（正4月起）李志敏（副，正科级）
	流转税科	唐慧亮（正 4 月止）；许立忠（正 6 月 19 日起）胡文（副）黄躜（副）
	所得税科	龙晓（正4月止）；赵文华（正6月19日起）柏娟（副）
	国际税务科	文方明（正）江小平（副）
	征管科	欧阳辉亮（正）蒋国华（副）刘春梅（副）蔡文旺（副）
	计统科	管金勇（正）骆雄（副）贺赛斯（副）
	财务科	欧阳丽君（正）陈江平（副）何杰（副）
	人教科（离退休科）	彭志义（正）唐川生（副）周斌（副）唐绍军（副）李明翠（副4月止）张波（副10月10日起）
	监审室	邓仁霞（正）高安东（副，正科级）邓代志（副，正科级）吕绍东（副4月起）
	机关党委办	欧阳铁军（正）唐乙庆（副6月19日起）唐峰鹰（副6月止）肖静琳（副4月止）
	机关工会	唐峰鹰（正6月止）；唐乙庆（正6月19日起）欧阳铁军（副）
	信息中心	周逸轩（正 6 月止）；唐峰鹰（正 6 月 19 日起）李辉（副）郭林（副）
	机关服务中心	廖利民（正）陈水波（副，正科级）李明翠（副4月起）
	稽查局	欧鸿鲲（正）周万生（副，正科级）何宣（副）唐星林（副）唐伟源（副）董敏玲（副）贺韶文（副）
	车购税办税厅	刘克勤（正6月19日起）于亦伟（副）陈斌（副）高志钢（副）

职务		2008 年 1 月 1 日至 12 月 31 日 （8 月主要领导调整）
局领导及副处级干部	党组书记、局长	袁北屏（7 月止）；林小平（8 月 1 日起）
	党组副书记	廖健（8 月 1 日起）肖显发
	副局长	廖健 肖显发 朱建河 邓赐友（1 月 31 日止） 张紫英（4 月 22 日起）
	纪检组长	张紫英（4 月 22 日止）；邹华利（8 月 25 日起）
	总经济师	蒋南毅
	总会计师	陈洪贵
	调研员	艾春元（4 月 28 日止）
	助理调研员	陈爱国
	系统工会主任	吕致清
科室及正副职	办公室	周逸轩（正）眭荐军（副4月23日起挂职）
	法规科	唐慧亮（正）李志敏（副4月起挂职宁远县局）
	流转税科	许立忠（正）胡文（副）黄躜（副）
	所得税科	赵文华（正）柏娟（副）
	国际税务科	文方明（正）江小平（副）
	征管科	欧阳辉亮（正）蒋国华（副）刘春梅（副）蔡文旺（副）唐小勇（副4月23日起挂职）
	计统科	管金勇（正）骆雄（副）邓宏林（副4月起）贺赛斯（副4月止）
	财务科	欧阳丽君（正）陈江平（副）何杰（副）
	人教科（离退休科）	彭志义（正）唐川生（副）周斌（副）张波（副）唐绍军（副）
	监察室	邓仁霞（正）高安东（副，正科级）吕绍东（副）邓代志（副）
	机关党委办	欧阳铁军（正）唐乙庆（副）
	机关工会	唐乙庆（正）欧阳铁军（副）
	信息中心	唐峰鹰（正）李辉（副）郭林（副）
	服务中心	廖利民（正）陈水波（副，正科级）李明翠（副）
	稽查局	欧鸿鲲（正 8 月止）；陈爱平（正，副处级 8 月 25 日起）唐伟源（副）何宣（副）唐星林（副）董敏玲（副）贺韶文（副）
	车购税办税厅	刘克勤（正）于亦伟（副）陈斌（副）高志钢（副）

续表 9-16-8

职务	姓名	2009 年 1 月 1 日至 12 月 31 日
局领导及副处级干部	党组书记、局长	林小平
	党组副书记	廖健（12 月止）肖显发
	副局长	廖健（12 月止）　肖显发　朱建河　张紫英　蒋南毅（12 月 14 日起）
	纪检组长	邹华利
	总经济师	蒋南毅（12 月 14 日止）
	总会计师	陈洪贵（7 月 29 日止）
	助理调研员	陈爱国
	系统工会主任	吕致清
科室及正副职	办公室	周逸轩（正）眭荐军（副 4 月 30 日挂职止）
	法规科	唐慧亮（正）李志敏（副 4 月止结束宁远县局挂职）
	流转税科	许立忠（正）胡文（副）黄赞（副）
	所得税科	赵文华（正）柏娟（副）
	国际税务科	文方明（正）江小平（副）
	征管科	欧阳辉亮（正）蒋国华（副）刘春梅（副）蔡文旺（副）唐小勇（副 4 月 30 日挂职止）
	计统科	管金勇（正）骆雄（副）邓宏林（副）
	财务科	欧阳丽君（正 7 月 26 日止）陈江平（副）何杰（副）
	人教科、离退休科	彭志义（正）唐川生（副）周斌（副）张波（副）唐绍军（副）
	监审室	邓仁霞（正）高安东（副，正科级）邓代志（副，正科级）吕绍东（副）
	机关党委办	欧阳铁军（正）唐乙庆（副）
	机关工会	唐乙庆（正）欧阳铁军（副）
	信息中心	唐峰鹰（正）李辉（副）郭林（副）
	机关服务中心	廖利民（正）陈水波（副，正科级）李明翠（副）
	稽查局	陈爱平（正，副处级 4 月 30 日止）；欧鸿鲲（正，副处级 12 月 22 日起）唐伟源（副）何宣（副）唐星林（副）董敏玲（副）贺韶文（副）
	车购税办税厅	刘克勤（正）于亦伟（副）陈斌（副）高志钢（副）

职务	姓名	2010 年 1 月 1 日至 8 月 4 日（部分领导成员调整）
局领导及副处级干部	党组书记、局长	林小平
	党组副书记	肖显发
	副局长	肖显发　朱建河　张紫英（4 月 23 日止）蒋南毅　邹华利
	纪检组长	欧鸿鲲（3 月起）
	总经济师	李济民（5 月起）
	总会计师	李靖（5 月起）
	调研员	张紫英（4 月 23 日起）
	副调研员	陈爱国　吕致清（3 月起）
	系统工会主任	欧阳辉亮（3 月起）
科室及正副职	稽查局	欧鸿鲲（正，副处级 3 月止）；刘小明（正，副处长级 5 月起）唐伟源（副）何宣（副）唐星林（副）董敏玲（副）贺绍文（副）
	车购税办税厅	刘克勤（正）于亦伟（副）陈斌（副）高志钢（副）
	办公室	周逸轩（正）盘爱平（副）刘莉（副）
	法规科	唐慧亮（正）李志敏（副，正科级）
	货物和劳务税科	许立忠（正）胡文（副）
	所得税科	赵文华（正）柏娟（副）
	国际税务科	文方明（正）江小平（副 4 月 18 日止）
	征管科	欧阳辉亮（正兼 8 月止）蒋国华（副）刘春梅（副）蔡文旺（副）
	收入核算科	管金勇（正）骆雄（副）邓宏林（副）
	财务科	陈江平（副）何杰（副）
	人事科	彭志义（正）唐川生（副）周斌（副）张波（副）唐绍军（副）
	监审室	邓仁霞（正）高安东（副，正科级）邓代志（副，正科级）吕绍东（副）
	机关党委办	欧阳铁军（正）肖静琳（副）唐乙庆（副）
	机关工会	唐乙庆（正）欧阳铁军（副）
	信息中心	唐峰鹰（正）李辉（副）郭林（副）
	机关服务中心	廖利民（正）陈水波（副，正科级）李明翠（副）

续表 9-16-9

职务	姓名	2010 年 8 月 5 日至 12 月 31 日（8 月机构改革和部分人员调整）
局领导及副处级干部	党组书记、局长	林小平
	党组副书记	肖显发
	副局长	肖显发　朱建河　蒋南毅　邹华利
	纪检组长	欧鸿鲲
	总经济师	李济民
	总会计师	李靖
	调研员	张紫英
	副调研员	陈爱国　吕致清
	系统工会主任	欧阳辉亮
市局直属机构、机关科室正副职	稽查局（副处级）	刘小明（正，副处长级）易宝华（副）唐星林　贺韶文（副）（3 人 8 月起均为正科级，后同）
	第一稽查局（8 月增设）	梁公民（正）黄躜（副）董敏玲（副）冯瑞国（副）
	车购税分局	刘克勤（正）陈斌（副）高志钢（副）
	办公室	眭荐军（正）盘爱平（副）刘莉（副）
	政策法规科	唐慧亮（正）李志敏（副，正科级）
	货物和劳务税科	许立忠（正）胡文（副）吕绍东（副）朱志力（副）
	所得税科	赵文华（正）柏娟（副）魏忠（副）
	收入核算科	骆雄（正）邓宏林（副）
	纳税服务科	欧阳铁军（正）刘雁飞（副）
	征收管理科	周逸轩（正）蒋国华（副）蔡文旺（副）刘春梅（副）
	财务管理科	何杰（正）陈江平（副）
	人事科	邓仁霞（正）唐川生（副）张波（副）
	教育科	周斌（正）尹维锋（副）
	监察室	邓代志（正，兼纪检组副组长）范昌柱（副）
	大企业和国际税务科	文方明（正）桂阳明（副）
	机关党办	唐绍军（正）唐乙庆（副）
	机关工会	唐乙庆（正）唐绍军（副）唐伟源（副）
	离退休干部科（8 月起）	陈水波（正）
	信息中心	郭林（正）李辉（副）郑波（副）
	机关服务中心	廖利民（正）李明翠（副）曾晓东（副）

职务	姓名	2011 年 1 月 1 日至 5 月 31 日
局领导及副处级干部	党组书记、局长	林小平（5 月 31 日止）
	党组副书记	肖显发
	副局长	肖显发　朱建河　蒋南毅　邹华利
	纪检组长	欧鸿鲲
	总经济师	李济民
	总会计师	李靖
	调研员	张紫英（正）陈爱国（副）吕致清（副）
	系统工会主任	欧阳辉亮
市局直属机构、机关科室正副职	稽查局（副处级）	刘小明（正，副处长级）易宝华（副）唐星林（副）贺韶文（副）
	第一稽查局	梁公民（正）黄躜（副）董敏玲（副）冯瑞国（副）
	车购税分局	刘克勤（正）陈斌（副）高志钢（副）
	办公室	眭荐军（正）盘爱平（副）刘莉（副）
	政策法规科	唐慧亮（正）李志敏（副，正科级）
	货物和劳务税科	许立忠（正）胡文（副）吕绍东（副）朱志力（副）
	所得税科	赵文华（正）柏娟（副）魏忠（副）
	收入核算科	骆雄（正）邓宏林（副）
	纳税服务科	欧阳铁军（正）刘雁飞（副）
	征收管理科	周逸轩（正）蒋国华（副）蔡文旺（副）刘春梅（副）
	财务管理科	何杰（正）陈江平（副）
	人事科	邓仁霞（正）唐川生（副）张波（副）
	教育科	周斌（正）尹维锋（副）
	监察室	邓代志（正）范昌柱（副）
	大企业和国际税务科	文方明（正）桂阳明（副）
	机关党办	唐绍军（正）唐乙庆（副）
	机关工会	唐乙庆（正）唐伟源（副）
	离退休干部科	陈水波（正）
	信息中心	郭林（正）李辉（副）郑波（副）
	机关服务中心	廖利民（正）李明翠（副）曾晓东（副）

续表 9-16-10

职务 \ 姓名 \ 时间		2011 年 6 月 1 日至 12 月 31 日（主要领导及部分机构调整）
局领导及副处级干部	党组书记、局长	傅扬帆（6 月 1 日到任）
	党组副书记	肖显发
	副局长	肖显发　朱建河　蒋南毅　邹华利（11 月 9 日止） 武乐农（12 月 22 日起挂职一年）
	纪检组长	欧鸿鲲
	总经济师	李济民
	总会计师	李靖
	调研员	张紫英（正）陈爱国（副）吕致清（副）
	系统工会主任	欧阳辉亮
市局直属机构、机关科室正副职	稽查局（副处级）	刘小明（正，副处长级）易宝华（副）唐星林　贺韶文（副）
	第一稽查局	梁公民（正）黄躜（副）董敏玲（副）冯瑞国（副 10 月 18 日止）刘层峰（副 10 月 18 日起）
	车购税分局	刘克勤（正）陈斌（副）高志钢（副）
	办公室	眭荐军（正）盘爱平（副 10 月 18 日止）刘莉（副）
	政策法规科	唐慧亮（正）李志敏（副）艾力（副）（10 月 17 日起）
	货物和劳务税科	许立忠（正）胡文（副）吕绍东（副）朱志力（副）
	所得税科	赵文华（正）柏娟（副）魏忠（副）
	收入核算科	骆雄（正）邓宏林（副）
	纳税服务科	欧阳铁军（正）刘雁飞（副）
	征收管理科	周逸轩（正）蒋国华（副）蔡文旺（副）刘春梅（副）
	财务管理科	何杰（正）陈江平（副）
	人事科	邓仁霞（正）唐川生（副）张波（副）
	教育科	周斌（正）尹维锋（副）
	监察室	邓代志（正）范昌柱（副）李永妮（副 12 月 2 日起）
	大企业和国际税务科	文方明（正）桂阳明（副）
	机关党办	唐绍军（正）唐乙庆（副）
	机关工会	唐乙庆（正）唐伟源（副）
	离退休干部科	陈水波（正）
	信息中心	郭林（正）李辉（副）郑波（副）
	机关服务中心	廖利民（正）李明翠（副）曾晓东（副）
群团组织	机关团委（新设）	张波（正科长级兼任 12 月 2 日起）
	机关妇委会（新设）	陈江平（正科长级兼任 12 月 2 日起）

职务 \ 姓名 \ 时间		2012 年 1 月 1 日至 12 月 31 日
局领导及副处级干部	党组书记、局长	傅扬帆
	党组副书记	肖显发
	副局长	肖显发　朱建河　蒋南毅　武乐农（12 月 31 日挂职止）
	纪检组长	欧鸿鲲
	总经济师	李济民
	总会计师	李靖
	调研员	张紫英（正）陈爱国（副）吕致清（副）
	系统工会主任	欧阳辉亮
市局直属机构、机关科室正副职	稽查局（副处级）	刘小明（正，副处长级）易宝华（副）唐星林（副）贺韶文（副）
	第一稽查局	梁公民（正）黄躜（副）董敏玲（副）刘层峰（副）
	车购税分局	刘克勤（正）陈斌（副）高志钢（副）
	办公室	眭荐军（正）刘莉（副）肖明剑（副 8 月起）
	政策法规科	唐慧亮（正）李志敏（副）艾力（副）
	货物和劳务税科	许立忠（正）胡文（副）吕绍东（副）朱志力（副）
	所得税科	赵文华（正）柏娟（副）魏忠（副）
	收入核算科	骆雄（正）邓宏林（副）欧建军（副 8 月起）
	纳税服务科	欧阳铁军（正）刘雁飞（副）
	征收管理科	周逸轩（正）蒋国华（副）蔡文旺（副）刘春梅（副）
	财务管理科	何杰（正）陈江平（副）欧小林（副 8 月起）
	人事科	邓仁霞（正）唐川生（副）张波（副）
	教育科	周斌（正）尹维锋（副）
	监察室	邓代志（正）范昌柱（副）李永妮（副）
	大企业和国际税务科	文方明（正）桂阳明（副）刘华（副 8 月起）
	机关党办	唐绍军（正）曹晓岚（副 8 月起）
	机关工会	唐乙庆（正）唐伟源（副）
	离退休干部科	陈水波（正）
	信息中心	郭林（正）李辉（副）郑波（副）
	机关服务中心	廖利民（正）李明翠（副）曾晓东（副）
群团组织	机关团委	张波（正）
	机关妇委会	陈江平（正）

续表 9-16-11

职务		时间 / 姓名 2013 年 1 月 1 日至 12 月 31 日（3 月和 10 月部分领导及科室负责人调整）
局领导及副处级干部	党组书记、局长	傅扬帆
	党组副书记	肖显发（12 月 3 日止）
	副局长	肖显发（12 月 3 日止）　朱建河　蒋南毅　欧鸿鲲（10 月 14 日起）李靖（12 月 3 日起）
	纪检组长	欧鸿鲲（10 月 14 日止）
	总经济师	李济民（10 月 14 日止）
	总会计师	李靖（12 月 3 日止）
	调研员	张紫英　肖显发（12 月 3 日起）
	系统工会主任	欧阳辉亮（12 月 3 日止）邓仁霞（12 月 3 日起）
	副调研员	刘祥云　吴春元（2 人自 2012 年 7 月在县区局提任，3 月调入市局机关）；高安东（1 月 9 日起）
市局直属机构、机关科室正副职	稽查局（副处级）	刘小明（正，副处长级）易宝华（副）唐星林（副）贺韶文（副 3 月止）
	第一稽查局	梁公民（正）黄躜（副 3 月止）董敏玲（副）刘层峰（副）何永东（副 3 月起）
	车购税分局	刘克勤（正）陈斌（副）高志钢（副）
	办公室	眭荐军（正 3 月止）；刘京山（正 3 月起）刘玉铁（副 3 月起）刘莉（副）肖明剑（副）
	政策法规科	唐慧亮（正 3 月止）唐峰鹰（正 3 月起）李志敏（副，正科级）艾力（副）
	货物和劳务税科	许立忠（正）胡文（副 12 月止）吕绍东（副）朱志力（副 3 月止）雷海军（副 3 月起）
	所得税科	赵文华（正 3 月止）刘祥云（正兼 3 月起）柏娟（副）蔡文旺（副 3 月起）魏忠（副 3 月止）
	收入核算科	骆雄（正 3 月止）欧阳铁军（正 3 月起）邓宏林（副）欧建军（副 3 月止）贺赛斯（副 3 月起）
	纳税服务科	欧阳铁军（正 3 月止）贺韶文（正 3 月起）刘雁飞（副）
	征收管理科	周逸轩（正）蒋国华（副）刘春梅（副）蔡文旺（副 3 月止）何铁军（副 3 月起）
	财务管理科	何杰（正）陈江平（副）欧建军（副 3 月起）欧小林（副）
	人事科	邓仁霞（正）唐川生（副）张波（副）
	教育科	周斌（正）尹维锋（副）
	监察室	邓代志（正 3 月止）文方明（正 3 月起）范昌柱（副）
	大企业和国际税务科	文方明（正 3 月止）何积峰（正 3 月起）唐伟源（副 3 月起）桂阳明（副）刘华（副）
	机关党办	唐绍军（正 3 月止）唐乙庆（正 3 月起）曹晓岚（副）
	机关工会	唐乙庆（正）唐伟源（副 3 月止）唐凌云（副 3 月起）
	离退休干部科	陈水波（正）
	信息中心	郭林（正）李辉（副）郑波（副）李威（副 3 月起）
	机关服务中心	廖利民（正 3 月止）吴春元（正兼 3 月起）李明翠（副）曾晓东（副 3 月止）唐景文（副 3 月起）
群团组织	系统工会副主任	唐慧亮（副，正科长级 3 月起）
	机关团委	张波（正）
	机关妇委会	陈江平（正）

续表 9-16-12

职务	姓名	2014 年 1 月 1 日至 12 月 31 日（部分领导及科室负责人调整）
局领导及副处级干部	党组书记、局长	傅扬帆
	副局长	朱建河　蒋南毅（8 月 25 日止）欧鸿鲲　李靖　刘小明（5 月 9 日起）
	纪检组长	文方明（5 月 9 日起）
	调研员	张紫英（4 月 25 日止）肖显发　蒋南毅（8 月 25 日起）
	副调研员	欧阳辉亮　刘祥云　吴春元　高安东
	系统工会主任	邓仁霞
市局直属机构、机关科室正副职	稽查局（副处级）	刘小明（正，副处长级 5 月 9 日止）；赵文华（正，副处长级 6 月 27 日起）易宝华（副 12 月 11 日止）唐星林（副）唐良溪（副 7 月起）
	第一稽查局	梁公民（正 7 月止）；周逸轩（正 7 月起）董敏玲（副）刘层峰（副）何永东（副）
	车购税分局	刘克勤（正）陈斌（副）高志钢（副）
	办公室	刘京山（正 1 月 12 日止）；周斌（正 7 月起），刘玉铁（副）刘莉（副）（2 人 7 月止）艾力（副 7 月起）肖明剑（副）
	政策法规科	唐峰鹰（正 7 月止）；郭林（正 7 月起）李志敏（副，正科级）艾力（副 7 月止）蔡文旺（副 7 月起）
	货物和劳务税科	许立忠（正）吕绍东（副）雷海军（副）
	所得税科	刘祥云（正兼）柏娟（副）蔡文旺（副 7 月止）魏忠（副 7 月起）
	收入核算科	欧阳铁军（正 7 月止）；管金勇（正 7 月起）邓宏林（副）贺赛斯（副 7 月止）
	纳税服务科	贺韶文（正）；邓代志（正 7 月起）刘雁飞（副）
	征收管理科	周逸轩（正 7 月止）；贺韶文（正 7 月起）蒋国华（副）刘春梅（副）郑波（副 7 月起）
	财务管理科	何杰（正）陈江平（副）欧建军（副）欧小林（副）
	人事科	邓仁霞（正兼 7 月止；）欧阳铁军（正 7 月起）何铁军（副 7 月起）唐川生（副）张波（副 7 月止）
	教育科	唐乙庆（正 7 月起）尹维锋（副）
	监察室	文方明（正 5 月止）；吴春元（正 7 月 7 日起）范昌柱（副）
	大企业和国际税务科	何积峰（正）唐伟源（副）桂阳明（副）刘华（副）
	机关党办	唐乙庆（正 7 月止）；张波（正 7 月起）曹晓岚（副）
	机关工会	唐乙庆（正 7 月止）；陈水波（正 7 月起）唐凌云（副）
	离退休干部科	陈水波（正 7 月止）；李明翠（正 7 月起）
	信息中心	郭林（正 7 月止）；唐峰鹰（正 7 月起）李辉（副）李威（副）郑波（副 7 月止）
	机关服务中心	吴春元（正兼 7 月止）；刘玉铁（正 7 月起）李明翠（副 7 月止）刘莉（副）唐景文（副）
群团组织	系统工会副主任	唐慧亮（副，正科长级）
	机关团委	张波（正）
	机关妇委会	陈江平（正）

续表 9-16-13

职务	时间/姓名	2015 年 1 月 1 日至 12 月 31 日
局领导及副处级干部	党组书记、局长	傅扬帆（12 月提任河南省国税局总会计师）；曾立春（12 月 11 日起）
	副局长	朱建河 欧鸿鲲 李靖 刘小明
	纪检组长	文方明
	调研员	肖显发 蒋南毅
	副调研员	欧阳辉亮 刘祥云 吴春元 高安东
	系统工会主任	邓仁霞
市局直属机构、机关科室正副职	稽查局（副处级）	赵文华（正，副处长级）唐星林（副）唐良溪（副）
	第一稽查局	周逸轩（正）董敏玲（副）刘层峰（副）何永东（副）
	车购税分局	刘克勤（正）陈斌（副）高志钢（副）
	办公室	周斌（正）艾力（副，兼党组秘书）肖明剑（副）
	政策法规科	郭林（正）李志敏（副，正科级）蔡文旺（副）
	货物和劳务税科	许立忠（正）吕绍东（副）雷海军（副）
	所得税科	刘祥云（正兼）柏娟（副）魏忠（副）
	收入核算科	管金勇（正）邓宏林（副）
	纳税服务科	邓代志（正）刘雁飞（副）
	征收管理科	贺韶文（正）蒋国华（副）刘春梅（副）郑波（副）
	财务管理科	何杰（正）陈江平（副）李永妮（副 5 月 26 日起）欧小林（副）
	人事科	欧阳铁军（正）何铁军（副）唐川生（副）
	教育科	唐乙庆（正）尹维锋（副）
	监察室	吴春元（正兼），朱志力（副）刘华（副）（2 人自 5 月 26 日起）
	大企业和国际税务科	何积峰（正）唐伟源（副）桂阳明（副）曾晓东（副 5 月 26 日起）
	机关党办	张波（正）曹晓岚（副）
	机关工会	陈水波（正）唐凌云（副）
	离退休干部科	李明翠（正）
	信息中心	唐峰鹰（正）李辉（副）
	机关服务中心	刘玉铁（正）刘莉（副）唐景文（副）
	系统工会副主任	唐慧亮（正科长级）
群团组织	机关团委	何铁军（正）
	机关妇委会	陈江平（正）

职务	时间/姓名	2016 年 1 月 1 日至 12 月 31 日（10 月部分领导及科室负责人调整）
局领导及副处级干部	党组书记、局长	曾立春
	副局长	朱建河 欧鸿鲲 李靖 刘小明
	纪检组长	文方明
	调研员	肖显发 蒋南毅（8 月 22 日止）
	副调研员	欧阳辉亮 刘祥云 吴春元 高安东（10 月 26 日止）
	系统工会主任	邓仁霞
市局直属机构、机关科室正副职	稽查局（副处级）	赵文华（正，副处长级）唐星林（副 10 月 24 日止）唐良溪（副）
	第一稽查局	周逸轩（正 10 月止）；周斌（正 10 月 24 日起）董敏玲（副）刘层峰（副）何永东（副）
	车购税分局	刘克勤（正）陈斌（副）高志钢（副）
	办公室	周斌（正 10 月 24 日止）；刘玉铁（正 10 月 24 日起）艾力（副兼党组秘书）肖明剑（副）
	政策法规科	郭林（正 10 月 24 日止）；邓代志（正 10 月 24 日起）李志敏（副）蔡文旺（副 4 月 1 日止）
	货物和劳务税科	许立忠（正 10 月 24 日止）；欧阳长江（正 10 月 24 日起）吕绍东（副）雷海军（副）
	所得税科	刘祥云（正兼至 10 月）；许立忠（正 10 月起）柏娟（副）魏忠（副）
	收入核算科	管金勇（正）邓宏林（副）
	纳税服务科	邓代志（正 10 月 24 日止）；唐星林（正 10 月 24 起）刘雁飞（副）
	征收管理科	贺韶文（正 10 月 24 日止）；郭林（正 10 月 24 日起）蒋国华（副）刘春梅（副）郑波（副）
	财务管理科	陈江平（正 1 月 8 日起）李永妮（副）欧小林（副）
	人事科	欧阳铁军（正）何铁军（副）唐川生（副）
	教育科	唐乙庆（正）尹维锋（副）
	监察室	吴春元（正兼）蔡文旺（副 4 月 1 日起）朱志力（副）刘华（副）
	大企业和国际税务科	何积峰（正）唐伟源（副）桂阳明（副）曾晓东
	机关党办	张波（正）曹晓岚（副）
	机关工会	陈水波（正）唐凌云（副）
	离退休干部科	李明翠（正）
	信息中心	唐峰鹰（正）李辉（副）
	机关服务中心	刘玉铁（正 10 月 24 日止）；彭志义（正 10 月 24 日起）刘莉（副）唐景文（副）
	系统工会副主任	唐慧亮（正科长级）
群团组织	机关团委	何铁军（正）
	机关妇委会	陈江平（正）

续表 9-16-14

职务	姓名	2017 年 1 月至 12 月 31 日
局领导及副处级干部	党组书记、局长	曾立春
	副局长	朱建河　欧鸿鲲　李靖　刘小明
	纪检组长	文方明
	调研员	肖显发（10 月 17 日止）
	副调研员	欧阳辉亮（9 月 30 日止）刘祥云　吴春元
	系统工会主任	邓仁霞
市局直属机构、机关科室正副职	稽查局（副处级）	赵文华（正，副处长级）唐良溪（副）何铁军（副）周少春（副，8 月 25 日起挂职）
	第一稽查局	周斌（正）董敏玲（副，8 月 15 日起改任主任科员）何永东（副，4 月 27 日止）黄躜（副，4 月 27 日起）
	车购税分局	刘克勤（正）陈斌（副，8 月 15 日起改任主任科员）高志钢（副）
	办公室	刘玉铁（正）艾力（副，8 月 15 日起改任主任科员兼党组秘书）肖明剑（副）
	政策法规科	邓代志（正）李志敏（副，4 月止）
	货物和劳务税科	欧阳长江（正）吕绍东（副，8 月 15 日起改任主任科员）雷海军（副）
	所得税科	许立忠（正）柏娟（副，8 月 15 日起改任主任科员）魏忠（副）
	收入核算科	管金勇（正）邓宏林（副，8 月 15 日起改任主任科员）
	纳税服务科	唐星林（正）刘雁飞（副）
	征收管理科	郭林（正）蒋国华（副，4 月止）刘春梅（副，4 月止）郑波（副）肖琳（副，8 月 25 日起挂职）
	财务管理科	陈江平（正，6 月 2 日止）欧小林（副）李永妮（副）
	人事科	欧阳铁军（正）何铁军（副，4 月止）唐川生（副，4 月止）
	教育科	唐乙庆（正）尹维锋（副）
	监察室	吴春元（正，兼 4 月止）蔡文旺（副，8 月 15 日起改任主任科员）朱志力（副）刘华（副）
	大企业和国际税务科	何积峰（正）唐伟源（副，8 月 15 日起改任主任科员）桂阳玥（副）曾晓东（副）
	离退休干部科	李明翠（正）
	信息中心	唐峰鹰（正）
	机关服务中心	彭志义（正）刘莉（副）唐景文（副）
	机关党办	张波（正）曹晓岚（副）
	机关工会	陈水波（正）唐凌云（副）
	系统工会副主任	唐慧亮（正科长级）
群团组织	机关团委（4 月止）	何铁军（正 4 月止）
	机关妇委会（4 月止）	陈江平（正 11 月 26 日止）

说明：1. 自 2017 年 4 月起，群团组织负责人不属领导干部；2. 原任及新改任主任科员均为非领导职务，不再兼任副科长、副主任等职务；3. 本表任职至 2018 年 7 月，职务机构合并后消失。

第三节 教育培训

一、思想政治教育

1992 年 8 月 11—13 日，地区税务局在道县召开全区税务系统思想政治工作会议，11 个县（市）税务局的 60 多名代表参加会议，研究部署加强思想政治工作和“三基”建设，推进税务系统精神文明和物质文明协调发展。

1995 年 2 月，针对税务机构分设后因办公拥挤、征管任务繁重等变化带来工作、生活上的困难，部分人员产生思想波动，出现作风松懈、纪律松弛等现象，地区国税局在全系统组织开展思想、纪律、作风教育整顿。通过宣传发动、学习提高、对照检查、整改建制四个阶段，各级国税人员认真学习、对照“五要十不准”等规定，观看《贿赂忧思录》《钱与权》《南街村》等教育录像片，开展“谈理想、爱本职、作贡献”演讲等活动，提振艰苦奋斗精神，重振士气。

1996 年 9 月 28 日，撤区建市后的市国税局组织全市国税系统“读三本书”学习竞赛活动，全面提高国税人员政治、业务等综合素质。1997 年 8 月 29 日，印发《永州市国税系统开展“讲文明、树新风”活动实施方案》，动员全体国税人员讲文明、树新风，立足本职做贡献。1998 年 10 月 28 日，市国税局召开全市国税系统思想政治工作会议，专题研究部署思政工作的目标、任务与措施。市国税局局长李顺阳在会上提出狠抓思想、党建、领导、工作“四落实”。1999 年 8—9 月，全市国税系统开展以“讲学习、讲政治、讲正气”为主要内容的党性、党风教育（简称“三讲”教育），紧密联系永州国税工作实际，用整风精神开展批评和自我批评，解决领导和税务人员在思想、作风、纪律、工作等方面存在的突出问题。2001 年，认真学习和实践江泽民总书记提出的“三个代表”重要思想，紧密联系国税工作实际，深入开展学习教育活动。2002 年，市国税局认真贯彻省国税局狠刹“三风”（大吃大喝风、企业馈赠风、公款娱乐风）的决定和加强四项规范管理文件精神，先后召开 9 个县国税局局长和 3 个城区分局等 300 余名税务人员参加的刹“三风”、强管理作风整顿动员大会，切实加强“两权”（税收执法权、行政管理权）监督、执法监察、内部审计等工作。2003 年，贯彻落实中共十六大精神和“三个代表”重要思想，在全市国税系统领导班子中开展“增强党性观念，增强群众观念，增强发展观念，创建先进班子”的“三增一创”活动。

2004 年，全市国税系统广泛开展“共铸诚信　打造诚信国税”创建竞赛活动，加快建立社会信用体系，加强法制和制度建设，认真贯彻落实《行政许可法》《公民道德建设实施纲要》和潇湘道德文化等。2005 年 6 月开始，市、县（区）国税局全面开展保持共产党员先进性教育活动，历经 6 个月的学习动员、分析评议、整改提高，促使党员干部先进性普遍提高。2006 年 3 月，市国税局成立永州市国税系统思想政治工作领导小组，由局党组书记、局长袁北屏任组长。3 月 28—29 日，在道县召开全市国税系统思想政治工作会议，期间举行“国税风采”大型文艺晚会。2008 年 3 月 31 日至 4 月 3 日，全市国税系统思想政治工作会议在市国税局召开，研究部署加强和改进思想政治工作的任务。2009 年，市国税局围绕“服务科学发展、共建和谐税收”开展思想政治工作，贯彻“内外并举，重在治内，以内促外”的工作方针，以理想信念教育为重心，做实、做活干部思想政治工作。

2011 年 11 月 15—17 日，市国税局党组召开全市国税系统思想政治工作暨干部作风整顿会议，党组书记傅扬帆要求围绕税收中心工作，坚持以人为本，大力推进思想政治工作手段创新和机制创新，加强干部队伍、精神文明和税务文化建设，激发队伍活力，为税收事业科学发展提供有力保证。2012 年，结合“十二五”队伍建设和教育培训规划，着力加强干部队伍政治品德、社会公德、职业道德、家庭美德建设。2013 年，重点突出创先争优活动主题，坚持以教育培训、文明创建、国税文化建设等系列活动为主要抓手，充分调动干部的工作积极性、主动性和创造性。2014 年，

2016 年 10 月 28 日，全市国税系统增强“三员”意识、推进“两学一做”学习教育动员　（办公室供图）

2017 年 10 月 30 日，各县（区）国税局长、党办主任等集中在江永县听取党的十九大会议代表传达精神　（办公室供图）

发挥先进典型的示范引领作用，深入推进全市国税系统第二批党的群众路线教育实践活动。2015 年 3 月，组织开展基层党建和思想政治工作专项调研，探讨进一步加强和改进基层党建与思想政治工作的工作举措。

2016 年 4 月，召开全市国税系统思想政治工作会议，学习贯彻中共十八届四中、五中全会精神，总结和部署全市国税系统思想政治工作。5 月 9 日，召开全市“两学一做”（学党章党规、习近平系列讲话，做合格党员）学习教育视频大会，市国税局党组书记、局长曾立春作动员讲话。2017 年，市国税局以创建国税文化和双文明建设为统领，全面加强思想政治教育和创先争优活动，促进国税队伍稳定，税收业务与精神文明协调发展。

二、干部学历教育

1992—1994 年间，全区税务系统以自学考试为学历教育的重点，各级为干部、职工自学考试搭桥铺路，鼓励自学成才，辅以送学深造、办班培训等方式提高税务人员文化素质。

1996 年 7 月 22 日，撤地建市后的永州市国税局成立宣传教育科，主抓税干队伍思想政治和文化教育等工作。9 月 18 日，成立湖南税务高等专科学校永州函授站，曹承斌、贺正国、鲁连甫为函授站顾问，宣传教育科科长欧阳辉亮、副科长吴春元分别兼任正、副站长，负责永州函授站开设税务大专班的组织与教学工作。即日起，组织全市国税系统经过招生考试择优录取 77 名正式学员和 34 名预科生共 111 名税务人员参加永州函授站税务专业大专函授第一期辅导学习。经过两年的大专课程学习与考试，105 名合格者由湖南税专授予大专学历，加快了基层税务人员学历教育的步伐，工学矛盾得以有效解决。同时组织对 1995 年以来的内招补员、军转、退伍等人员进行税收、财务、会计基础知识和税收征管技能培训，加快提升适应工作岗位能力。是年 11 月 26 日，市国税局转发《湖南省国税系统在职人员学历教育暂行规定》，鼓励符合条件的在职税务人员积极参加函授、电大、自学考试等学历教育，加快提高税干队伍文化素质。1999 年 4 月，根据国家税务总局《税务系统国家公务员培训暂行办法》，市国税局组织对 1998 年人事制度改革后提拔的县（区）局长、科所（分局）长进行任职培训。11 月，组织全市国税系统工作人员进行政治与业务综合考试。

2004 年 8 月，根据省国税局《关于印发 2003 年—2007 年湖南省国税系统干部教育培训规划的通知》等精神，市国税局先后印发《关于组织全市国税系统干部脱产学习的通知》和《永州市国税系统干部轮训考试管理工作实施细则（试行）》，有计划地安排干部脱产学习，并从当年起在 4 年内完成国税干部轮训。2005 年，按照国家税务总局关于“六员”培训要求，市国税局加强对办税服务厅、税收管理、反避税、稽查、出口退税管理和税收统计分析人员等岗位业务培训。同时分别举办人事、纪检监察、文秘人员等业务培训和县（区）局领导班子、综合征管软件操作应用等培训班。2010 年 9 月，全市国税系统开展岗位能力素质课程考试，分别组织《纳税评估方法与案例》《企业会计实务》《税务公务礼仪》《国税征管实务》《涉税法律专辑》《公务员法》等考试。2012 年 9 月，市国税局举办全市国税系统《小企业会计准则》师资培训班，并组织微格教学竞赛，零陵区局周薇薇获得一等奖。

2013 年 3 月，在湖南税专举办全市国税系统纳税评估培训班，并组织 70 人纳税评估业务知识竞赛，东安县国税局蒋海波获得一等奖。4 月，市国税局组织在市委党校进行全市国税系统《小企业会计准则》抽考，东安、祁阳、江华、宁远、双牌县国税局获单位优秀组织奖，东安县国税局蒋海波、市国税局机关刘淑芳、道县国税局周湘军获个人一等奖。9 月，组织全市国税系统稽查人才库人才和部分稽查业务骨干等 48 人在湖南税务高等专科学校进行稽查培训。10 月，组织全市国税系统税收业务基础知识全员考试。2014 年，先后组织办税服务人员参加全省星级办税厅业务考试，获得全省国税系统团体成绩第一名；组织 247 人次参加“三师”资格考试，单科合格 91 人次，其中 10 人新获“三师”资格证书。11 月，组织全市系统税收业务知识大比武，奉勇军等 6 人获“优秀学习尖子”，曾晓东等 47 人获“优秀学习干部”。

2016 年 3 月，全市国税系统青年干部“党建+税收知识”竞赛考试　（办公室供图）

2015 年 7 月，市国税局分别在市委党校和市国税局机关组织全市系统“岗位大练兵、业务大比武”竞赛活动，96 人参加笔试和实务测试，宁远、双牌、祁阳县国税局获“优秀单位奖”，邓海平等 17 人获“岗位业务能手”。2016 年，组织开展领导干部能力素质培训，先后选派领导干部参加总局领导能力培训，组织副科级以上领导干部到湖南大学参加素质提升培训。同时加强全员培训，开展各类培训班 9 期、共 1680 余人次。2017 年，市国税局把“岗位大练兵　业务大比武”活动与“营改增”等 9 个系列劳动竞赛作为工作的重中之重，突出专业人才、业务骨干和重点岗位人员的业务能力培养，增强教育培训工作的针对性。先后在湖南大学组织办班2期，参训170余人次；派出20余人次参加总局、省局组织的学习培训；全市系统组织4200余人次参加各类培训。

2018年上半年，认真贯彻落实国家税务总局《深化国税、地税征管体制改革方案》精神，扎实做好国税、地税业务融合与机构合并等工作，市国税局、地税局联合开展国税、地税全员税收业务培训，确保市、县（区）税务机构在7月份顺利合并。

1997—2017年永州市国税系统在职人员文化结构表

表9-17 **单位：人**

时间（年）	总人数	文化结构						其中有硕士学位
		研究生	大学本科	大学专科	中专	高中职高技校	初中及以下	
1997	1507	—	39	539	472	322	135	—
1998	1517	—	51	580	456	306	124	—
1999	1540	—	66	715	398	243	118	—
2000	1462	—	94	743	343	207	75	—
2001	1287	—	104	846	155	107	75	—
2007	1378	—	751	506	52	60	9	2
2008	1372	—	743	508	56	57	8	4
2009	1368	1	748	502	55	54	8	4
2010	1375	1	781	484	57	44	8	6
2011	1378	1	799	475	56	40	7	9
2012	1368	3	794	475	57	32	7	18
2013	1374	9	830	447	50	33	5	28
2014	1376	12	845	436	55	24	4	28
2015	1373	14	860	426	35	33	5	27
2016	1369	18	884	405	28	31	3	32
2017	1361	24	895	392	23	22	5	32

说明：研究生中未含在职研究生人员

第四节　纪检监察

1992年，地区税务局及各县（市）税务局均设有专门监察机构，配备专职监察和纪检人员，负责全区税务系统的党风廉政教育、监督防范和违纪案件查处等工作。是年，全区系统加强职业道德教育，完善各项规章制度，调整充实监察人员，注重定期检查督促，及时发现和查处违纪问题。地区税务局先后于6月和11月中旬组织对全区廉政工作进行检查，发现6名税务人员的亲属经商未按规定照章纳税，责成追补税款19850元。1993年，在全区税务系统领导干部中开展廉洁自律检查，并制定《防腐拒变十条规定》。8—9月，地区税务局组织对全系统兴办的各类经济实体经营、财务制度、分配方式、人员安排等进行全面清理与整顿，共清查出经济实体25个（其中地区税务局2个，县〈市〉税务局19个，税务所4个），参与人员81名，纠正部分税务人员兼办实体、影响工作、账务不实等问题，维护税务机关形象。

1994年，严密做好新税制实施和税务机构分设中的监督检查工作。针对税制改革前后各种传闻多、部分人员思想不稳定等实际，地区税务局从年初开始，始终把稳定思想、反腐倡廉等作为加强队伍建设，推进税制改革的重要工作落实。在机构分设前，地区税务局先后8次召开各县（市）税务局长会和全区税务工作会议，反复宣传和强调稳定税干队伍，坚守工作岗位，层层实行领导分工负责制，加强岗位责任考核和思想教育，及时消除谣传影响。通过对冷水滩、双牌县税务局过去骗税案件和其他贪污、盗窃等10起案件的立案查处，对有关人员均按规定作出严肃处理。与此同时，地区税务局先后13次组织局领导和机关人员下县（市），一面抓税制改革，组织收入，一面抓思想教育和反腐倡廉，稳定队伍，促使全区税务人员在面对许多新变化、征管复杂、工作难搞等情况下，自觉正确对待，安心本职，积极工作。9月，地区国税局成立后，迅速建立健全各级廉政建设领导小组，认真开展廉政勤政调查和反腐败斗争三项任务的检查及专项清理等工作，完善和加强了国税系统的廉政建设。在9—10月的税务机构分设过程中，纪检、监察部门参与制定人、财、物分配方案，监督移、接交事项，加强对财产管理、经费收支、人员分流等方面的监督监察，防止机构分设中出现财产流失、私分公款或人事安排上的违法违纪等现象。人员分流工作中，实行亲属回避制度，凡亲属同在税务部门的，分别安排到国税、地税机关。在财物和经费分配上，监督将原税务机关一切财产、经费全部纳入分配范围，按照比例和方法统一分配，杜绝在机构变化中发生侵占公款、公物等现象。12月7日，地区国税局发出通知，对元旦、春节期间的廉政建设作出明确规定“六不准”，防范新的机构人员违纪违规。

1995年，全区国税系统突出税务执法监察。重点监察税款是否按照新税制规定的税收种类及时足额入库；监督税种、税目、税率运用是否准确，增值税进项税额抵扣、一般纳税人认定是否符合税法规定；定期检查税收票证管理和增值税专用发票管理是否符合规定要求等。是年，先后对238家企业、113户个体户的税款入库情况进行检查，对1379户增值税一般纳税人资格监督审查，取消278户的资格；核查397名税务专管员的税收票证领用与填开情况，发现压票153份、压款8850元，查出违纪金额13093元，挽回经济损失86386元。

1996年，开始实行离岗审计制度。市国税局和各县（区）国税局对离开原工作岗位的干部、职工，均由监察、计会等部门对其所管理的经费、财产、税收票证、发票、执行税收政策等方面情况进行审计，重点对领导干部进行离任审计。5月8日，撤地建市后的永州市国税局成立反腐倡廉工作领导小组，局党组书记、局长曹承斌任组长，其他局领导及纪检、监察负责人等为成员。同日，成立永州市国税局案件审理委员会，由纪检组长兼任主任。9月26日，市国税局机关聘请刘青年、胡扬芝、彭志义、盘海源、李志敏等为兼职监察员。

1997年，调整充实纪检监察人员。1月10日，市国税局党组增补任命何道书为纪检组副组长。9月13日，任命陈爱国为市国税局监察审计室主任；15日，增补唐伟源、李玉环、邓代志为监察审计室副主任。12月18日，市国税局依据有关文件，明确全市国税系统纪检、监察专职人员办案补贴，每人每月50元。1998年，加强内部审计监督。5月28日，市国税局发文调整反腐败工作领导小组，由局长李顺阳任组长，局党组副书记曹承斌、纪检组长贺正国任副组长，陈爱国、张紫英、朱建河、欧阳丽君、欧阳辉亮为成员，并重新明确党风廉政建设有关工作部门责任。7月25日，市国税局组织对原税务检察室进行内部审计。12月30日，对原税务检察室主任因管理违规等给予行政记过处分。1999年，强化内外监督和领导监管。4月12日，市国税局从系统外聘请何先云、陈晓荣、李贤亮、王应国、何应元、蒋玉生、周莉萍等为国税特邀监察员。5月11日，聘请高安东、周万生、胡扬芝、刘青年、文方明、李辉、刘春梅、彭志义、周逸轩、唐凌云为市国税局机关兼职监察员。6月2日，市国税局下文重新明确领导班子成员党风廉政建设工作责任分工，李顺阳和曹承斌共同对全局党风廉政建设工作负总责；同时李顺阳对分管的计财科及计财业务工作中的廉政问题负责，曹承斌对人教科、税政法规科及其业务工作中的廉政问题负责，贺正国对纪检组、监审室、基建办及其业务工作中的廉政问题负责，艾春元对征管科、稽查局、税侦大队及其业务工作中的廉政问题负责，肖显发对办公室、政工科、行政科、涉外分局及其业务工作中的廉政问题负责，张家琳对信息中心、税务师事务所及其业务工作中的廉政问题负责。2000 年，重点开展“四清两控”。5 月，专项部署在全市国税系统开展“四清两控”工作，即清理改变税种、挤占中央税收收入，清理向纳税人借钱借物，清理发票保证金、纳税保证金、促产周转金和其他债权债务，清理固定资产，严格控制各级接待费用开支和公用车辆购置、油料费、维修费等支出。通过“四清两控”，全市国税系统内部管理更加规范，公用开支费用明显下降。2001 年，全面落实“两权”监督。8 月，根据省国税局《“两权”监督实施办法》等，市国税局制定印发《永州市国家税务局关于对税收执法权和行政管理权监督制约的实施细则》，从“两权”监督的内容、方式、组织领导，到检查考核、责任追究等方面具体细化，同时运用执法监察和内部审计手段，全面加强“两权”监督，加大源头防腐力度。

2002 年，建立健全反腐防范机制。全市国税系统坚持“立足教育，着眼防范”工作方针，以教育为基础，以制度作保证，以监督促廉洁，扎实做好反腐防范工作。年初，各级领导干部共签订廉政责任书 477 份，缴纳责任风险抵押金 240336 元。同时，市国税局从市人大、政协、纪委、检察院、工商局及新闻单位等聘请 9 名特邀监察员；全市国税系统重新聘请特邀监察员 208 名，兼职监察员 192 名，形成了内外监督机制。年内重点组织开展税收执法权的监督检查，全市共清缴老版发票 600 余本，收缴 52 人次违规金额 3. 8 万元。是年立案查处违规违纪案件 4 起，结案 4 起，涉案 5 人，给予政纪处分 5 人。2003 年，重点贯彻落实“十个严禁”。按照省国税局“十个严禁”规定，市国税局先后制定下发实施细则、处罚措施等，两次派出督察组对各基层单位检查督促。8 月，印发《永州市国家税务局税务执法监察实施方案》，进一步明确和规范税务执法监察的内容、实施程序与组织领导等，加强对执行收税政策、法律、法规、规章情况监督检查工作。12 月，永州市优化经济环境办公室对全市国税系统综合民主评议，获得 9. 7 的满意高分。2004 年，突出税务执法监察。围绕税收中心工作，市、县（区）国税局把税务执法监察作为纪检、监察工作的重中之重，促进“两权”监督制约措施落实。市国税局将税务行政管理和税收执法分解为 11 大项，分级下达立项任务，其中市国税局立项 4 个，县国税局等立项 42 个。

2005 年，加强廉政文化建设。3 月 23—24 日，召开全市国税系统党风廉政建设工作会议，突出税务廉政文化等建设。6 月 15 日，组织市国税局机关在职人员到永州监狱开展警示教育。8 月 10—12 日，举办全市国税系统纪检监察业务培训班，提升业务素质。7 月 18—19 日，组织开展全市国税系统“加强党风廉政文化建设”

书画诗词作品评展。8月，市政协对全市国税系统11个县（区）局执行政策、办事效率、执法行为、廉洁从政和队伍建设等情况进行监督评议。9—10月，贯彻执行省国税局和永州市纪委《关于清理国家机关工作人员和国有企业负责人投资入股煤矿问题的通知》等精神，在国税系统全面清理纠正工作人员投资入股煤矿及其他违规经商办企业问题。12月12—20日，市国税局组织对全市税收征管质量、执法责任、收入目标、廉政建设“四大目标”统一检查考核。

2006年，重抓预防职务犯罪。2月12日，组织市国税局机关副科级以上干部及冷水滩、零陵区国税局领导班子成员等，统一参加全国税务系统党风廉政建设工作视频会议。3月28—29日，在道县召开全市国税系统思想政治工作暨党风廉政建设工作会议，全面部署廉洁从税、预防职务犯罪等工作。6月5日，开展税收执法管理信息系统执法监察子系统培训。6月21日，市国税局举办“预防职务犯罪讲座”，邀请市检察院预防职务犯罪处的领导给全局人员上预防职务犯罪教育课。同月，对13名新提拔的干部进行任前廉政谈话。8月22日，印发《永州市国家税务局政务公开实施办法》。10月，配合省国税局对双牌县国税局进行巡视检查。

2007年，落实领导干部述职述廉。1月9日，市国税局召开领导班子成员述职述廉大会，并进行测评。3月27日，召开全市国税系统党风廉政建设工作会议，落实省、市反腐倡廉措施。5月，组织机关科室负责人以上干部参加全市机关作风整顿。6月5—6日，市国税局领导班子成员参加全市“整顿作风、整治秩序、振兴经济”培训学习与整顿。12月，先后组织各县（区）国税局和市国税局领导班子述职述廉与测评大会，逐级落实述职述廉制度。2008年，强化警示教育。3月12—13日，召开全市党风廉政建设工作会议，通报前两年全市国税系统违法违纪案件，对各级税务人员起到警醒和预防作用。同时加大执法监察力度，先后开展执法监察工作立项814项，纪检监察部门参与两权监督57项，其中涉及政府采购和基建工程招投标43项，节约税务资金40余万元。10月28—29日，召开全市国税系统纪检组长座谈会，总结全市党风廉政建设及纪检监察工作情况，专项研究部署廉政教育和纪检监察工作任务。2009年，组织开展廉政文化系列活动。年初开展明察暗访，发现问题及时通报，督促整改。同时开展向纳税人述职述廉和网上评廉活动，自觉接受社会各界监督。3月起，发起“廉政文化进家庭”活动，印制《廉政文化进家庭倡议书》发放到全体国税干部职工，倡扬廉政新风。6月，评选表彰全市国税系统党风廉政建设先进单位和勤廉为税优秀领导干部，同时参加省国税局评选表彰，江华县国税局被评为全省国税系统党风廉政建设先进单位，市国税局党组书记、局长林小平被评为全省国税系统勤政廉政先进个人。8月6日，召开全市国税系统网上评廉系统推广应用培训暨纪检组长工作会议，先后印制2万份网上评廉宣传单发送给纳税人，并通过当地新闻媒体宣传报道。9月1日，“网上评廉”系统正式上线运行，全市国税系统893名税收管理人员通过网络向社会各界述职述廉，公开、透明、广泛接受社会监督。12月9日，邀请市委常委、市纪委书记刘湘凌到市国税局开展“永州廉文化”专题讲座，并在全市国税系统开展“听廉课、写心得、树廉风、回头看”活动，促使廉政文化深入人心。

2010年，加强内控机制建设。市国税局先后制定下发《永州市国家税务局部门内控机制风险防范工作规程》，共查找出税收执法和行政管理风险点898个，制定防范措施1902条。同时完善财务制度，全面加强离任和任期经济责任审计，对审计中发现的问题提出审计建议57条，督促限时整改。严把经费审核、审批、报帐三关，当年全市系统经费支出严格控制在上级规定幅度内，车辆使用等管理费用大幅下降。

2011年，全面整顿思想作风。4月25—29日，市国税局领导带领分管科室人员组成7个检查组，分别对所联系的县（区）惩治和预防腐败体系建设工作进行检查。11月16—17日，在永州市委党校召开全市国税系统思想政治工作暨干部作风整顿会议，各县（区）国税局领导班子成员、税务分局局长、稽查局局长、科室负责人及市国税局机关、直属机构全体人员参加学习与整顿。通过学习相关文件，剖析干部队伍存在问题，播放廉政警示片，邀请北京大学教授作《危机管理和媒体应对》专题讲座等，进一步提高拒腐防变和应对危机管控等能力。

2012年4月19日，全市国税系统党风廉政建设工作会议在江华县召开 （办公室供图）

2012年，推行“一案双查”。全市国税系统按照“四个必查”“六个一律处理”等规定，大力推进“一案双查”工作，先后共开展“一案双查”15件，对25人给予党纪政纪处分或其他形式的责任追究。制定《永州国税系统责任追究办法（试行）》，列举追究领导责任的17种情形和追究个人直接责任的16种情形，划清责任追究界限，明确责任的认定、追究和具体的处罚标准，依据该办法严肃处理某局一名严重违反工作纪律的国税人员，将其清理出国税队伍。

2013年，开展“风险管理年”。市国税局将内控机制建设作为全年党风廉政建设工作的重点，开展以查找岗位廉政风险为内容的“廉政体检”，明确各岗位及人员职责、权限，全面排查权力运行中各个环节、岗位存在的风险点，将领导班子、干部队伍、组织收入、征管执法、内部管理五大方面的风险防控列为内控机制建设的重要内容，明确25个重大风险点、86条防范措施。同时，严格落实中央八项规定及系统内外的各项廉政要求，研究制定加强作风建设的系列规定。当年全市国税系统共有19人次因作风建设受到处理，其中3名干部被免职，另有3名县级局领导因忽视内部管理风险受到责任追究处理，10名科室负责人及局领导被追究连带责任。

2014年，落实主体责任，强化权力监督。建立主体责任“任务书工程”，市国税局党组与机关各科室、各县（区）国税局负责人签订党风廉政建设责任书，国税工作人员全部签订作风纪律承诺书，做到廉政责任层层落实，作风纪律人人遵守。制作纳税人税务监督卡、稽查廉情反馈卡、家庭廉情反馈卡，分别发放给纳税人和国税干部家属，建立起家庭、单位、个人“三位一体”的党风廉政监督体系。同时开展常态化的明察暗访，定期集中通报讲评，限期整改，严肃责任追究，对违纪违规行为实行“零容忍”。是年，全市国税系统有3人次因违反廉政纪律规定受到处理。

2015年7月，全市国税系统廉政建设成果暨警示教育巡展

2015年，加强教育转作风。市、县（区）国税局利用局域网、纪检监察宣传专栏、制度汇编等载体，对《税收违法违纪行为处分规定》《税务系统领导班子和领导干部监督管理办法》及其《实施细则》等廉政规定进行广泛宣传教育。市国税局还将1950年以来发生在永州地区税务系统的违纪违法案件汇编图册，作为警示教育资料在全市系统巡展，用身边的反面典型教育、警醒干部。同时认真开展执法监察和“一案双查”，先后对未达到年度党风廉政建设目标管理责任要求的4个单位进行问责。

2016年，作风纪律常抓不懈。先后出台《关于在全市国税系统公务接待禁酒的通知》等13项廉政纪律方面的文件制度，进一步完善单位、家庭、社会“三位一体”的监督机制，探索推行向市国税局直属机构派驻纪检监察干部制度，实现纪检监察监督全覆盖。同时开展经常性廉政纪律教育和党纪法规集中学习，对全体国税人员常态化廉政提醒、教育、抽查和考评。深化巡视整改和全面自查自纠，开展“纠四风、治陋习”专项整治，对公安部门移交的涉嫌酒驾醉驾者严肃依法依纪处理，给予党纪政纪处分4人次；查办收受礼品礼金违纪行为处分5人，诫勉谈话15人次。

2017年，完善纪检监察派驻工作。进一步调整充实纪检监察人员，完善对所辖直属机构派驻纪检监察干部等工作制度。当年完成全面巡察，共发现问题242个，清退各类款项37万多元，提醒谈话268人次。同时强化执纪问责，开展“一案双查”33起，收到案件线索5条，立案3起，开除公职1人，处分3人次，批评教育10人次。

2018年，做好机构合并监督管理工作。面对全国税务征管改革和国税、地税机构合并，市国税局强化纪律约束，加强廉政勤政教育和监督监察。1—7月，除充分利用“纪检日”等学习教育活动外，重点开展对违反中央八项规定精神突出问题的专项治理工作，全面排查和整改违反中央八项规定及机构、人事合并等工作中的问题。通过全面自查，全市国税系统共发现20起公务活动有违规饮酒现象，责成相关人员全部退款，另对因人事变动等因素有33间办公用房总面积超标，均全部整改到位，进而保证了全市国税系统机构及人员合并的顺利实施。

2017年8月30日，市国税局党组书记、局长曾立春讲廉政党课

第五节 党群建设

一、机关党建

1992年，零陵地区税务局设有局党组，局长邹礼强兼任党组书记。地区税务局

机关设有党支部1个，副局长张家琳兼任机关党支部书记。是年8月，成立机关党总支，张家琳兼任机关党总支书记，何道书任专职副书记。至1994年9月税务机构分设前，机关党组织保持不变。

1994年9月，税务机构分设后，零陵地区国家务党组书记和党组成员由省国税局党组任命，曹承斌任地区国税局首任党组书记。地区国税局机关党的组织关系归属零陵地委直属机关工作委员会管理；县（市）国税局党的组织关系归所在各县（市）党的领导机关，党建工作由当地党的地方领导机关负责。是年年底，地区国税局机关设有1个党支部及9个党小组，党员49名（其中预备党员5名，离退休人员中党员8名）。全区91个基层税务所中，建有基层党支部52个。1995年4月4日，地区国税局发出《零陵地区国税系统1995年思想政治工作安排意见》，要求各级改善和加强党建工作，充分发挥党组织的作用，广泛开展创先争优活动。是年，全区开展“学习孔繁森 党在我心中”、立足岗位作贡献等活动。年底，全区91个税务所（分局）中，已有79个建立党支部，比1994年增加27个。

1996年7月22日，永州市国税局核定各职能科室编制，设立机关党委，编制2人，原宣传教育科副科长何道书任机关党委专职副书记。年底，市国税局机关有1个党支部，8个党小组，党员53名（其中，预备党员2名，离退休人员中党员8名）。1997年3月31日，省国税局党组任命曹承斌为永州市国税局党组书记，李顺阳为党组副书记。是年，市国税局重点督促检查基层国税人员学习中共十四届六中全会精神等贯彻落实情况，围绕中共十五大召开进一步推动党的基本理论、基本路线教育，同时围绕香港回归深入进行爱国主义教育，全面促进国税系统党的建设和双文明建设等。1998年，市国税局狠抓党建、思想、领导、工作“四落实”。至年底，市国税局机关设有县级党组1个，党支部1个，党小组7个，党员63名（其中，在职党员54名，离退休党员8名，预备党员1名）。1999年3月11日，市国税局印发《永州市国家税务局关于进一步加强领导班子建设的意见》，对各级领导班子开展“三讲”（讲学习、讲政治、讲正气）教育，增强班子的凝聚力和战斗力。8—9月，全市国税系统“三讲”教育活动扎实开展。12月28日，印发《1999—2001年永州市国税系统基层建设规划》，在各级国税机关建立健全党的领导机制和组织生活制度，在基层征收管理分局（税务所）设立专职党支部书记或政工副局（所）长，加强党员教育和党的建设。

2000年6月29日，经永州市委直属机关工委批准，成立永州市国税局机关党委。经机关党员大会选举，肖显发、吕致清、陈爱国、欧阳丽君、蒋德松当选为机关党委委员，肖显发任书记。机关党委下设6个党支部。

2001年5月，市国税局进行机构人事改革，原思想政治工作科改设为机关党委办公室，负责机关党建和全市思想政治工作。6月20日，组队参加市直机关工委举办的党史知识电视抢答赛，荣获三等奖。6月下旬起，组织市国税局机关全体人员观看134期大型纪录片《中国共产党的八十年》，全面学习了解党的历史，牢记党的宗旨。10月29日至11月4日，市国税局举行实践“三个代表”先进事迹报告会，在全市各县（区）国税局进行巡回报告，共1200多名国税人员聆听先进典型的优秀事迹，进一步推进全市国税系统学习和实践“三个代表”重要思想。2002年6月，市国税局组织全体党员和机关人员学习江泽民总书记“5·13”讲话。2003年4月起，市国税局机关以党支部为单位，组织开展学习中共十六大知识竞赛活动。6月27日，市国税局组队参加市直机关“党的知识电视抢答赛”获得优胜单位和优秀组织奖。

2005年1月27日至6月20日，全市国税系统全面开展保持共产党员先进性教育活动，经学习动员、分析评议、整改提高三个阶段，取得明显成效。5月，市国税局机关内设机构和人员调整，原机关党委办分设为机关党委办公室和机关工会。5月25日，市国税局机关党委换届选举，肖显发连任机关党委书记。6月27日，市国税局机关代表队参加市直机关工委组织的“党的知识抢答赛”荣获第一名。6月29日，机关党办和机关工会联合组织“庆七一”机关篮球赛。7月18—19日，市国税局组织开展全市国税系统“加强党风廉政文化建设，纪念长征胜利70周年、抗日战争胜利60周年、弘扬中华民族优秀传统文化”书画诗词作品评选活动。2006年1月4日，省国税局党组任命副局长肖显发兼任永州市国税局党组副书记。5月24日，市国税局组织“学习贯彻党章辅导会”，请市委讲师团副主任蒋星珉为机关全体党员干部上学习党章辅导课。5月31日，市国税局机关组织全体党员参加全国“红船杯”学习贯彻党章知识竞答活动。

2009年6月，省国税局评选表彰全省国税系统党风廉政建设先进单位和勤廉为税优秀领导干部，永州市国税局党组书记、局长林小平被评为全省国税系统勤政廉政先进个人。2010年3月22—26日，全市国税系统领导干部作风纪律教育专项活动在市委党校举办，各县（区）国税局领导班子成员、市国税局机关科室负责人等参加。市委常委、纪委书记刘湘凌，党校校长文锦菊、中国税务长沙培训中心朱歌幸教授等分别授课。2011年3月4—8日，重新调整市国税局机关党支部，选出新的各个党支部书记、组织委员、宣传委员等。3月18日，召开永州市国税局机关党委第四次代表大会，以无记名投票方式差额选举产生机关党委委员7名，肖显发再次当选为机关党委书记。6月21日，全省国税系统创先争优表彰大会召开，永州市国税局机关党委被表彰为“创先争优先进党组织”。

2012年6月28日，中共中央在北京召开全国创先争优表彰大会，隆重表彰全国创先争优先进基层党组织、优秀共产党员和创先争优活动先进县（市区旗）党委。永州市国税局机关党委荣获“全国创先争优先进基层党组织”称号，市国税局党组副书记、副局长、市局机关党委书记肖显发受邀参加在人民大会堂召开的表彰大会，受到胡锦涛、习近平等党和国家领导人的亲切接见。29日，肖显发作为全国创先争优表彰大会的税务系统唯一代表，受到国家税务总局局长肖捷等总局领导的集体接见和座谈交流。7月5日，永州市委副书记、市长魏旋君等领导专程到市国税局听取肖显发受邀参加全国创先争优表彰大会的情况，观看《书香岁月——永州国税工作纪实》专题纪录片等。魏旋君对市国税局取得的荣誉表示祝贺，对国税工作给予肯定。

2012年6月28日，永州市国税局机关党委荣获“全国创先争优先进基层党组织”称号　（办公室供图）

2014年2月13日，市国税局党组成立永州市国税系统党的群众路线教育实践活动领导小组及工作机构，由党组书记、局长傅扬帆任组长，领导小组下设办公室（简称“群教办”），深入扎实开展全市国税系统党的群众路线教育实践活动。11月11日，召开永州市国税局机关党委第五届党员代表大会，选举产生新一届机关党委委员7名，欧鸿鲲担任机关党委书记，赵文华、张波为副书记。

2015年2月10日，市国税局组织对全市国税系统党的群众路线教育实践活动整改落实“回头看”。从3月开始，对全市国税系统基层党建和思想政治工作专项调研，全面了解开展党建和思想政治工作等好的做法与经验，查找主要问题，研究进一步加强党建和思想政治工作的意见与办法措施。5月18日起，在全市国税系统副处级以上领导干部中开展“三严三实”专题教育活动，分三个专题进行学习教育。12月25日，市国税局召开各

2015年12月28日，全市国税系统县（区）局党组书记抓党建述职评议会

县（区）局党组书记抓党建工作述职评议考核大会，促使全市国税系统党建工作扎实到位。

2016年5月9日，市国税局召开全市国税系统“两学一做”（学党章、学业务，做合格党员）学习教育视频动员会，局党组书记、局长曾立春主持并讲话，对全市国税系统“两学一做”学习教育作全面部署。5月18日，成立全市国税系统“两学一做”学习教育领导小组并下发督导工作方案，明确督导工作职责任务、督导重点和方式。6月1日，市国税局机关举办“两学一做”学习教育党务骨干培训班。此后开展四轮督导巡察和年度党建工作检查。

2016年4月19日，永州市国税系统“党建+税收”电视抢答赛在市广电中心实况转播

2017年，市国税局结合党组中心组学习、“三会一课”和“主题党日”活动等，先后组织6次党组中心组学习、12次党支部月度工作部署和16次党组、党委、党支部书记为全体党员讲党课。同时通过“基层活动月”和党建网格化管理，按照“下抓两级、抓深一层”的党建工作指导思想，市局党组领导成员与县（区）局等基层党支部“结对共建”联系点，先后开展4轮、共30余次基层党建“结对共建”活动。市直工委印发了市国税局机关和江永县国税局的党建工作经验材料，并在市委《永州情况》第7期上专题刊发推介。市委组织部部长吴志雄、市委书记李晖等领导先后于7月和9月专程到市国税局调研党建工作，对国税系统党建工作予以充分肯定。至2017年年底，市国税局机关党委连续17年被永州市直属工委表彰为党建目标管理考核先进单位，在市直单位中唯一保持党建工作年年先进。

2017年8月31日，永州市委书记、市人大主任李晖（前中）率市属有关负责人，专程到市国税局察看机关党建与“两学一做”等工作

1997—2017年永州市国税系统人员政治面貌统计表

表9-18　　单位：人

时间（年度）	总人数	政治面貌情况		
		共产党员	共青团员	其中市局机关共产党员
1997	1507	752	305	58
1998	1517	785	282	52
1999	1540	851	245	53
2000	1462	851	194	63
2007	1378	888	48	80
2008	1372	925	35	151（含直属机构）
2009	1368	926	36	152（含直属机构）
2010	1375	938	28	160（含直属机构）
2011	1378	948	23	174（含直属机构）
2012	1368	948	24	174（含直属机构）
2013	1374	957	23	174（含直属机构）

续表9-18

时间（年度）	总人数	政治面貌情况		
		共产党员	共青团员	其中市局机关共产党员
2014	1376	967	27	185（含直属机构）
2015	1373	976	42	189（含直属机构）
2016	1369	955	46	189（含直属机构）
2017	1361	940	56	189（含直属机构）

二、工会工作

1992年，零陵地区税务局设有行业工会，刘春洪任行业工会主任。是年12月29日，地区税务局机关举办“红太阳颂”歌曲演唱赛，14个科室经过角逐，办公室获第一名，地方税科、工会并获第二名，所得税科、计会科、学会并获第三名。1993年3月9日，地区税务局在地区直属单位纪念毛泽东诞辰100周年歌咏比赛中荣获三等奖。5月28日，地区税务行业工会负责人调整，廖丁贵任主任。同时成立地区税务局机关工会，唐怀德任机关工会主席。12月27日，地区税务局机关举办纪念毛泽东100周年诞辰拔河比赛，并在地直单位“爱祖国、爱湖南、爱家乡”歌咏比赛中获二等奖。

1994年9月28日，机构分设后的零陵地区国税局召开第一次全局干部职工大会，成立地区国税局机关工会，欧宣庭任机关工会主席。原地区税务局行业工会自然消失。1995年5月3日起，地区国税局机关科室负责人调整，唐怀德任机关工会主席。8月，由地区国税局机关工会、办公室牵头组织，选派4名男女乒乓球运动员参加全省国税系统首届“国税杯”比赛，获得团体第二名，周明忠、谢素勇分别获得全省男子单打第三、第五名，另获得男子双打第五名和男女混合双打第六名，成为全省获得此届比赛奖项最多的地区队。

1996年3月19日，根据省国税局通知要求，成立零陵地区国税局工会工作委员会，副局长贺正国兼任主任。3月20日，地区国税局设立党工团联合办公室。7月24日，永州市国税局增加文乐军为工会工作委员会副主任（副处级），唐怀德为副主任（正科级）。9月26日，根据《中华人民共和国工会法》和《中国工会章程》等有关规定，成立永州市国税局机关工会，经机关职工大会选举，文乐君任机关工会主席，唐怀德任副主席。1997年4月，组织全市国税系统摄影、书法比赛，并选送优秀作品参加全省竞赛，获得二、三等奖各一个。“五一”节，组织机关干部进行拔河、投篮等比赛。6月，组织市国税局机关代表队参加全市财贸系统中老年健美操赛获得二等奖。6月30日晚，举办“迎回归、庆七一”歌咏晚会。9月15日，市国税局机构人事改革，取消机关工会，相关工作合并于思想政治工作办公室（后为思政科）。9月30日，市国税局机关举办“迎国庆、卡拉OK大家唱”歌咏晚会。10月13—18日，全市国税系统首届篮球运动会在冷水滩举行，芝山国税分局队夺得冠军。10月27日，举办全市国税系统首届文艺会演，共21个节目参赛，7个获奖；28日，获奖节目与潇湘艺术团同台联欢，为全市历届担任县级税务局领导的离退休老干部举行“九九重阳文艺晚会”。11月，市国税局机关图书阅览室、综合活动室、老干活动室分别定期开放，为干部职工创造文体活动园地。

1998年1月22日，市国税局机关在新落成的服务中心举行“98年迎春游艺晚会”。3—6月，向全市国税系统征集首届书画摄影大赛作品，共100余件（幅）作品参赛，最终评选出一等奖3个，二等奖5个，三等奖13个。6月19日，在全市财贸系统女子健身操比赛中，市国税局女子健身操参赛队荣获二等奖。9月23—27日，全市财贸战线第五届（甲级）男子篮球赛在市国税局举行，经过紧张角逐，市国税局代表队荣获冠军。

1999年3月，全省国税系统创先争优暨工会工作会议在永州召开，省国税局领导及各地州市国税局与会人员高度赞扬永州的国税文化建设和机关工作效率。7月21日，省国税局表彰1998年度文明单位、先进职工之家、五好文明家庭等，授予永州市国税局工会委员会“先进职工之家”称号。10月10日，在道县国税局举办全市国税系统第二届篮球运动会。11月19日，经省国税局党组决定，免去贺正国永州市国税工会工作委员会主任职务。自此，国税行业工会消失。

2000年4月30日，市国税局局长李顺阳、江华县国税局局长蒋南毅被评为永州市第一届劳动模范，受到永州市委、市政府表彰。9月22—28日，全市国税系统第二届篮球运动会在市国税局举行。12个县（区）国税局和市国税局机关的13支男子球队经过7天的紧张角逐，市国税局二分局代表队荣获冠军，新田县国税局代表队获得亚军，江永、市国税局机关、宁远、双牌队分别获取第三至六名，江华队和三分局获得“体育道德风尚奖”。2001年4月1—30日，市国税局组织到各县（区）的主要街道开展“新世纪国税与百姓”摄影作品巡回展览。11月2日，在市直机关举行的“公路杯”男子篮球邀请赛上，市国税局篮球队夺得冠军。12月，市国税代表队在市总工会组织的“猎豹杯”全市职工计算机知识竞赛中荣获集体第二名。2002年7月，市国税局机构组建以稽查局人员为主体的“永州金阳自行车运动俱乐部”，丰富干部职工的业余文化生活。2003年3月，市国税局组队参加市直机关女职工广播体操比赛，夺得团体第二名。4月，市国税局机关先后成立英语、电脑、羽毛球、摄影等15个各类兴趣小组，同时开展“个、十、百、千、万”学习活动，陶冶情操，丰富生活，多方式提高员工文化和身体素质。9月21—25日，永州市“财税杯”男子篮球赛在冷水滩举行，市财政局、国税局、地税局及各县（区）共14支代表队经过51场角逐，市国税局代表队荣获冠军。

2005年5月10日，市国税局增设机关工会，唐峰鹰任机关工会主席。6月29日，机关工会与机关党办联合组织庆“七一”机关篮球赛。9月21—24日，全市国税系统首届老年门球赛在市国税局举办。2006年7月5日，湖南省总工会批复恢复全省国税系统工会。7月6日，省国税局任命吕致清为永州市国家税务局工会工作委员会主任。7月31日，市国税局机关工会主席唐峰鹰兼任市国税系统工会副主任。2007年7月30日至8月1日，市国税局组织全市国税系统乒乓球比赛，同时为参加全省国税系统比赛选拔优秀选手。2009年3月23日至4月10日，市国税局机关首届奇石、摄影、书画文化艺术作品展在市国税局大楼大堂进行，参展作品200余幅（件），省国税局副局长张社安等观展后给予高度评价。

2010年3月，省国税局任命欧阳辉亮为永州市国税局系统工会主任。8月26—27日，市国税系统工会在双牌县阳明山组织全市国税系统首届棋类选拔赛。随后组队参加全省国税系统围棋、象棋比赛，均获得好成绩。9月30日，全市国税系统“道德永州·书香国税”演讲比赛在市广电局举行，市国税局第一稽查局潘清斌荣获第一名。10月22—26日，市国税工会组织参加市直机关气排球赛，国税队荣获第一名。2011年上半年，由市国税系统工会牵头组织全市“庆祝建党90周年及共享美好人生”美术、书法、摄影展，选送作品参加全省国税系统评展，其中3幅美术作品获铜奖，1幅摄影作品获铜奖，永州市国税局荣获组织奖。7月26—27日，市国税系统工会召开全市国税工会工作会议暨工会主席、专干等培训。8月29日至9月1日，市国税局组织在宁远县举办全市国税系统第二届气排球比赛。10月25—28日，市直机关第二届“气象杯”气排球赛在市体育中心举行，市国税队再度荣获冠军。

2012年5月，蓝山县国税局荣获“全国模范职工之家”称号。图为湖南省国税工会主任王发旺（左一）代表省总工会专程到蓝山县国税局授牌

2012年5月，蓝山县国税局被全国总工会授予“全国模范职工之家”称号。5月18日，省国税工会主任王发旺及永州市总

工会等有关领导专程到蓝山县国税局授牌并总结推介工作经验。10 月 13—14 日，市国税工会组织参加全省国税系统第二届气排球比赛，16 支代表队经紧张拼搏，永州市国税队获得第五名。12 月，永州市国税局机关工会、江华县国税局机关工会被授予湖南省国税系统“模范职工之家”称号。

2013 年 4 月 28 日，湖南省总工会在省委礼堂召开表彰大会，永州市国税局荣获湖南省总工会首次颁发的“湖南省五一劳动奖状”（全省国税系统唯此一个）；市国税系统工会主任欧阳辉亮被省总工会授予“湖南省优秀工会工作者”称号。11 月 4—8 日，市直机关“烟草杯”气排球赛在市体育中心举行，市国税队荣获第一名。12 月 3 日，省国税局宣布永州市国税局部分领导职务调整，免去欧阳辉亮系统工会主任职务，任命邓仁霞为系统工会主任。

2013 年 4 月 28 日，永州市国税局荣获首届“湖南省五一劳动奖状”，市国税工会主任欧阳辉亮被授予“湖南省优秀工会工作者”称号。图为欧阳辉亮（左一）代表市国税局在湖南省委大礼堂领奖
（办公室供图）

2015 年 7 月 9 日，市国税局印发《机关兴趣小组活动管理办法》，机关工会负责兴趣小组活动的组织与管理。10 月 21—22 日，举办全市国税系统第三届气排球友谊赛，省国税局系统工会主任、副巡视员王发旺等出席开幕式，市国税局机关队获得冠军，双牌、宁远县国税局队分获亚、季军。

2016 年 10 月，全市国税系统第四届气排球赛在市体育中心隆重举行

2016 年 4 月，市国税局召开机关工会工作会议，将全局 214 名会员的 11 个工会小组调整为 12 个工会小组，并选举产生了新的机关工会委员和工会小组

长等。10月，成功举办全市国税系统第四届气排球友谊比赛和迎国庆机关奇石作品展览。11月，组队参加全省国税系统第三届气排球赛，获得亚军。

2017年，充分发挥工会的职能作用，广泛开展文体活动，活跃职工文化。市国税局先后组织开展了各类兴趣小组活动、全市国税系统文艺晚会、“喜迎十九大”全市羽毛球、乒乓球赛等。市国税局机关组织合唱团参加永州市直单位“喜迎十九大，建设新永州”大合唱比赛，经41个单位激烈比拼，市国税局最终荣获一等奖，市委书记、市人大主任李晖为国税局颁奖。

三、共青团工作

1992年2月，共青团零陵地区税务局委员会（简称“团工委”，1990年10月17日成立）经共青团零陵地委全面考核，被评为1991度“先进单位”。1994年9月，税务机构分设后，零陵地区税务局团工委自然消失。1995年，全区国税系统建有团支部70个，此后的共青团工作主要按照属地管理原则分别开展。

2011年12月2日，共青团永州市国税局机关委员会成立，人事科副科长张波兼任机关团委书记（正科级），负责机关团委及指导基层青年工作开展。2014年7月，市国税局机关人员调整，何铁军提任机关团委书记（人事科副科长兼，正科级）。是年，全市国税系统各团支部共开展道德讲堂20余场，组织各类主题活动30余次，形成“学习养德、活动促德、文化蕴德”的道德建设新局面。

2015年4月10日，永州市国税局机关团委被团市委评为2014年度全市共青团基层团组织建设工作先进单位。4月20日，在团市委开展的“岗位践行价值观·青春建功中国梦”寻找“永州最美青工”主题活动中，市国税局机关服务中心张金山被列为“永州最美青工”候选人，并被“永团在线”微信公众号“点赞”。

2016年，市国税局机关团委结合市委“党建+”工作部署和“两学一做”学习教育等活动，把国税青年的思想政治建设和业务素养提升作为全面提高整体素质的重中之重，先后组织全市国税系统青年干部开展“党建+税收”知识竞赛、参加“精准扶贫”爱心助学、义务植树等活动。

2017年4月起，根据中组部要求，各级内设团委、工会、妇委会属群团组织，其负责人不列入领导干部，市国税局机关不再设专职团委书记职务，改由机关团员选举产生新的团支部书记。

四、妇女委员会与关心下一代协会等活动

1995年7月6日，地区国税局调整关心下一代协会（简称“关协”），副局长贺正国任关协名誉主席，调研员余世豪任主席。1999年2月5日，永州市国税局调

整关心下一代协会人员，由局长李顺阳、党组书记曹承斌和原局长邹礼强担任名誉主席，余世豪担任关协主席，欧阳坚、匡安秀、张紫英担任副主席，朱建河、阳辉亮、刘克勤、欧阳丽君、彭志义担任关协委员，廖利民为秘书长，进一步加强对“两老一少”（老干部、老年体协和关心下一代）工作的领导。

2011 年 12 月 2 日，市国税局机关新设妇女工作委员会，由财务科副科长陈江平兼任妇委会主任（正科级）。2013 年 9 月 9—12 日，市国税局妇委会组织在职女干部开展羽毛球比赛，通过单打、双打和混合比赛，决出前三名。2014 年 3 月，市国税局机关妇委会进行改选，陈江平续任妇委会主任，并增选机构人员。2016 年，市国税局机关妇委会由主任陈江平、副主任柏娟、文体专干曹小兰和计划生育专干刘淑芳组成，先后举办“党建+政务礼仪修养”培训班及气排球、羽毛球、健身健美等比赛。3 月，柏娟被市妇联授予永州市“三八红旗手”。5 月，参加市妇联组织的市直机关第二届“交通银行杯”女子气排球比赛获得二等奖。

2017 年 4 月起，中组部明确内设妇委会机构等群团组织的负责人不列入领导干部序列，原机关专职妇委会主任职务自然消失。

2017 年 8 月 3 日，市国税局隆重举办“培训好家风，传承好家训，弘扬好学风”经验交流与表彰会

第六节 离退休人员管理

1992 年，零陵地区税务系统离退休人员管理工作归口税务局人事部门负责。地区税务局人事科设有老干部管理专干 1 名，各县（市）税务局人教科明确专人负责管理与服务工作。

1994 年 9 月，零陵地区税务局机构分设时，全区税务系统有离退休人员 530 人，其中地区局机关 11 人，县（市）税务局 519 人。根据本人意愿和回避原则，机构分设后划转到国税系统的离退休人员 416 人，占离退休总人数 78.49%（其中地区局机关划到国税局的 10 人，自愿到地税局的 1 人）；划到地税系统的 114 人。是年 10 月 27—28 日，地区国税局与地税局按原定计划联合举办全区税务系统第二届老年门球赛，11 个县（市）局及地区局机关老年门球队共 80 余名老税干广泛交流了球技和对税收工作的意见，新田、道县、蓝山县代表队分别获得一二三名。

1996 年 4 月 16 日，零陵地区国家税务局改为永州市国家税务局，内设机构中设立离退休人员管理科（与人教科合署办公）。1997 年 9 月，根据《关于调整永州市国家税务局“三定方案”的批复》，市国税局的人事、教育、老干工作合并为人事教育科管理。

1998 年 3 月 18 日，市国税局下发《关于成立永州市国家税务局机关离退休人员自管委员会的通知》，市国税局机关成立离退休人员自管委员会，负责定期组织老同志开展政治和其他学习；经常了解掌握老同志的思想和生活状态，及时向市局领导或人教科反映情况；提议和组织老同志开展健康有益的文体活动；配合市局“关协”做好青少年的教育；组织老同志积极参加机关党支部安排的活动等工作。是年 10 月 28 日，市国税局首次组织建国以来历任县（区）税务局领导职务的老同志欢聚一堂，隆重举行“九九重阳”庆祝与联欢活动，参观市区建设新貌等，使老同志普遍感受到改革开放的巨大成就。

2001 年 7 月，贯彻执行省国税局《市（州）、县（市）国家税务局人员分流实施办法》，对男满 55 周岁、女满 50 周岁且工作满 20 年，或男满 50 周岁、女满 48 周岁且工作满 30 年的税务人员实行提前离岗；年满 57 周岁的副处级以上干部提前离岗；男满 50 周岁、工作 15 年以上及工作满 25 年、本人申请提前离岗的人员，报经省国税局批准提前离岗。市国税局机关 13 名干部提前离岗，全市国税系统提前离岗共 187 人。

2005年9月21—24日，市国税局在市委老干活动中心举办全市国税系统首届老年门球赛，共14支队伍200余人参加，宁远、新田、江永、市局机关二队、蓝山、祁阳等局代表队分获一二三等奖。

自2006年年初开始，市国税局机关安排专用老干活动室，订阅报刊杂志，新配置沙发、空调、大彩电和3台健身养身王机等，并为每名老同志订送了《老年人》杂志。另在新办公大楼专门设立了老干阅文室，配备电脑等设施，便于机关老同志上网阅文。2007年11月7日，全市国税系统第二届老年门球赛在市委老干活动中心举办，市国税局机关一队、双牌、祁阳、宁远、道县、江华县国税局代表队分获一二三等奖。2008年10月20日，市国税局组织各县、区国税局担任过主要领导的离退休人员座谈茶话，会后参观企业和冷水滩城区建设等，感受社会经济发展变化。2010年10月20—21日，在市委老干活动中心举行全市国税系统第三届老年门球赛，祁阳、蓝山、市局机关三队、新田、市国税局机关一队、江永队分获一二三等奖。

2011年9月，市国税局机关将原综合文化活动中心的北大厅改建成室内门球场，面积达450平方米，耗资10余万元，使机关老同志有了全天候活动的专用场地。同时对原有的3个活动室进行修缮，添置必要的物品与活动器材，保证了老同志的日常活动需要。

2012年8月，根据省国税局《关于调整建国初期参加革命工作的部分退休干部生活补贴标准及在医疗方面给予照顾的通知》精神，市国税局对全市36名符合条件的老干部从9月起生活补贴调高为400元/月，并补发当年1—8月生活补贴56000元。

2013年，市国税局被永州市直老年体协授予“2010—2012市直老年体育工作先进集体”。

2014年3月，以“三个一”（即发一封倡议书、写一篇心得笔记、提一条合理化建议）活动为重点的“学习型老干部党组织建设”重点工作项目被永州市委老干部局评为“老干部工作优秀项目”，展示了国税老同志“老有所为”的学习成果与良好精神风貌。2015年10月12—15日，全市国税系统第四届老年门球赛在市国税局举行，13个代表队近200人参赛，市国税局机关一队获得一等奖。

2016年8月，市国税局机关“关心下一代工作委员会”由机关工会调整到离退休干部管理科，负责组织开展机关关心下一代日常工作。同时进一步加强对机关室内门球场的建设和改造，新增设一个离退休党支部学习室，为老同志加强政治学习提供了方便舒适条件。当年，市国税局被市直老年体协授予“2013—2015市直老年体育工作先进集体”。

2017年6月，湖南省税务学会“加强基层税务机关暨离退休干部队伍党建工作”课题座谈会在永州市召开，国家税务总局、省局税务学会及海南、浙江等部分省市国、地税30余人参加。7月起，落实“支部主题党日”制度，市国税局离退休党支部组织27名党员，到祁阳县竹山村开展以“增强党性意识，争做合格党员”为主题的党日活动。12月，市国税局机关第七党支部（离退休党支部）被市委老干部局评为第一批“全市示范离退休干部党支部”。在省国税局组织的全省国税系统离退休干部正能量代表推选活动中，原零陵地区税务局局长邹礼强入选“全省正能量代表”。是年，市国税局机关关工委与监察室等联合举办首届全市国税系统“培育好家风、传承好家训、弘扬好学风”学习型家庭、优秀学子表彰活动，对当年参加高考的16名优秀学子及5个税干学习型家庭进行了表彰。是年，市国税局被永州市关工委评为“全市关心下一代工作先进集体”。

2017年7月21日，市国税局组织老干部到祁阳县参观新农村建设

2018年上半年，市国税局机关及直属的稽查局、车辆购置税分局等退休老同志合并管理，同时坚持和完善“六必访”制度（即有困难必访，生病住院必访，婚丧、喜庆必访，家庭不和必访，有重大变化必访），每月由老干党支部组织学习及开展文体活动，鼓励老同志参加地方老年人大学学习等，形成了老有所学、老有所乐、老有所依、老有所为的良好氛围。至7月底，在与市地税局机构合并前，市国税局机关有退休人员58人，全市国税系统共有离退休人员502人。

附　录

附 1　1994 年 9 月零陵地区税务机构分设文件

附 1-1

湖南省税务局文件

湘税函〔1994〕259 号

关于零陵地区组建两个税务机构实施方案的批复

零陵地区税务局：

你局《关于组建湖南省零陵地区国家税务局机构的实施方案》和《关于组建零陵地区地方税务机构的实施方案》的请示收悉。经研究，原则上同意你局组建两个税务机构的实施方案，请你们抓紧做好落实工作。在实施方案中，其税收征管范围按照国务院国办发〔1993〕87 号文件精神执行。

此复。

一九九四年八月二十九日

主题词：零陵　机构　方案　批复

湖南省税务局办公室　　一九九四年八月三十日印发

打字：曹　丹　　校对：陈显根

附 1-2

零陵地区税务局文件

零地税局函〔1994〕39 号

签发人：曹承斌

关于审批《关于组建湖南省零陵地区国家税务机构的实施方案》和《关于组建零陵地区地方税务机构的实施方案》的请示

湖南省国家税务局、地方税务局：

根据《国家税务总局关于湖南省组建两个税务机构实施方案的批复》文件精神和地委、行署领导的意见，结合我区的实际情况，在广泛征求有关方面意见的基础上，制定了《关于组建湖南省零陵地区国家税务机构的实施方案》和《关于组建零陵地区地方税务机构的实施方案》（附后）。上述方案已经地区行政公署审定同意，现呈报湖南省国家税务局、湖南省地方税务局审批。

当否，请批示。

一九九四年八月二十七日

主题词：税务　机构　方案　请示

零陵地区税务局办公室　　一九九四年八月二十七日印发

附 1-3

关于组建湖南省零陵地区国家税务机构的实施方案

根据国家税务总局批复《关于组建湖南省国家税务机构的实施方案》的精神，结合我区的实际情况，提出组建湖南省零陵地区国税机构的实施方案如下：

一、关于组建的基本原则

坚决贯彻湖南省国税机构组建的基本原则精神，坚持以精简、统一、效能为原则，按照上级税务机关（筹备组）的统一部署，在当地党政领导的支持下，本着人随业务走，财产随人分的原则精神与地方税务机构统一进行，保证各项工作平稳过渡和统一协调，认真负责地完成国税机构的组建工作。

二、关于组建的具体内容

1. 税收征管范围。根据国办发〔1993〕87 号文件关于划分国税与地方税征收管理范国的有关规定，我区国税机构主要负责下列各税的征收管理，共 11 项：增值税、消费税、中央企业所得税、地方和外资银行及非银行金融企业所得税、证券交易税（待开征）、境内外商投资企业和外国企业的各项税收以及外籍人员（华侨、港澳台同胞）缴纳的个人所得税（按税种分别入中央和地方库）、出口产品退税的管理、集贸市场

和个体户中缴纳增值税的纳税人的各项税收（按税种分别入中央和地方库）、中央税的滞补罚收入，按中央、共享税附征的教育费附加（入地方库）、国家能源交通重点建设基金、国家预算调节基金。

2. 管理体制。根据国税系统实行彻底垂直管理的规定，全区国税系统的机构设置、干部管理、人员编制和经费开支，由省国家税务局统一垂直管理。

3. 机构设置和级别。全区国税系统设置地、县（市）两级机构，级别分别为正处级、正科级。地、县（市）级国税机构的名称为“湖南省××地区、县（市）国家税务局”；税务所为县（市）国家税务局的派出机构，按经济区划设置。

地、县（市）两级国税机构以现有的两级税务局为基础组建。县（市）国家税务局所属税务所除划转地方税务局的以外，一般以现有的为基础组建，根据工作需要可适当调整或增设。原各级检察院派驻税务系统的税务检察室挂靠国税系统，地方税务系统另设检察室。

4. 内部机构设置。地局内设机构原则上与省局对口设置，拟设行政科（室）和党群部门11个，即办公室、税政管理一科、税政管理二科、涉外税务管理科兼管进出口税收业务)、征收管理科、计划财务科、人事科、宣传教育科、监察审计室、纪检组（与监察审计室合署办公)、工会。事业单位按工作需要设置。

县（市）局的内设机构按照精简、效能的原则设行政股室和党群部门8个，即办公室、税政管理股、征收管理股（稽查队)、计划财务股、人事教育股、监察审计室、纪检组（与监察审计宣合署办公)、工会。

5. 人员编制和经费。全区国税系统的人员，由全区税务系统除分离到地方税务系统工作外的人员组成。人员编制根据上级国税局核定的数额由地局统一管理分配到各县（市）国家税务局，经费渠道和管理办法暂维持不变。

6. 干部管理。

（1）领导职数：地局配局长1名，副局长3名（其中1名兼任纪检组长)；县(市）局的领导职数，配局长1名，副局长2名（其中1名兼任纪检组长)；地、县两级国税局其他领导职数和非领导职数的配备，依照公务员制度的有关规定确定。对重点税源企业配置相应级别的驻厂专管人员。

（2）干部任免。实行分级管理、下管一级的办法，地区国家税务局的正、副局长以及相当级别的干部报由省国税局考核任免；县（市）国家税务局正、副局长及相当级别的干部由地国税局考核任免；地、县（市）国家税务局内设机构的正副职均由本机关考核任免，但人事、监察部门的负责人需征得上一级国家税务局同意后才能任免。干部任免的具体办法按省局的有关规定执行。

（3）劳资计划。全区国税系统的人员增减和工资总额计划由省局统一管理，逐级下达。

7. 党的组织。接照党章的规定，地、县（市）国家税务局设立党组、党组纪检组；机关设立机关党委或总支（支部)。党组书记、副书记和组成人员、纪检组长分别由上级国家税务局党组任免。机关党委（总支或支部）书记、副书记、委员由选举产生，按规定报当地党委审批。

三、关于组建工作的安排

根据上级的有关规定，全区各级国家税务机构的组建工作由现各级税务机关负责组建。现任各级税务局正、副局长为机构组建筹备组正、副组长，统一负责国家税务机构和地方税务机构两套机构的筹备组建工作。在组建国税机构的过程中，各级税务局（筹备组）要在上级税务局（筹备组）的统一领导下，充分听取当地党委和政府的意见，保证国税机构的组建工作顺利进行。全区国税机构的组建工作，原则上要在九月底完成。

附 1-4

关于组建零陵地区地方税务机构的实施方案

根据《国家税务总局关于湖南省组建两个税务机构实施方案的批复》和湖南省税务局《关于组建湖南省地方税务机构的实施方案》精神，结合我区的实际情况，提出组建零陵地区地方税务机构的实施方案如下：

一、关于组建地方税务机构的基本原则

1. 组建地方税务机构，是适应分税制财政体制改革要求的重大决策，关系到全区经济建设的发展，税收职能作用的发挥，与地方财政密切相关。组建工作要严格按国务院和省里规定的精神，从有利于加强税收工作，有利于保障地方财政收入出发，贯彻“精简、统一、效能”的原则，在上级税务部门和当地政府的领导下，由各级税务部门统一组织，有步骤地进行。

2. 地方税务局系统在现税务机构的基础上分设组建，人员主要从现税务系统划转，人随业务走，到地方税务系统的人员在现有人员的35%至40%之间。

3. 各级地方税务局机构级别，按照当地人民政府所属一级机构的级别确定，与同级国家税务局机构规格一致。

4. 地、县（市）地方税务系统实行上级地方税务局与地方政府双重管理，以上级地方税务局垂直领导为主的管理体制。其人员编制、机构设置、干部管理和经费开支，由省地方税务局实行垂直管理。

领导班子成员（包括正副局长、党组成员）实行“下管一级”的办法。但对地方税务局局长的任免，由地方政府征得上一级地方税务局同意后，按法定程序决定任免，当地政府和上级税务局意见不一致时，报请上级党委组织部门协调解决。

5. 地方税务机构税收业务征管范围按国务院规定为以下15项：营业税、个人所得税、土地增值税、城市维护建设税、车船使用税、房产税、屠宰税、城镇土地使用税、固定资产投资方向调节税、地方企业所得税（不含地方和外资银行及非银行金融企业所得税）、印花税、筵席税、遗产和赠予税、资源税、按营业税附征的教育费附加。集市贸易和个体户中缴纳营业税的纳税人的税收，由地方税务机构征收。

二、关于地、县（市）地方税务局的组建问题

1. 机构名称与级别：地、县（市）按行政区划设立地方税务局，名称按行政区名定为“××地区（县、市）地方税务局”。地区地方税务局机构级别为正处级，县（市）局为正科级。县（市）地方税务局按乡镇设置派出机构，名称为××乡（镇）税务所，与乡财政所合署办公，以地方税务局管理为主。

2. 主要职责

（1）贯彻执行国家和省人民政府制定的地方税收法规，负责地方税收的征收管理工作，努力完成税收任务，并与国家税务系统密切配合，开展税收宣传，推进以法治税。

（2）地区地方税务局负责全区地方税务系统的机构设置报批、编制分配、人员调配、税务经费、劳动工资的管理，对全区各县（市）地方税务局领导干部和地区地方税务局机关各科室正副科长（主任）进行考核、任免；管理县、市局领导班子，管理地区地方税务局机关各科室正副科长（主任）。县（市）地方税务局负责管理本县市税务干部职工。

（3）负责全区地方税务系统各级干部队伍的教育培训工作、思想政治工作、精神文明建设工作、监察审计工作，管理好干部队伍。

（4）承办上级地方税务局、当地人民政府交办的其他工作任务。

3. 地区地方税务局内部机构参照省局设置，与省局对口，暂设 7 科 1 室，即税政管理一科、税政管理二科、税政管理三科、计划会计科、征收管理科、人事教育科、监察审计科、办公室，党群工作归口人事教育科。人员主要从现地区税务局划转，业务人员随业务划转，地、县两级机关人员按 35%至 40%之间划转，组建期间一律不准从其他部门调入人员。

县（市）地方税务局设五股一室，即税政管理股、计划会计股、征收管理股、人事教育股、监察审计股、办公室，党群工作归口人事教育股；县市税务局稽查队人员按 50%划转；城关镇税务所按分块管税的各一半成建制划转，成单数不能对半平划的，由国税局多保留一个；只有一个税务所（或分线管税的所）根据业务对口情况按 40%划转。现有的农村税务所专管员按每个乡、镇、场一人划转到地方税务局（含每所划转的一名所长或副所长，一名会计）。划转时应尽量考虑亲属回避。地方税收多的可以适当增划。

离退休人员属成建制划转单位，随所在单位划转到地方税务系统，不能成建制划转的离退休人员，可以根据本人意愿协商划转。

4. 领导配备：地、县（市）地方税务局领导职数，地区局配局长 1 人、副局

长3人（其中一名兼纪检组长）；县（市）局配局长1人，副局长2人（其中一名兼纪检组长）。

5. 经费与财产：地方税务局人员的工资福利待遇比照国家税务系统的办法执行。各级税务部门划转到地方税务系统工作的人员，其住房暂维持不动，办公用具随人走，各级经费列入省级财政预算，由省地方税务局统一安排。

三、关于组建地方税务机构的工作安排

根据上级有关精神，地方税务机构的组建工作由各级税务机关负责实施，地、县（市）税务局要成立以现任局长为组长、副局长为副组长的组建筹备小组，在同级政府和上级税务局、筹备小组的领导下开展工作，地区地方税务局的组建工作在9月15日以前完成，县（市）地方税务局组建工作原则上在9月底完成。

附 2　2013 年永州市营业税改征增值税试点工作方案

永州市人民政府办公室

永政办函〔2013〕91 号

永州市人民政府办公室
关于印发《永州市营业税改征增值税试点工作方案》的通知

各县区人民政府，各管理区，市直有关单位：

《永州市营业税改征增值税试点工作方案》已经市人民政府同意，现印发给你们，请遵照执行。

永州市人民政府办公室

2013 年 5 月 17 日

永州市营业税改征增值税试点工作方案

为做好我市营业税改征增值税（以下简称“营改增”）试点工作，根据财政部、国家税务总局《关于在全国开展交通运输业和部分现代服务业营业税改征增值税试点税收政策的通知》（财税〔2013〕37号）、《湖南省人民政府关于交通运输业和部分现代服务业实施营业税改征增值税试点工作的通知》（湘政发〔2013〕21号）和省财政厅、省国税局、省地税局《关于印发〈湖南省营业税改征增值税试点实施方案〉的通知》（湘财〔2013〕31号）精神，结合我市实际，制定本工作方案。

一、试点内容

（一）试点范围。试点行业为交通运输业（含陆路、水路、航空、管道运输服务）、部分现代服务业（含研发和技术服务、信息技术服务、文化创意服务、物流辅助服务、有形动产租赁服务、鉴证咨询服务、广播影视服务），简称“1+7”行业。试点税率、计税依据、计税方式、优惠政策等税制安排按照财政部、国家税务总《关于印发〈营业税改征增值税试点方案〉的通知》（财税〔2011〕110号）和《关于在全国开展交通运输业和部分现代服务业营业税改征增值税试点税收政策的通知》（财税〔2013〕37号）执行。试点期间，若国家出台了营改增试点新政策，按国家新的政策执行。

（二）试点地区。在永州行政区域内同步实施试点。

（三）试点时间：2013年4月28日起启功试点前期准备工作，2013年8月1日开始实施试点。

（四）试点期间过渡性政策。

1. 税收收入归属。试点期间，由营业税改征的增值税，由国家税务局负责征收，但现行财政体制不作调整，改征营业税后收入归属保持不变。因试点产生的财政减收，按我省市级现行财政体制由各级财政分别负担。

2. 税收优惠政策过渡。在试点实施之日前，试点纳税人已经按有关政策规定享受了营业税税收优惠的，改征增值税后可继续按规定享受优惠政策到期满。

二、组织领导

（一）成立试点工作领导小组，市政府成立市营改增试点工作领导小组，负责

附3　2018年7月永州市税务机构合并任职文件

中共国家税务总局湖南省税务局联合委员会文件

湘税联合党委发〔2018〕13号

中共国家税务总局湖南省税务局联合委员会关于毛东庆等13名同志任职的通知

中共永州市国家税务局党组、中共永州市地方税务局党组：

根据国税地税征管体制改革方案有关要求，按照相关程序和规定设立国税地税部门联合党委，领导改革和日常工作，确保税收收入平稳增长和税务队伍稳定。

国家税务总局湖南省税务局联合党委2018年6月29日决定：

一、永州市地方税务局党组书记、局长毛东庆同志任永州市国家税务局、地方税务局联合党委书记（正处级）

永州市国家税务局党组书记、局长曾立春同志任永州市国家税务局、地方税务局联合党委副书记（正处级）；

永州市国家税务局、地方税务局党组成员唐双祁、朱建河、刘小贤、何多珍、欧鸿鲲、李靖、刘小明、文方明、陈立志、程灿烂、桂来上同志任永州市国家税务局、地方税务局联台党委委员。

永州市地方税务局纪检组组长陈立志同志任永州市国家税务局、地方税务局联合党委纪检组组长。

二、国家税务总局永州市税务局挂牌后，毛东庆同志任局长，曾立春同志任副局长

永州市国家税务局，地方税务局其他班子成员在国家税务总局永州市税务局的任职和排序如下：

永州市地方税务局副局长唐双祁同志任国家税务总局永州市税务局副局长；

永州市国家税务局副局长朱建河同志任国家税务总局永州市税务局副局长；

永州市地方税务局副局长刘小贤同志任国家税务总局永州市税务局副局长；

永州市地方税务局副局长何多珍同志任国家税务总局永州市税务局副局长；

永州市国家税务局副局长欧鸿鲲同志任国家税务总局永州市税务局副局长；

永州市国家税务局副局长李靖同志任国家税务总局永州市税务局副局长；

永州市国家税务局副局长刘小明同志任国家税务总局永州市税局副局长；

永州市国家税务局纪检组组长文方明同志任国家税务总局永州市税务局副局长；

永州市地方税务局纪检组组长陈立志同志任国家税务总局永州市税务局纪检组组长；

永州市地方税务局总经济师程灿烂同志任国家税务总局永州市税务局总经济师；

永州市地方税务局总会计师桂来上同志任国家税务总局永州市税务局总会计师；

国家税务总局永州市税务局挂牌时，以上人员原任职务自然免除。

中共国家税务总局湖南省税务局联合委员会

2018 年 6 月 29 日

抄送：中共永州市委，永州市人民政府

国家税务总局湖南省税务局人事处承办　　　　办公室 2018 年 6 月 29 日印发

附 4 《永州国税之歌》

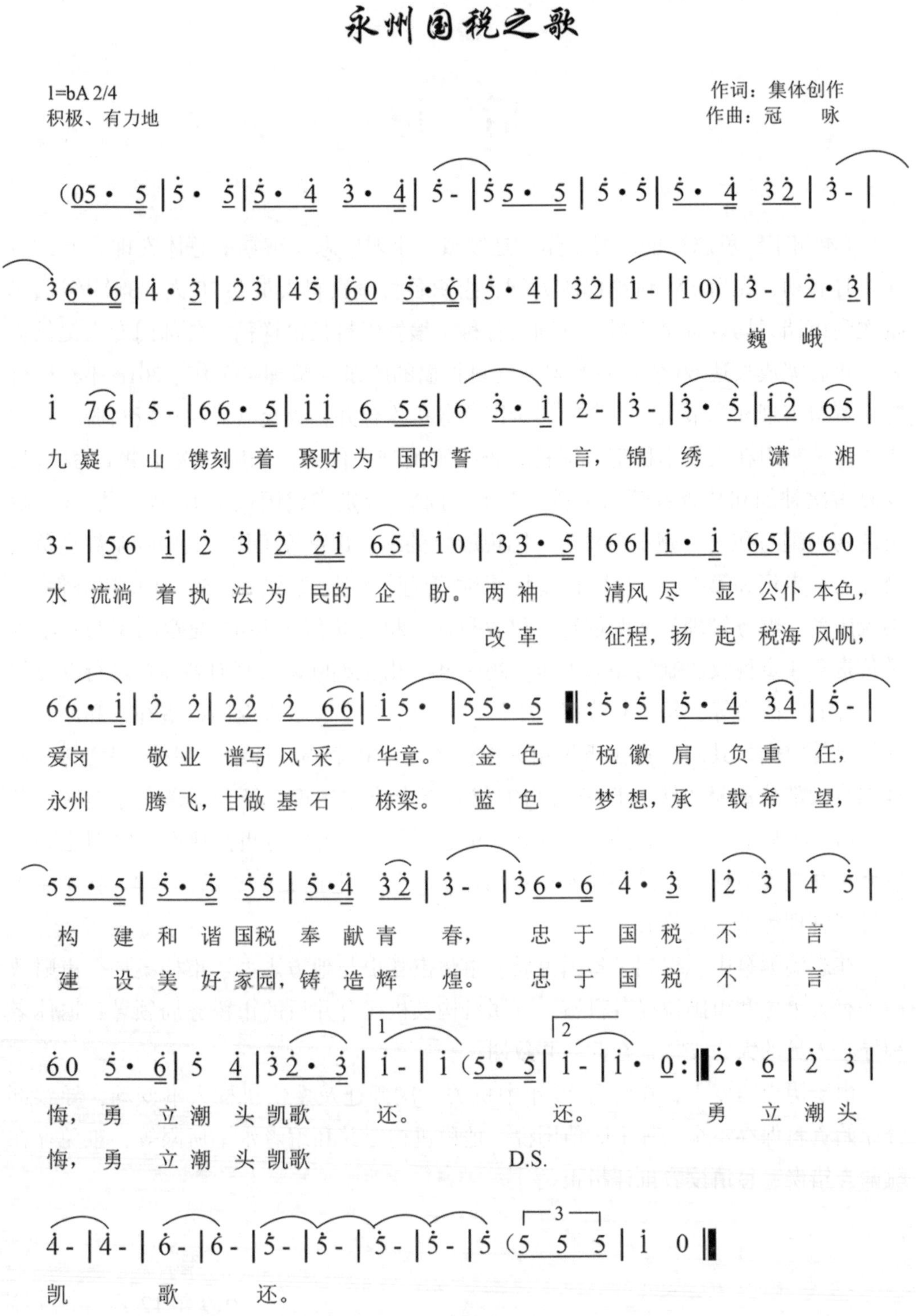
永州国税之歌
1=bA 2/4
积极、有力地
作词：集体创作
作曲：冠 咏
巍 峨
九 巍 山 镌刻 着 聚财 为 国的 誓 言，锦 绣 潇 湘
水 流淌 着 执 法 为 民的 企 盼。两 袖 清风 尽 显 公仆 本色，
改 革 征程，扬 起 税海 风帆，
爱岗 敬 业 谱写 风 采 华章。金 色 税 徽 肩 负 重 任，
永州 腾 飞，甘做 基 石 栋梁。蓝 色 梦 想，承 载 希 望，
构 建 和 谐 国税 奉 献 青 春，忠 于 国 税 不 言
建 设 美 好 家园，铸 造 辉 煌。忠 于 国 税 不 言
悔，勇 立 潮 头 凯歌 还。 还。 勇 立 潮 头
悔，勇 立 潮 头 凯歌 D.S.
凯 歌 还。

后 记

《永州市国税志》的编纂工作，是按照《永州市志》编纂的总体安排，于2017年1月启动，先后7次讨论修改大纲，组织各科室资料人员共20人、3次培训、6批次到市档案局等查录资料；分别为各科室编发资料长篇样稿，各部门专人提供资料，年底完成长达60余万字的志书资料长稿的收录与整理等工作。2018年，进行志书资料审理和章节编写。期间遇全国税务机构合并，为免其后税史资料脱节、散失等，编写组在人员不稳定、资料难查找等困难条件下，先后三次变更书写时段，反复多次补加和核查各部门资料。至11月底，分别完成国税志10章、共26年税史的初稿编写和《永州市财税志·国税篇》的编写送审等工作。其中欧阳辉亮负责概述、大事记和第1~3章税制管理、征收管理、税收收入，第5~10章税务稽查、纳税服务、财务管理、文明创建、税收科研、机构队伍等共11篇章的编写；李志敏负责第4章税收法制的编写工作。2019年，由主编欧阳辉亮对各篇章进行反复核查、补充、改写等，每章修改都达十稿以上，主要章节多次返回科室补正和原主管局领导等审阅。其间，查找历年相关工作图片300余幅，选编、翻拍图片125幅，补加收录部分重要文献，于10月份完成志书合成并送审。经分别送交原地区税务局、市国税局老领导、有关主管领导和史志办领导、专家等审读评审，12月上旬完成修正并送印清样，后经多层次评审修改，最终审定正文为9章，共42节（删去了经费管理等章节内容）。

在志稿编纂中，得到了省国税局、永州市党史与地方志办、市档案局、市财政局等有关单位和市国税局各科室、直属机构及机构合并后的市税务局领导、退休老领导等人员的大力支持，在此一并致谢。

由于历史跨度大，在前后26年中机关3次搬迁及多次机构人事变动，导致部分原始资料保存不全，加上时值国税、地税机构合并和编者水平所限等，难免存在疏漏与错误，恳请读者批评指正。

编者

2019年12月

索 引

说明：本索引中章、节、目名称按第一个字的汉语拼音首字母顺序排列。